디자인교육이 꿈꾸는 미래: 디지털 신기술×디자인

김효정 | 김태선

도서출판 청람

이 책은 재단법인 한영장학재단의 연구지원으로 출간되었습니다.

머리말

우리 모두에게 '내일'은 처음이다. 어제의 우리에게도 '오늘'은 처음이었다. 중년의 라떼 세대에게도, 디지털 네이티브인 MZ세대나 알파(Alpha)세대에게도 다가올 시간, 미래는 낯설다. 이 낯설음의 정도는 사회의 변동성 증가에 비례해 점점 더 높아지고, 미래사회는 점점 더 예측하기 어려운 모습이 되어 간다. 언젠가 디지털 사회가 될 것임은 알고 있었지만, 이렇게나 가까운 시점에 대대적으로 진행될 것이라고는 생각하지 못했다. 그리고 그 전환이 팬데믹으로 인해 이 시점에, 이 같은 속도로 이루어질 것임은 어느 누구도 예측하지 못했을 것이다.

불확실성의 시대다. 불확실성을 불러온 예기치 못한 변화들은 기존 이론으로는 설명이 어렵고 기존 방법으로는 해결이 어려워 미해결 과제를 쌓으며 새 기준을 요구한다. 세계 경제의 새로운 질서를 의미했던 뉴노멀(New Normal)은 이제 경제 분야를 넘어 사회전반 곳곳에서 요구된다. 뉴노멀 시대, 글자 그대로 시대변화에 따른 '새로운 표준의 시대'이다. 『불확실성의 시대』를 집필한 미국의 경제학자 존 케네스 갤브레이스(John Kenneth Galbrath)는 '불확실성의 시대'에는 기존 제도가 아닌 창의적 문제해결이 필요하다고 했다.

이 같은 변화에서 디자인은 어떤 모습이어야 할까? 아직도 많은 사람들은 '디자인' 하면 '유형의 어떤 것을 시각적으로 보기 좋게 하는 것'을 떠올리지만, 우리가 가치를 두어 온 기존의, 대부분의 디자인 방법과 표현은 점차 한계를 보일 것이다. 디자인에서 뉴노멀은 무엇이 되어야 할 것인가?

디자인의 핵심은 문제가 있는 것에서 개선의 가능성을 찾고, 더 나은 세상을 만드는 것에 있다. 그렇다면 변화의 시대, 문제해결을 위한 디자인의 새로운 표준은 무엇이 될 수 있을까?

이 책은 미래의 불확실성 해소를 위한 디자인의 접근과 도구에 대한 해답의 제시에 목적을 둔 것이 아닌 해답을 찾기 위한 시도라 할 수 있다. 이에 우리의 눈앞에 펼쳐진 변화하는 디자인의 개념과 관련 사례들을 통해 디자인의 창조적 변이 방향을 타진하고자 했다. 이 모색이 미래를 준비하는 내일의 디자이너들에게 디자인 뉴노멀을 향한 의미 있는 단서로 활용되기를 바란다.

끝으로 이 책의 출간을 위해 도움을 주신 분들에게 감사의 인사를 전한다. 우선 한영장학재단의 '학술지원사업'을 통해 후원해 주신 박현섭 이사장님께 감사드린다. 그리고 책의 도표를 디자인한 고윤서·최유나 학생, 사진저작권 정리에 도움을 준 이혜리 학생에게 감사한다. 또한 도서출판 청람에 감사드린다.

2022년 9월

김태선

불확실성의 시대의 문제들을 창의적으로 해결하며 더 나은 미래로 견인해갈 수 있는 디자인역량을 키워줄 수 있도록 본책은 아래와 같이 구성하였다.

PART 1 미래사회를 위한 디자인과 디자인교육의 변화에서는 세계가 함께 풀어가야 할 도전과제들이 산재한 변화의 시대를 창의적인 미래를 이끌기 위한 디자인과 디자인교육에 대해서 알아본다. 시대에 따라 디자인과 디자인교육은 어떻게 변화해 왔고 어떤 방향으로 나아가야 하는지 살펴본다.

PART 2 더 좋은 세상을 위한 사회참여디자인에서는 사회의 긍정적인 변화를 가져올 수 있는 디자인에 대해서 살펴보고자 했다. 장애인, 노인, 어린이를 포함한 모든 사람들에게 편안한 생활을 제공해줄 수 있는 유니버설디자인, 건강한 삶을 영위하게 해줄 수 있는 지속가능한 디자인, 디자인으로 안전한 세상을 만들 수 있는 범죄예방디자인과 나라별 격차를 보완해줄 수 있는 적정디자인이 그것이다.

PART 3 더 멋진 세상을 위한 TECH 변화에 의한 디자인에서는 디지털 신기술을 활용한 디자인에 대해서 소개한다. 최근 세계산업의 주목을 받고있는 인공지능을 활용한 생성적 디자인, 3D 프린터를 활용한 디지털 패브리케이션, 가상현실 활용 디자인, 로봇디자인을 다루었다.

PART 4 디자인교육 시작하기에서는 PART 2와 PART 3에서 다루었던 디자인 개념을 학교의 디자인교육에서 어떻게 적용할 수 있을지 개념학습과 함께 선생님과 학생의 관점에서 실천할 수 있는 방법을 소개한다. 지속가능한 디자인을 위한 교육, 인공지능 활용 디자인교육, 가상현실 활용 디자인교육, NFT 활용 디자인교육에 대해서 다루었다.

이 책의 디자인과 디자인교육은 모든 분야의 디자인을 다루고 있지는 않다. 이 시대의 변화에 긍정적인 영향을 미칠 수 있는 사회참여 디자인 개념들과 디지털 신기술을 활용한 디자인에 대해서 제시하였다. 본책을 통해서는 현 시점의 주목받고 있는 이슈를 다루고자 했으며 후속책을 통해서는 다양한 디자인 개념을 다루고자 한다.

부족한 점이 많지만 이 책이 중·고등학교의 미술 교사와 디자인 교사 그리고 예비 교육자, 디자인을 전공하는 대학의 새내기와 디자인과 디자인교육에 관심 있는 일반인에게 도움이 되었으면 한다. 이 책의 발간을 위해 후원해주신 한영장학재단의 박현석 이사장님께 먼저 감사의 인사를 드린다. 그리고 다이어그램과 표를 위해 작업해준 고윤서 학생과 최유나 학생 그리고 자료조사와 사진저작권 정리로 애써준 이혜리 학생에게 감사한다. 이들의 도움으로 책을 완성할 수 있었다. 끝으로 책이 나올 수 있도록 많은 도움을 주신 도서출판 청람에 감사드린다.

2022년 9월
김효정

감사의 글

재단법인 한영이 올해로 12주년을 맞았습니다.

섬유산업과 디자인학계의 발전을 위해 좋은 책을 만들어 주신 저자 김효정 · 김태선 교수님께 격려와 감사의 박수를 전합니다.

재단법인 한영은 '섬유산업을 이끌고 나아갈 젊은 인재의 발굴과 양성'이라는 비전을 실현할 최적의 체계를 고민하고 함께 이루어나갈 사업들을 운영해 왔습니다. 대표적인 것이 '장학사업' 외에도 '전국공모전'과 '학술지원사업'인데 학술지원사업의 출판지원 사업을 통해 두 번째 유의미한 학술서적으로 결실을 맺었습니다.

"물은 스스로 길을 낸다."

이 말은 재단법인 한영의 설립자 고 박종근 님께서 평소에 자주 말씀하셨던 철학이며 신념입니다. 이 말속에는 다양한 방법의 성공 방법과 개척에 대한 유연한 생각과 창의적 정신에 대한 함의를 담고 있습니다. 아마도 어려서부터 산업현장에서 고생하시며 우리나라의 근대화를 몸소 경험하셨던 고 박종근 님의 철학은 이렇게 본인의 삶속에서 만들어졌을 것입니다. 본 재단은 이러한 취지를 잘 계승하여 앞으로도 계속해서 섬유산업에 관련된 인재들의 성공과 발전을 위해 더욱 더 열심히 노력하는 한영장학재단이 될 것을 약속드립니다.

감사합니다.

2022년 9월

재단법인 한영장학재단 이사장 박현섭

차례

PART 01 미래사회를 위한 **디자인과 디자인교육의 변화**

Chapter 1 변화의 시대 그리고 디자인 ▪ 2
- 인터레그넘: '이전'의 시대에서 '이후'의 시대로 ▪ 2
- 변화 1: 성장이 아닌 역동적 번영의 지속가능한 사회로 ▪ 3
- 변화 2: 산업 시대에서 디지털 시대로 ▪ 6
- 변화된 디자인을 찾아서 ▪ 8

Chapter 2 창의적인 미래를 위한 디자인교육의 방향 ▪ 12
- 창의적인 미래를 위한 세계 교육의 변화 ▪ 12
- 창의적인 미래로 다가서는 세계의 디자인교육 ▪ 14
- 방향 1: 미래교육을 지향하는 디자인교육 ▪ 16
- 방향 2: 지속가능성을 추구하는 디자인교육 ▪ 17
- 방향 3: 미래 첨단기술을 활용한 디자인교육 ▪ 17
- 방향 4: 융합 디자인교육 ▪ 18
- 방향 5: 인간에 공감하는 디자인교육 ▪ 19

Chapter 3 디자이너의 생각법 ▪ 20
- '디자인 사고'는 … 무엇? ▪ 20
- '디자인 사고'의 시작 ▪ 22
- '디자인 사고'의 다섯 단계 ▪ 25
- 디자인 사고 단계로 살펴본 IDEO의 프로젝트 ▪ 28
- 그리고 지금은 ▪ 31

Reference ▪ 9

PART 02 더 좋은 세상을 위한 사회참여디자인

Chapter 1 평균 인간의 신화를 넘어: 유니버설디자인 ▪ 36
평균의 미스매치 ▪ 36
배리어프리디자인, 인클루시브디자인, 유니버설디자인 ▪ 39
보다 많은 사람들을 위한 디자인 가이드의 시작점 ▪ 42
일상의 '보다 많은 사람들을 위한 디자인' ▪ 47

Chapter 2 건강한 미래를 꿈꾸게 하는: 지속가능한 디자인 ▪ 58
지속가능한 디자인은 어떤 배경이 있나요? ▪ 58
지속가능한 디자인은 어떻게 발전되어 왔나요? ▪ 60
건강한 미래를 꿈꾸게 하는 지속가능한 디자인 ▪ 62

Chapter 3 디자인으로 만드는 안전: 범죄예방디자인 ▪ 72
범죄예방디자인의 형성 ▪ 72
범죄예방디자인의 원칙 ▪ 76
물리적 환경개선을 통한 셉테드 ▪ 80
디지털 기술을 활용한 셉테드로 ▪ 85

Chapter 4 첨단이 아니라도 괜찮아: 적정디자인 ▪ 91
중간기술에서 적정디자인으로 ▪ 91
적정디자인, 핵심은 현지화 ▪ 93
실패한 적정디자인, 무엇이 문제였을까? ▪ 95

Reference ▪ 113

PART 03 더 멋진 세상을 위한 TECH 변화에 의한 디자인

Chapter 1 인공지능과의 파트너십: 생성적 디자인 ▪ 116
인공지능에 대해 알아야 할 것? ▪ 116
인공지능과 생성적 디자인? ▪ 118

Chapter 2 대량생산말고 대량맞춤: 디지털 패브리케이션 ▪ 131
디지털 패브리케이션이란 무엇일까? ▪ 131
3D 프린팅 활용분야 ▪ 136
2030년의 3D 프린팅 ▪ 146

Chapter 3 실재처럼 생생한: 가상현실 활용 디자인 ▪ 151
지금은 가상시대 ▪ 151
가상현실이 궁금해요 ▪ 152
혼합현실에 더해서 확장현실까지 ▪ 155
신박한 메타버스 세상 속으로 ▪ 156

Chapter 4 Hello, 로봇: 로봇디자인 ▪ 166
로봇이란? ▪ 166
로봇에는 어떤 종류가 있을까? ▪ 170
산업·제조용 로봇은 무엇일까? ▪ 171
서비스 로봇에는 어떤 것들이 있을까? ▪ 172
소셜 로봇디자인 = 제품디자인? ▪ 179
소셜 로봇디자인, 무엇을 고민해야 할까? ▪ 181

Reference ▪ 190

PART 04 디자인교육 시작하기

Chapter 1 지속가능한 디자인을 위한 교육 ▪ 194
지속가능한 디자인을 위한 교육은 어떻게 생겨났나? ▪ 194
지속가능한 디자인을 위한 교육은 무엇일까? ▪ 196
창의적인 미래를 위한 지속가능한 디자인을 위한 교육 ▪ 197
지속가능한 디자인 수업 가이드 S-MAP Approach ▪ 201
지속가능한 디자인 수업 설계하기 ▪ 202
지속가능한 디자인 포트폴리오 만들기 ▪ 204
지속가능한 디자인을 위한 교육과 향후 과제 ▪ 208

Chapter 2 인공지능 활용 디자인교육 ▪ 210
세계는 지금 인공지능 교육 시대 ▪ 210
인공지능 시대 디자인교육의 방향은? ▪ 212
인공지능 활용 디자인 A-MAP Approach ▪ 218
인공지능 활용 디자인 수업 설계하기 ▪ 219
인공지능 활용 디자인 포트폴리오 만들기 ▪ 222
인공지능 활용 디자인교육과 향후 과제 ▪ 227

Chapter 3 가상현실 활용 디자인교육 ▪ 228
가상현실 활용 교육은 어떤 특징이 있을까? ▪ 228
가상현실 활용 디자인교육 시작하기 ▪ 229
메타버스 활용 디자인교육 시작하기 ▪ 230
가상현실 활용 디자인 수업 가이드 V-MAP Approach ▪ 237
가상현실 활용 디자인 수업 설계하기 ▪ 238
가상현실 활용 디자인 포트폴리오 만들기 ▪ 241
가상현실 활용 디자인 수업과 향후 과제 ▪ 245

Chapter 4 NFT 기반 디자인 창업교육 ▪ 247
NFT 기반 디자인 창업은 어떻게 진행해야 하나요? ▪ 247
NFT 기반 디자인 창업 수업 설계하기 ▪ 257
NFT 기반 디자인 창업 포트폴리오 만들기 ▪ 260
NFT 기반 디자인 창업 수업과 향후 과제 ▪ 265

Reference ▪ 267

◉ **찾아보기 ▪ 269**

PART

01

미래사회를 위한 디자인과 디자인교육의 변화

Chapter 1 변화의 시대 그리고 디자인
Chapter 2 창의적인 미래를 위한 디자인교육의 방향
Chapter 3 디자이너의 생각법

Chapter 1

변화의 시대 그리고 디자인

예전과 다른 상황을 일깨우는 소식이 잦다. 기후변화(자연), 성장의 한계(경제), 사회적 불통(사회), 강요된 비대면 소통(기술) 등 예전과 다른 변화들은 서로 긴밀히 연계되어 있다. 많은 변화를 마주한 지금, 우리는 패러다임 교체(Paradigm Shift)가 임박한 시점에 있다. 마치 천동설을 버리고 지동설을 채택했던 변화처럼 지금은 대변화의 시간이다. 변화의 시대, 디자인과 디자인교육은 어떤 모습이어야 할까?

인터레그넘: '이전'의 시대에서 '이후'의 시대로

현재 우리가 마주하는 하루는 이전의 하루와는 상당히 다른 일들로 가득하다. 예전보다 차원이 다른 복잡하고 심각한 사회문제들과 예상보다도 빠르게 발전하는 디지털 기술에 대한 소식으로 하루가 채워진다. 이 같은 사회모습을 관통하는 핵심어는 혼란이다. 사회문화적 측면에서는 갈등이 심화되고, 과학기술적 측면에서는 디지털 기술이 진화하면서 적합하고 올바른 기준과 방향을 찾기 위한 고민이 깊어간다.

정도의 차이는 있겠지만, 세계의 여러 나라들이 마주하는 현재의 혼란스런 상황을 지그문트 바우만(Zygmunt Bauman)은 한 시대(Regnum)에서 다음의 한 시대로 넘어가는 '사이의 시대', 인터레그넘(Inter-regnum)으로 설명한다.[1] 인터레그넘은 원래 두 명의 왕 사이에 있는 궐위의 시기를 지칭한다. 옛 왕이 죽고 새로운 왕이 아직 정해지지 않은 시기, 이것이 인터레그넘(궐위)의 의미이다. 바우만은 이 시기를 한 시대와 그 다음 시대 사이에 존재하는 '불안정한 혼란의 시대'로 규정했다.[2] 그의 해석을 참조하면, 오늘날 현대사회의 복잡성과 불안정성은 구체제에서 신체제로 넘어가는 사회적 격변기에 발생하는 현상이다.

같은 맥락에서 디자인 분야의 새로운 영역이나 현상, 문제들, 그래서 기존의 체계나 접근방법으로는 설명이나 해결이 어려운 것들은 새로운 디자인 질서의 도입을 요구하는 것이라 볼 수 있다. 이 질서는 새 시대에 맞는 디자인 체계와 방법 등을 포함하며, 새로운 문제를 풀어가는 디자인적 관점과 기준이기도 하다. 물론 이 새 질서가 정립되는 과정은 무수한 논의와 갈등을 동반하기 마련이고, 이 혼란스런 상황은 사회적 갈등이나 문제의 심화로 나타나기도 한다. 새로운 해결법을 온전히 찾지 못했기 때문에 본질적으로 동일한 특성의 문제가 반복되면서, 심화 또는 진화하며 더 복잡한 상황을 만들어낸다. 이 혼란을 타계하기 위해선 지금까지 너무나 당연하게 우리 삶을 지지해온 기반이 불러온 변화의 방향을 이해하는 일이 우선되어야 한다.

변화 1: 성장이 아닌 역동적 번영의 지속가능한 사회로

21세기에 들어선 인류가 마주한 문제의 핵심엔 20세기를 지배한 '성장'에 대한 맹목이 있다. 20세기에 만들어진 성장을 전제로 한 이론, 방법론 등을 넘어서는 것이야말로 21세기 최대 과제라 할 수 있다. 20세기에서부터 심화된 한계를 극복하고, 21세기에 닥쳐올 도전을 대비할 새로운 패러다임 구축을 위한 프레임워크로 영국 경제학자 케이트 레이워스(Kate Raworth)는 '사회적 기반과 생태적 한계에 따른 도넛 경제모델(Doughnut Economics)'을 제시했다. 이 모델은 두 동심원의 도넛 형상으로 문제와 해법을 동시에 보여준다. 도넛의 안쪽 원은 모든 사람이 반드시 누려야 할 사회적 안녕을 위한 최소 한계선이며, 도넛의 바깥 원은 지구의 생태적 한계선이다. 인류는 이 작은 원과 큰 원 사이의 공간, 즉 결핍과 과잉의 한계 사이에서 조화와 균형을 유지할 때 생태학적으로 안전하고 사회적으로 정의롭게 번성할 수 있다.

안쪽 원은 식량과 깨끗한 물, 주택, 에너지, 교육, 건강, 성 평등, 소득, 정치 참여 등 모든 사람이 마땅히 누려야 할 삶의 질, 안녕(Wellbeing)의 보장을 위한 12개 항목의 경계선이다. 이 항목들은 UN이 제시한 지속가능발전목표(SDGs:

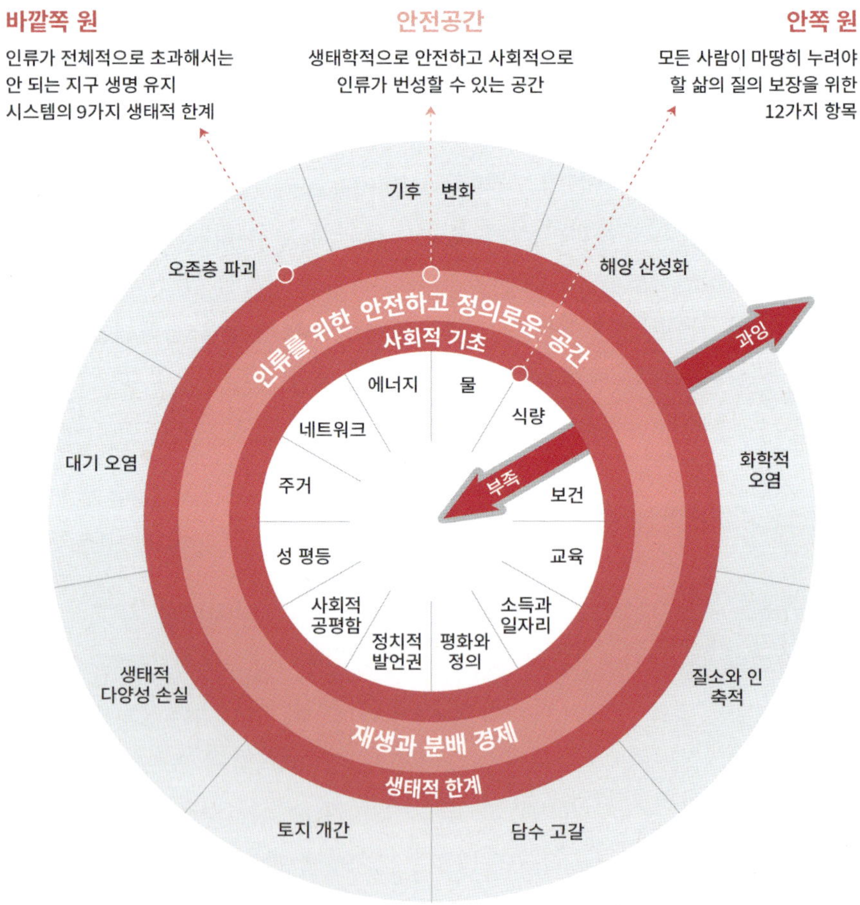

↑ **케이트 레이워스의 도넛 경제학 모델**
[출처: https://doughnuteconomics.org에서 수정]

Sustainable Development Goals)와도 관련된다. 이 원의 안쪽으로 넘어서면 해당 항목의 결핍이 심화됨을 의미한다. 바깥쪽 원은 기후 변화, 해양 산성화, 화학 오염, 질소 및 인 부하, 담수 취수, 토지 전환, 생물 다양성 손실, 대기 오염 및 오존층 파괴의 9개 항목의 생태학적 한계선이다. 이 한계를 넘어서게 되면 지구 시스템에 과도한 압력이 발생하고 있음을 의미한다. 따라서 삶의 기본 요건을 충족하지 못해 '도넛의 구멍'에 빠진 사람들은 안전 공간(Sweet Spot)으로 끌어올리는 동시에, 도넛의 바깥 원을 넘어 지구와 인간의 공멸을 자초하지 않도록 '균형'을 찾아야 한다.

이 모델을 한국에 적용하면 어떻게 될까? 한국의 경우 사회적 기초는 약간 부족하지만 생태적 한계는 한참 초과한 상태임을 보여준다. 미국 또한 우리나라와 비슷한 상황이다. 반면 대표적 개발도상국인 방글라데시는 생태적 한계를 초과하지 않았지만 사회적 기초의 대부분 항목에서 최소 수준을 충족하지 못해 삶의 질이 나쁜 상태임을 보여준다.

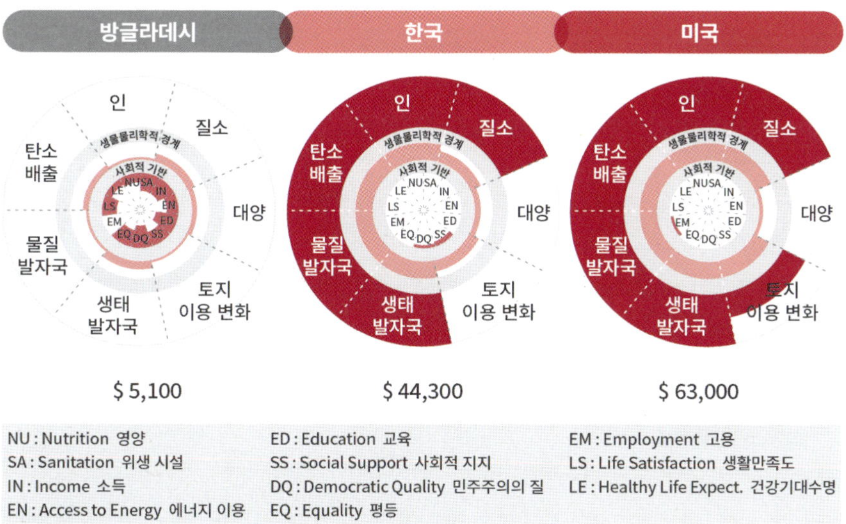

↑ **도넛 모델을 기준으로 본 국가별 한계 상황 비교**
[출처: https://biz.chosun.com에서 수정]

새로운 나침반으로써의 이 모델은 인류가 생태학적으로 안전하고 사회적으로 정의롭게 번성할 수 있는 방향을 보여준다. 인류는 이 두 경계 사이에서의 균형을 통해 새로운 이야기를 지속할 수 있다.

변화 2: 산업 시대에서 디지털 시대로

2016년 스위스 다보스 세계경제포럼에서 알려진 '4차 산업혁명', 그리고 '이세돌 9단 VS. 알파고'의 바둑 대결은 우리 사회에 '디지털'을 새롭게 인식시켰다. 한국 사회가 다른 기술 선진국들과 달리 '4차 산업혁명'이라는 표현에 대해 호들갑에 가까운 예민한 반응을 보인다는 의견도 있다. 그럼에도 불구하고 이 변화에 대해 우리 사회가 표출하는 관심과 불안은 현재 우리 사회의 변화수용 수준과 그만큼 우리가 신기술과 그 영향력에 상대적으로 무지했음을 알려준다.

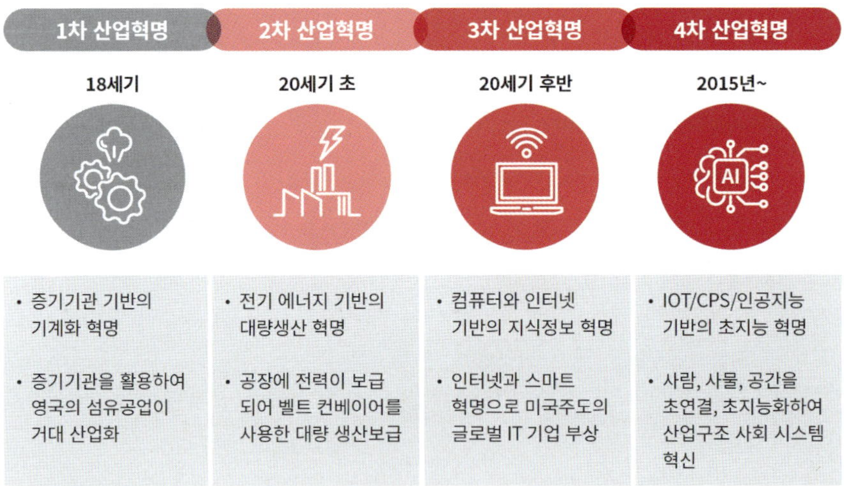

↑ **산업혁명별 특성**

사실 현재 전 산업영역에서 일어나고 있는 디지털 전환(Digital Transformation)과 관련된 인공지능이나 로봇 기술 등은 기존의 자동화와 컴퓨터 기술 발전의 연장선에 있다. 단절적 변화가 아닌 연속성의 변화인 현재의 디지털 전환은 변화의 속도와 삶 전반에 미칠 파급효과 측면에서 이전과 다르다. 알렉 로스(Alec Ross)에 따르면 미래산업은 첨단 IT 분야에 한정되지 않고 사회와 산업 전반에 새로운 빅뱅을 불러올 것이며 대규모 산업 전환의 가속화로 생각보다 빨리 산업계 전반에 들이닥칠 것[3]이라고 말했었다. 그리고 현재의 사회모습은 수년 전 그 예상이 사실임을 증명한다.

그렇다면 향후 디지털 시대의 산업구조는 어떻게 재편될까? 그 답은 새로운 산업발전의 패러다임 변화를 통해 가늠해 볼 수 있다. 초연결성과 초지능화의 확산으로 제품의 경쟁단위는 개별적인 단독 제품에서 시스템으로 확대될 것이다. 그리고 디지털화의 급속한 진전으로 일상의 모든 영역이 끊임없이 상호 연결되면서 물질세계와 가상세계가 통합될 것이다. 그 결과로 기존의 제품 기반 산업과 서비스 기반 산업이 통합되고 자동화·표준화의 진전으로 개인 맞춤형 제품 생산은 증가할 것이다.[4]

이러한 산업 패러다임의 변화에 대한 사회적·개인적 대응은 어떠해야 할까? 먼저 새로운 기술의 작동 구조와 영향력에 대한 학습이 출발점이 될 수 있다. 현재의 문명이 문해력(Literacy)을 바탕으로 구축된 것처럼 디지털 사회는 사람들의 디지털 리터러시(Digital Literacy)를 필수적으로 요청한다. 디지털 리터러시는 디지털 기술에 대한 이해와 활용 능력을 아우르는 개념으로 글리스터(Paul Gilster)[5]에 의해 처음으로 사용되었다. 그는 디지털 리터러시를 컴퓨터를 사용할 줄 아는 능력만이 아니라 인터넷에서 찾은 정보의 가치를 판단하고 목적에 맞는 새로운 정보를 조합해냄으로써 올바르게 사용하는 능력이라고 정의했고, 최근에는 컴퓨팅 교육에 대한 중요성이 강조되면서 컴퓨팅 사고도 포함되는 경향을 보인다. 한편 디지털 기술은 사람들의 생활에 활용되는 기술이라는 점에서 디자인 기술과 공통점을 지닌다. 즉 '인간 삶을 위한 디자인', '인간이 중심이 되는 기술'이어야 한다.

변화된 디자인을 찾아서

성장의 시대에서 균형적 번영의 시대로, 산업 시대에서 디지털 시대로 이동함에 따라 디자인의 미래방향에 대한 고민과 혼란이 쌓여가는 지금, 디자인은 어떤 변화가 필요할까?

MIT 미디어랩 학장과 RISD 총장을 지닌 존 마에다(John Maeda)는 디자인을 세 개 유형으로 구분한다. '전통적인 디자인(Classical Design)', '디자인 사고(Design Thinking)', 그리고 '컴퓨테이셔널 디자인(Computational Design)'이다.

01 전통적인 디자인	02 디자인 사고	03 컴퓨테이셔널 디자인
• Driver : 산업혁명과 그 이전 시대의 모든 사회, 문화, 기술	• Driver : 혁신을 위한 공감 기반의 고객(사용자) 니즈의 해결	• Driver : 반도체 기술 및 자율주행 등 최근 컴퓨팅 기술 발전 패러다임
• Classical Designer : 완벽하고, 아름답고 정교한 완성품을 만들 수 있는 디자이너	• Design Thinker : 비판적 사고를 바탕으로 다양한 이해관계자의 경험을 우선적으로 고려하며 협업 및 합의를 이끌어 낼 수 있는 디자이너	• Computational Designer : 시스템을 사용하는 수십억 명의 사람들의 요구에 실시간 대응할 수 있는 디자이너

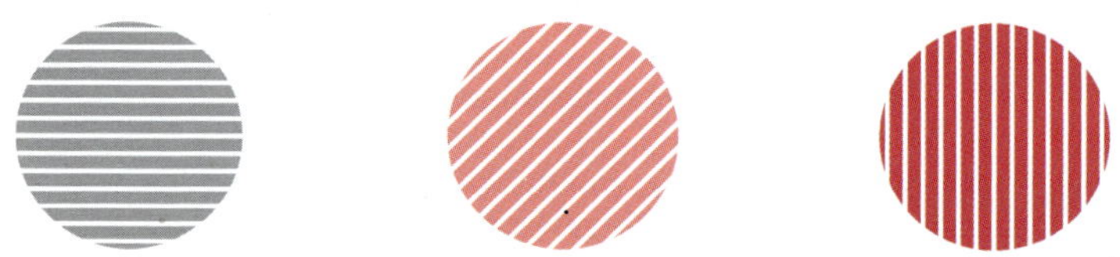

↑ **존 마에다(John Maeda)의 디자인 구분**
[출처: https://designintech.report에서 수정]

첫 번째 유형은 '전통적인 디자인'으로 이 유형의 시작은 수세기 전으로 거슬러 올라가는 가장 오래된 유형의 디자인이다. 아름답고, 세련되며, 멋진 형상의 인공물을 창조하는 작업 및 결과물과 관련되는 디자인이며, 우리 대부분이 이미 익숙한 종류의 디자인이다. 하지만 거의 항상 상품개발 과정의 마지막 단계에 주로 관여하기 때문에 '좋아 보이게' 하는 방법일 뿐, 근본적인 개선 차원에선 그 역할이 미약하다. 이 전통적인 유형의 디자인에선 디자인된 대상이 건물이든 페이지 레이아웃이든, 아니면 제품이든 간에 일단 만들어지면 디자인 작업은 완료된다. 이 디자인 유형은 디자인에 대한 가장 오래된 방식으로 다른 디자인 유형과 비교해 상대적으로 구식이지만 현재까지도 여전히 널리 채택되는 유형이다.

> **대부분의 사람들에게 디자인이란 '겉치장'을 의미한다.**
> **인테리어 장식, 커튼, 소파의 표면 같은 것이다. 하지만 내게 세상 그 어떤 것도**
> **디자인이 아닌 것이 없다. 디자인은 인간이 만든 창조물의 본질로,**
> **제품이나 서비스를 둘러싼 겹겹의 외형에 마침내 자신을 드러내는 것이다.**
>
> - 스티브 잡스 (Steve Jobs) -

두 번째 유형은 디자인 사고로, 현재 전통적 디자인 영역을 넘어 기업에서 고객 요구와 관련된 혁신을 주도하는 방법으로도 사용되고 있다. 이 유형은 상품개발의 마지막 단계가 아닌, 초기 도입을 통해 사용자 및 소비자 개인과 기업, 나아가 사회를 위한 더 나은 결과를 도출하게 된다. 예를 들어, 사용자 경험을 실질적으로 개선하는 상품개발에 기여할 수도 있고, 고객 관점을 반영해 기업에게 보다 더 효과적인 사업을 제안할 수도 있으며, 관련 이해관계자들의 의견을 통합해 사회 전체에 이로운 방안을 도출할 수도 있다. 상품개발의 초기 단계에서부터 참여함으로써 (마지막 단계에 수행되는)외형적 측면만을 건드리는 것이 아니라 상품의 본질과 해결해야 할 문제의 핵심을 다루는 것이 디자인 사고의 가장 중요한 특징이다. 이 같은 접근을 통해 케이트 레이워스가 말한 생태학적으로 안전하고 사회적으로 정의로운 디자인 해결안의 개발을 모색할 수 있다.

기존 상황을 더 바람직한 상황으로 만들기 위한 활동을 하는 사람이라면 누구든지 디자인을 한다고 할 수 있다.

- 허버트 사이먼(Herbert Simon) -

세 번째 유형은 컴퓨테이셔널 디자인이다. 이 유형은 사용자에 대한 이해를 바탕으로 쓰기 쉽고 예쁜 것을 만드는 것에 머무르지 않고, 그 해결안을 작동 가능한 프로토타입으로 즉시 만드는 것까지를 포함한다. 즉 사용자 경험을 반영해 디자인 안을 도출한 후, 알고리즘 및 데이터 모델을 활용해 가상현실(VR) 등으로 구축해 시뮬레이션해보거나 3D 프린팅 모형을 통해 상품의 적절성, 적합성 등을 확인·수정함으로써 상품개발 프로세스를 촉진할 수 있다. 문제를 찾고 바로 테스트를 거친 해법을 제시할 수 있는 이런 하이브리드 디자이너들은 공학 및 설계 요구 사항의 균형을 잘 맞출 수 있지만 소수에 불과하다. 존 마에다는 전체 디자이너 중 5% 미만이 이 유형에 속한다고 했다. 하지만 디지털 전환 환경에서 이 유형의 디자이너들을 필요로 하는 기업의 수요가 증가함에 따라 관련 능력을 보유한 디자이너들은 필연적으로 증가하게 될 것이다. 2017년 디자이너들을 대상으로 실시한 AIGA 디자인 센서스에서 디자이너를 위한 10개 최신 트렌드에서 상위 3위 트렌드는 인공지능(AI)과 머신러닝, 증강현실, 가상현실이었다. 디자이너들도 더 기술적인 디자인의 미래를 생각하고 있음을 보여준다.

'전통적인 디자인', '디자인 사고', '컴퓨테이셔널 디자인'은 사회·기술 환경의 변화와 요구에 따라 순차적으로 등장했지만, 현재 세 유형의 디자인은 공존한다. 이 공존은 이 세 유형의 디자인 모두 여전히 유효하고, 각각 고유한 특성과 영역을 갖고 있음을 증명한다. 즉 디자인은 형태와 장식을 통해 사람들의 스타일과 취향을 반영할 수 있는 실용적인 오브제를 만드는 미학적 작업일 수 있다. 또한 디자인은 인간·기업, 사회 그리고 지구환경에 모두 이로운 균형적 해결안을 찾는 작업이 될 수도 있으며, 디지털 컴퓨테이션 기술을 활용해 보다 효과적으로 즉각적으로 해결안을 검증함으로써 수정된 해결안을 제시하는 작업일 수도 있다. 물론 이 세 유형의 작업을 함께 고려해야 할 수도 있다. 어떤 디자이너는 한 유형에만 해당될 수 있다. 하지만 어떤 디자이너는 두 개 또는 세 개 유형 모두에 해당될 수 있다. 후자에 해당하는 능력을 갖춘 디자이너만이 다양한 영역이 얽혀 있는 문제를 기술적으로 더 효과적으로 해결할 가능성이 더 높음은 확실해 보인다.

사회변화에 따라 디자인에 요구되는 역할은 계속 변화할 것이다. 이것은 디자인이 도면 위의 선에 한정되는 개념이 아님을 말해준다. 궁극적으로 상황을 개선하는 작업이기 때문에 디자이너는 변화에 따른 역량과 기술을 흡수·활용해야 한다. 디자인을 둘러싼 패러다임의 전환은 선택 문제가 아닌, 시대의 큰 변화이다. 디자이너는 이 변화에 대응할 수 있어야 한다.

Chapter 2

창의적인 미래를 위한 디자인교육의 방향

예측하기 힘든 미래사회 문제들을 해결하며 인류를 긍정적인 방향으로 리드할 수 있는 인재를 양성하기 위해서는 미래지향적인 교육혁신이 필요하다. 창의적인 미래를 위한 디자인교육 방향에 대해서 살펴보자.

창의적인 미래를 위한 세계 교육의 변화

2020년 세계의 저명한 기업인, 경제학자, 정치인 등이 참여하는 세계경제포럼(WEF: World Economic Forum)에서 미래인재가 갖춰야 할 핵심역량 10가지를 제시했다. 이 중 상위 핵심역량은 복합적인 문제해결 능력, 비판적 사고, 창의력으로 예측하기 힘든 미래문제에 대한 대응하기 위한 역량들이다.

경제협력개발기구(OECD)의 미래학습의 틀(OECD Learning Framework 2030)은 2030년대를 살아갈 학생들에게 필요한 미래교육의 비전과 역량 중심 교육과정의 구체적인 설계 방향을 제시했다. 지금까지의 교육과정은 나라별로 설계해 왔으나 현대에는 세계가 함께 풀어야 하는 기후변화, 사회적 불평등 등의 문제상황에 공동대응하기 위한 도전과제들을 고려하여 국제적 가이드로 삼을 수 있는 연구를 진행한 것이다.

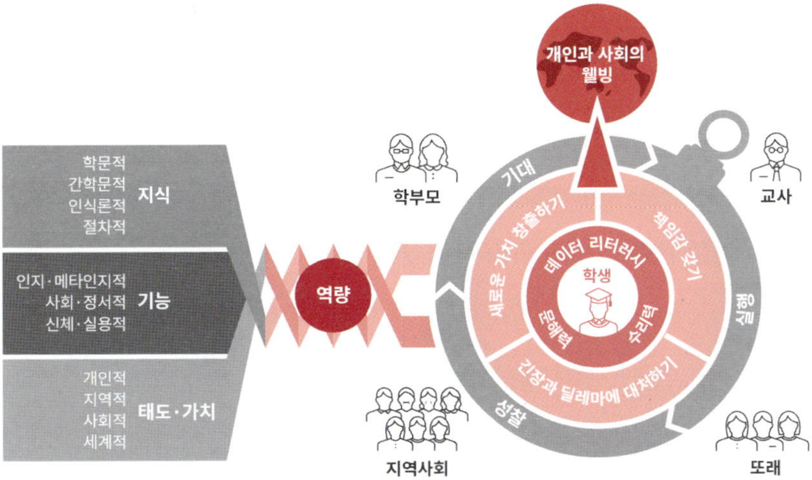

↑ **경제협력개발기구(OECD)의 미래학습의 틀(OECD Learning Framework 2030)**

미래학습의 틀의 다이어그램을 살펴보면 왼쪽의 지식, 기능, 태도와 가치의 역량과 함께 오른쪽의 새로운 가치 창출하기와 책임감 갖기, 긴장과 딜레마에 대처하기의 변혁적 역량을 배양하여 개인과 사회의 웰빙을 지향하도록 되어 있다.[1] 이 외에도 미래인재를 위한 핵심역량과 미래교육에 대한 연구들이 전 세계 교육기관에서 활발하게 진행되고 있다.

미래학교의 모델을 보여주고 있는 미국의 미네르마 스쿨(Minerva School)은 혁신적인 교육 시스템으로 운영되고 있다. 창립자인 벤 넬슨(Ben Nelson)은 미네르바 스쿨의 수업은 '수준별 맞춤형 학습(Cross Contextual Scaffolding)', '능동적인 학습(Fully Active Learning)', '체계적인 피드백(Systematic Formative Feedback)'으로 구성되었다고 설명한다. 학생들은 거꾸로 학습을 통해 수업 내용을 미리 학습하고 수업시간에는 온라인 강의 플랫폼인 액티브 러닝 포럼(Active Learning Forum)을 통해 토론 중심의 수업을 진행한다. 물리적인 학교건물은 없으며 세계의 주요 도시의 기숙사를 이동하며 학습한다.

미국의 칸랩 스쿨(Khan Lab School)의 학교급은 초등학교부터 고등학교에 해당되나 무학년제로 구성된다. 학년 구분 없이 학생마다의 흥미와 수준에 맞게 개인 맞춤형 학습을 진행한다. 학생들은 자체 플랫폼을 활용해 원하는 속도로 블랜디드 러닝으로 학습한다. 수업은 체험형 프로젝트 위주로 학생이 주도적으로 이끌며 진행한다.

네덜란드의 스티브 잡스 스쿨(Steve Jobs School)은 디지털 활용능력 및 유추와 같은 중요한 기술을 학습하는 교육과정을 운영한다. 학교 안 어디서든 스마트기기 학습이 가능하며 수업내용은 테크놀로지 활용 수업을 중요하게 다룬다. 혼합학년으로 구성되며, 교사는 강의를 이끌기보다 학생의 프로젝트 지원자의 역할을 수행한다.

스웨덴의 포트럼 학교(Futurum School)는 학생의 자기주도학습을 중심으로 교사와 함께하는 그룹별 프로젝트 학습으로 진행된다. 통합학년으로 대화형 액티브 보드(Active Board)를 활용해 학생들의 개별학습을 지원한다.

미래인재 교육과 교육과정 그리고 미래학교의 사례에서 급변하는 미래사회에 대응하며 창의적인 방향으로 나가기 위한 교육혁신의 모습을 볼 수 있다.

창의적인 미래로 다가서는 세계의 디자인교육

빅터 파파넥(Victor Papanek)은 디자인은 새로운 것을 창조하고 비판하며 판단할 수 있는 능력을 키워주며, 초·중등 교육을 비롯한 그 외의 모든 교육에 디자인교육이 포함되어야 한다고 주장했다.[2] 디자인 창작의 과정에서 사회, 문화, 경제적 관점에서의 조사를 통해 다양한 관점을 이해하고 분석하며, 디자인 아이디어를 표현하기 위해 다양한 매체를 활용하여 결과물을 시각화한다. 디자인 과정 가운데 문제해결을 위해 토론하고, 상호 협력하며, 협상하고, 실험하고 비판하며 창의적인 문제해결 역량이 키워진다. 세계의 디자인교육은 어떻게 진행되고 있는지 살펴보자.

영국의 디자인교육*은 1960년대부터 의무교육으로 디자인교육을 시행했다.[3] 현재 디자인 관련 교과목은 '예술과 디자인(Art & Design)' 그리고 '디자인과 기술(Design & Technology)' 두 과목으로 Y1(Key Stage 1)부터 Y3 단계까지 필수과목으로 운영하고 있다. '디자인과 기술' 교과목은 중등 졸업자격 시험(GCSE: General Certificate of Secondary Education) 교과목이기도 하다. 예술과 디자인 그리고 디자인과 기술 두 교과목은 예술을 통한 디자인의 융합 그리고 기술을 통한 디자인의 융합교과목이라고 할 수 있다. 디자인과 기술교과목은 혁신적인 디자인에 대한 아이디어를 내고 구현하기 위한 기술을 배우며 디자인의 논리적 과정과 디지털, 정보기술 습득을 목표로 한다. 영국의 디자인교육은 미래 디자인 문화발전에 기여하면서 혁신적인 미래를 이끌 수 있는 첨단기술 활용한 디자인에 대한 역량을 키우는 교육을 지향하고 있다.

영국의 국가교육과정은 KS(Key Stage) 1~4단계로 구분하는 교육과정으로, 5세부터 유치원 2년, 초등학교 5년, 중학교 5년의 총 12년의 의무교육이다. Key Stage 1(1~2학년), Key Stage 2(3~6학년), Key Stage 3(7~9학년), Key Stage 4(10~11학년)로 나누어진다.

미국은 주정부에서 교육정책을 관할하므로 일반적인 교육과정 대신 주마다 다른 교육제도로 운영된다. 대신 교육과정을 재구성할 수 있는 교사의 자율권이 보장되기 때문에 교사를 중심으로 디자인교육이 발전하게 되었다. 1990년 필라델피아 예술대학을 중심으로 디자인을 일반교육으로 도입하기 위한 프로그램인 '디자인을 기초로 한 교육(Design Bsed Education; K-12)이 개발됐다. K-12는 디자인 사고를 중심으로 융합적이면서 창의적인 문제해결의 과정을 배울 수 있어서 미국 전역의 유치원부터 고등학생의 디자인 교육과정에 확산됐다. 이후 하버드, 스탠포드와 MIT 등의 대학에서 디자인 사고에 대한 교사연수가 진행됐다. 다양한 디자인교육 주제에 따른 디자인 사고의 과정에 사회, 언어, 기술, 사회 등의 융합교육을 시도하며 창의성과 협동 그리고 사고능력을 배양할 수 있도록 디자인교육이 발전했다.

한국의 교육과정에서도 7차례 교육과정의 변천 가운데 2009 개정 교육과정 시기에 서울시에서 초·중등 대상의 디자인 교과서를 개발하였으나 초기에 적용되다가 현재는 잘 활용되지 않고 있다. 이후 고등학교 전문교과로 디자인 일반, 시각디자인 등의 디자인 관련 과목이 개설되었다. 그러나 디자인 교과서의 일시적 편찬과 전문교과 구성만으로는 한계가 있을 수 있으므로 앞으로 디자인교육의 전문적이고 체계적인 발전이 필요하다.

방향 1: 미래교육을 지향하는 디자인교육

21세기에 들어서면서 4차 산업혁명을 견인할 수 있는 교육에 대한 요구 그리고 코로나로 인한 팬데믹 상황에 대처할 수 있는 교육방안 등 변화가 많았다. 그렇다면 이러한 예측하기 힘든 미래에 유연하게 대비할 수 있는 교육의 방향은 무엇일까? 저명한 경영학자인 피터 드러커(Peter Drucker)는 아래의 글을 통해 적극적으로 개척해가는 미래의 비전을 제시했다.

> **미래를 예측하는 가장 좋은 방법은 미래를 만드는 것이다.**
>
> **- 피터 드러커(Peter Drucker) -**

미래의 주역인 우리 학생들이 자신의 미래를 스스로 이끌어갈 수 있도록 해주는 역할은 교육의 몫일 것이다. 사회의 변화를 창의적으로 이끌기 위한 미래교육의 비전을 디자인교육도 공유하며 함께 성장하고 발전해야 한다. 디자인교육이 우리 학생들이 미래사회의 주역으로 살아갈 수 있는 역량을 학습할 수 있도록 견인차 역할을 해야 한다. 본책의 내용은 이러한 미래교육의 지향점을 가지고 쓰여졌다.

방향 2: 지속가능성을 추구하는 디자인교육

인류는 해마다 악화되는 환경파괴, 생태적 문제로 생존의 위기까지 고심하게 되었다. 갑작스런 COVID-19 발생으로 전 세계적으로 배출되는 플라스틱 쓰레기가 두 배 이상 증가했으며 폐마스크로 야생동물들의 생명이 위협받고 있다. OECD는 2022년 '세계 환경의 날'에 '글로벌 플라스틱 전망'을 통해 폐기되는 플라스틱의 양은 2060년까지 세 배가 될 것이라고 예측했다. 세계 곳곳에서 기후변화로 인한 이상고온 현상과 폭염도 더해지고 있다. 이러한 환경문제에 대응하기 위하여 세계 기구들은 온실가스 저감과 탄소중립을 위한 환경정책과 기후변화 대응 기술투자에 박차를 가하고 있다.

유네스코는 위기의 시대를 위한 미래교육으로 '세상과 하나되는 학습; 미래의 생존을 위한교육'[4]이라는 보고서를 통해 2050년 교육에 대해 제시했다. 보고서의 인간과 지구의 지속가능성은 동일하다는 점, 인류를 세상과 분리된 지속가능한 미래는 망상이라는 점, 교육이 지속가능한 미래의 중추적인 역할을 해야 한다는 3가지 전제를 토대로 미래의 생존을 위한 교육에 대해서 주장하고 있다. 지속가능한 미래를 위한 교육은 선택이 아닌 인류의 존속을 위한 필수가 되었다. 이에 본책에서는 지속가능성을 실천하기 위한 지속가능한 디자인과 교육에 대해서 다루고자 한다.

방향 3: 미래 첨단기술을 활용한 디자인교육

클라우스 슈밥(Klaus Schwab)은 제4차 산업혁명이라는 화두를 던지며 인공지능, 로봇공학, 사물인터넷, 3D 프린팅, 나노기술, 퀀텀 컴퓨팅 등 미래 첨단기술의 중요성에 대해서 강조했다.[5] 이러한 고도화된 기술의 발전은 궁극적으로 국가를 비롯한 사회 전체 시스템을 변화시킬 것이며 미래 첨단기술의 혁명은 더 나은 세상으로 나아가게 할 것이라고 주장했다. 앞서 언급한 OECD의 학습 개념틀에서도 학생들이 자신의 잠재력을 달성하고 자신이 속한 공동체와 지구의 웰빙에 기여하기 위해 반드시 지녀야 할 인지적 요소 중 하나로 '디지털 리터러시'를 제시하고 있다. 2020년에 발표한 우리나라 교육부의 미래교육 전환을 위한 10대 정책과제에서도 디지털 전환에 대응한 교육 기반 마련을 위하여 디지털 전환 인프라를 구축, 온라인 교육 콘텐츠 생태계 조성, 디지털 활용 맞춤형 학습지원 체계 마련, 데이터 활용 교육행정의 과학화 추진을 발표했다.

이렇듯 국내외에서 미래 첨단기술 관련 교육은 중요하게 다루어지고 있으며 디자인교육도 마찬가지다. 본책에서 미래 첨단기술을 활용한 디자인교육의 방향성 제시를 위해 인공지능, 로봇, 3D 프린터, 가상현실, 메타버스, NFT를 활용한 디자인과 교육에 대해서 다루었다.

방향 4: 융합 디자인교육

매년 다보스포럼을 개최하는 세계경제포럼(WEF: World Economic Forum)은 2020년에 필요한 중요 업무능력[6] 중 하나로 학문의 경계를 뛰어넘는 다양한 시각에서 이해할 수 있는 초학문적 능력(Trans Disciplinary)을 꼽았다. 교육현장에 있어서 융합교육과 융합적 인재상 추구에 대해서 이미 국내외에서의 교육적 적용이 활발하다. 미래학자들은 기후변화, 환경, 식량, 물, 에너지 문제로 예측하기 어려운 미래의 복잡하게 얽힌 문제에 직면하게 될 것이라고 예측한다. 이렇게 복합적인 미래문제를 창의적으로 해결하기 위해서는 융합교육이 필수이다.

디자인은 타학문에 비해 사회학, 심리학, 기술 등의 인접 학문과 연계가 되어 융합을 추진하기 용이하다. 디지털 시대의 융합디자인은 과학과 기술을 중심으로 전략적으로 추진되어야 한다. 융합 디자인교육은 인문계열 교과목과의 융합으로 사회변화의 흐름을 읽을 수 있고 과학, 기술교과와의 융합을 통해 디지털 기술을 활용해 혁신을 이끌 수 있어야 한다. 본책에서는 융합교육의 중요성을 인지하고 미래 첨단기술과 디자인의 융합디자인과 경제와 디자인이 융합한 NFT를 활용한 디자인 창업에 대해서 다루고자 한다.

방향 5: 인간에 공감하는 디자인교육

하버드대학교의 교수인 하워드 가드너(Howard Gardner)가 주장한 다중지능이론은 인간의 8가지 지능으로 대인관계 지능이 속해있다.[7] 대인관계 지능은 다른 사람과 관계를 맺을 때 타인의 관점에서 이해하며 공감하는 능력으로 인간관계를 잘 맺는 것을 말한다. 이 세상을 살아가는 중요 능력 중 타인과 소통할 수 있는 공감능력은 사람과 사회를 조화롭게 연결한다. 21세기 기술을 위한 파트너십(Partnership for 21st Century)에서 제시한 미래 핵심역량인 4C 중 의사소통능력(Communication)과 협업능력(Collaboration)이 있다. 미래사회로 다가갈수록 인류가 함께 교감하고 협력하는 것이 중요하다. 앞서 언급한 세계경제포럼의 2020년에 필요한 중요 업무능력 중 하나에 협상능력이 있으며, 학생에게 요구되어지는 21세기 가장 핵심적인 기술에서도 의사소통과 협력이 있다.[8] 미래문제는 동시대를 살아가는 나와 타인이 함께 협업해야 해결할 수 있기 때문에, 우리 학생들이 서로에게 공감하며 협력할 수 있게 하는 교육이 중요하다.

디자인교육을 통해 사회적 도움을 주며 더불어 살아가는 방법을 학습할 수 있도록 본책을 구성했다. 모든 사용자의 편의를 추구하는 유니버설디자인과, 개발도상국의 삶의 개선을 위한 적정디자인, 생활의 안전을 담보할 수 있는 셉티드디자인에 대해서 다루었다.

이 책은 미래교육을 지향하는 디자인교육의 기초방향을 토대로 지속가능성을 추구하는 디자인교육, 미래 첨단기술을 활용한 디자인교육, 융합 디자인교육, 인간에 공감하는 디자인교육의 방향을 토대로 창의적인 미래를 위한 디자인교육 인사이트를 제시하고자 했다.

Chapter 3

디자이너의 생각법

'디자인 사고(Design Thinking)'는 지난 20년간 디자인 분야는 물론 비즈니스 영역에서도 큰 유행을 탄 용어이다. 2008년 하버드 비즈니스 리뷰(Harvard Business Review), 2009년 비즈니스 위크(Business Week)의 특집 기사를 필두로 국내외의 유수 매체에서 지속적으로 디자인적 사고를 다루어왔다. 일반적으로 디자인 사고는 문제를 폭넓은 방향으로 숙고함으로써 해결안을 찾는 접근법으로 이해된다. 그래서 상품개발과 직접적 관련성을 갖는 산업 분야에는 물론 사회문제의 해결에도 적용되고 있으며 최근에는 교육 분야에서도 혁신적 교육방법으로 대두되고 있다.

'디자인 사고'는 … 무엇?

디자인 사고의 정의는 디자인 사고를 적용, 활용하는 기관, 개인의 수만큼 다양하다. 하지만 공통적으로 디자인 사고가 생각하는 방법, 문제해결을 위한 사고방식이며 방법론이라는 점에는 이견이 없다. '디자인 사고'를 간단하게 말하면, 디자이너들이 디자인 작업을 수행하던 방식이다. 디자이너는 문제가 주어지면 엉뚱하게 보일 만큼 광범위하고 다양한 대안을 찾는 활동과 선택된 대안들을 현실 조건에 맞게 대안의 범위를 좁혀 가는 일을 반복한다. 주어진 문제에 대해 자료조사를 통해 얻은 정보를 근거로 논리적으로 분석하면서도, 한편으로는 논리와는 거리가 멀어 보이는 주관적인 통찰에 의한 직관을 사용하기도 한다. 또한 기술 가능성과 사업 타당성을 고려하면서도 동시에 시각적 아름다움을 고민하는 다소 복잡해 보이는 태도를 유지한다. 즉 확산적 사고와 수렴적 사고를 함께 사용하고, 분석적 접근과 직관적 접근을 놓지 않으며, 다각적인 측면을 함께 고려한다.

이렇듯 다소 복잡해 보이는 디자이너들의 사고방식, 디자인 사고의 개념적 특성은 아이디오(IDEO)의 대표이사 팀 브라운(Tim Brown)과 캐나다 토론토대학교의 교수 로저 마틴(Roger Martin)의 정의를 통해 보다 쉽게 이해될 수 있다. 팀 브라운에 따르면 디자인 사고는 사람을 중심에 두고 사람들은 무엇을 필요로 하는지(Desirability), 가능한 기술(Feasibility)은 무엇인지, 성공적인 경영을 위한 필요조건(Viability)들은 무엇인지에 관한 생각을 융합해 혁신을 창출하는 방법[1]으로 설명한다.

↑ 팀 브라운(Tim Brown) 관점에서 본 디자인 사고의 특성

한편 로저 마틴은 디자인 사고를 숙련된 분석적 사고와 직관적 사고가 상호작용하며 균형을 찾아가는 방법[2]인 통합적 사고로써 설명한다. 그에 따르면 분석적 사고(Analytical Thinking)는 연역적 추리(Deductive Reasoning)와 귀납적 추리(Inductive Reasoning)를 이용해 자료를 체계적으로 분석함으로써 결론을 내는 반면, 직관적 사고(Intuitive Thinking)는 추론하지 않고 사물을 이해하는 방법으로 분석과 조사를 하는 순간 창조성은 사라진다고 주장했다.

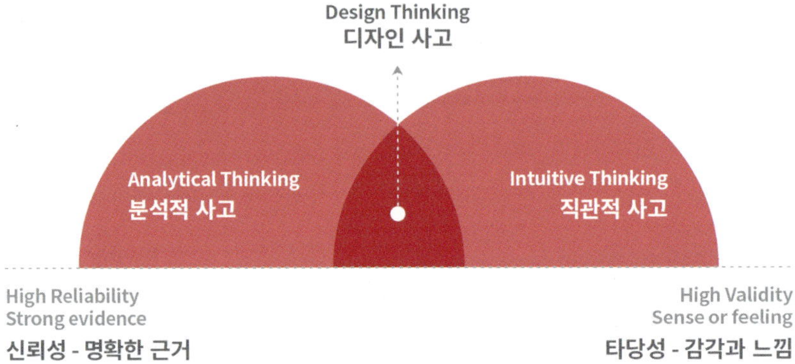

↑ 로저 마틴(Roger Martin) 관점에서 본 디자인 사고의 특성

'디자인 사고'의 시작

'디자인 사고'라는 화두를 던졌을 때 디자이너들의 머릿속에 가장 먼저 떠오르는 것 중 하나는 IDEO(아이디오)이다. IDEO는 기업에게 디자인을 기반으로 컨설팅을 해주는 회사로 세계에서 가장 혁신적인 기업 중 하나이다. IDEO는 디자인 사고를 실제 프로젝트에 성실하고도 적절하게 적용하는 대표적 기업이다. 그래서인지 'IDEO=디자인 사고'로 인식되면서 IDEO가 디자인 사고라는 용어와 그 방법을 개발한 것으로 알려져 있지만 디자인 사고라는 용어와 그것의 개념은 수십 년에 걸쳐 전개, 진화되어 오늘에 이른다.

'디자인 사고'의 개념적 출발은 과학적 방법론과 프로세스의 적용으로 디자인 분야에서 과학을 발전시키려 했던 1960년대로 거슬러 올라간다. 급진적 공학자인 버크민스터 풀러(Buckminster Fuller)는 정치·경제로 해결할 수 없는 인간과 환경문제의 해결을 위한 디자인 과학의 필요성을 주장했다. 과학, 기술 및 합리성에 의한 '디자인 과학 혁명(Design Science Revolution)', 즉 '종합적이고 예측적인 디자인 과학(Comprehensive, Anticipatory Design Science)'[3]으로써의 디자인의 필요성을 구현했다.

"

이미 존재하는 것으로는 결코 상황을 바꾸지 못한다. 무언가를 바꾸려면 기존 모델을 쓸모없게 만드는 새 모델을 만들어야 한다.

- 버크민스터 풀러(Buckminster Fuller) -

"

'디자인 사고'의 중요 개념을 형성한 논의들은 1970년대와 80년대에 주로 이루어졌다. 컴퓨터 과학자이자 노벨상 수상자인 허버트 사이먼(Herbert Simon)은 1969년 출판된 저서 『Sciences of the Artificial』에서 디자인을 사고의 과학 또는 사고의 방식(A science or way of thinking)[4]으로 처음 언급했다. 그리고 디자인 사고의 원칙에 해당하는 핵심적인 많은 아이디어, 관찰을 통한 신속한 프로토타이핑과 테스트 등을 말했다. 영국 개방대학의 명예 교수인 나이젤 크로스(Nigel Cross)는 1982년에 발표된 논문(Designerly ways of know)에서 디자이너다운 문제해결의 본질에 대한 논의를 위해 디자이너의 문제해결 방법과 우리가 일상생활에서 사용하는 비디자인적 문제해결 방법을 비교했다. 그리고 하버드대학교(Harvard University) 건축학과 교수인 피터 로에(Peter Rowe)는 1987년에 출판된 저서 『Design Thinking』에서 건축 디자이너가 작업에 접근하는 방식으로 설명했다.

이후 1990년대에 들어서면서 현재의 디자인 사고의 모습으로 구체화되었다. 카네기멜론대학교(Carnegie Mellon University)의 디자인대학 수장인 리처드 뷰캐넌(Richard Buchanan)은 1992년 발표한 "디자인 사고의 고약한 문제*(Wicked Problems in Design Thinking)"라는 글에서 디자인 사고의 기원과 르네상스 시대 이후 고도로 전문화, 분절된 지식 분야의 통합 수단으로써 디자인 사고의 가치를 설명했다. 그러면서 현대사회가 직면한 새롭고도 복잡한 문제들에 적용될 수 있다고 했다. 그리고 이러한 이론적 기반을 바탕으로 실제 적용을 통해 디자인 사고의 의미와 가치를 증명하는 선두 그룹이 등장했다. 스탠포드대학교(Stanford University)는 일종의 입학 전 과정인 디스쿨(d.School)에서 IDEO와 함께 디자인 작업을 모델로 한 '디자인 사고 프로세스'를 문제해결의 방법으로 소개하고 교육을 실시했다.

고약한 문제(Wicked Problems): 상호의존적 요인으로 인해 문제해결이 불가능해 보이는 복잡하고 난해한 문제를 뜻한다. 이 용어는 독일 울름 디자인 스쿨의 디자인 방법론 교수이며, 디자인 이론가인 호스트 리텔(Horst Rittel)에 의해 처음 사용되었다.

01 Design Science 디자인 과학	02 Way of Thinking 생각의 과학·방식	03 Designerly Way 디자이너다운 방법	04 Design Thinking 디자인 사고
• 과학, 기술 및 합리성과 디자인의 결합 • 버크민스터 풀러	• 주요 원칙적 요소 제시 (관찰, 신속한 프로토타이핑과 테스트) • 허버트 사이먼	• 디자이너의 문제해결 방법을 타분야 활용 및 적용 • 나이젤 크로스	• 디자이너가 작업에 접근하는 방식 • 복잡한 문제의 해결을 위한 통합적 접근 • 피터 로에, 리처드 뷰 캐넌

↑ **디자인 사고의 중요 개념 변화**

'사고(Thinking)'로서의 디자인은 다양한 분야에서 오랜 시간에 걸쳐 각 분야별 사상가들의 이성적 탐구와 작업 과정을 거치며 형성되었다. IDEO, d.School 등 디자인 사고의 선두집단은 현재까지 많은 사람들이 빠르고 쉽게 프로세스에 익숙해질 수 있도록 디자인 사고의 이해와 적용을 위한 용어, 단계 및 툴킷

(Tool Kit)을 개발하고 관련 교육프로그램을 개발·공유하고 있다. 현재 디자인 사고를 적용하려는 기관, 기업은 점점 더 증가하는 추세를 보이고 있으며, 이에 따라 사회적 움직임으로 확장·변화하며 다양한 산업과 분야에서 통용될 수 있는 일반적인 용어가 되었다.

'디자인 사고'의 다섯 단계

"어떻게 하면 이 불편함을 해결할 수 있을까?"와 같은 문제에 대한 해결방안을 얻기 위한 '생각의 방법'인 디자인 사고는 확산적 사고와 수렴적 사고에 기반을 둔 일련의 활동으로 구성된다. 이 활동에 대응되는 단계 구성은 세부 단계를 어떻게 묶는가에 따라 단계의 수가 3~7단계로 다를 뿐, 단계 개수에 근본적 차이가 있는 것은 아니다. 여기서 중요한 것은 디자인 사고의 과정은 반드시 순차적으로 이루어지는 것이 아니라 비선형적이며 상호의존적이라는 것이다. 선형적 모형은 앞 단계를 마치면 반드시 그 다음 단계로 전진하기 때문에 명확한 끝이 존재한다. 하지만 비선형적 모형은 각 단계가 서로를 기반으로 하여 현 단계의 결과는 이전, 이후 단계의 영향을 받고, 또 동시에 영향을 주기 때문에 현재 단계에서 반드시 이후 단계로 넘어가는 것이 아니라, 이전 단계로 다시 돌아가 작업을 다시 수행해야 할 수도 있다. 디자인 사고 관련 활동을

↑ **디자인 사고**: 혁신을 위한 프레임워크

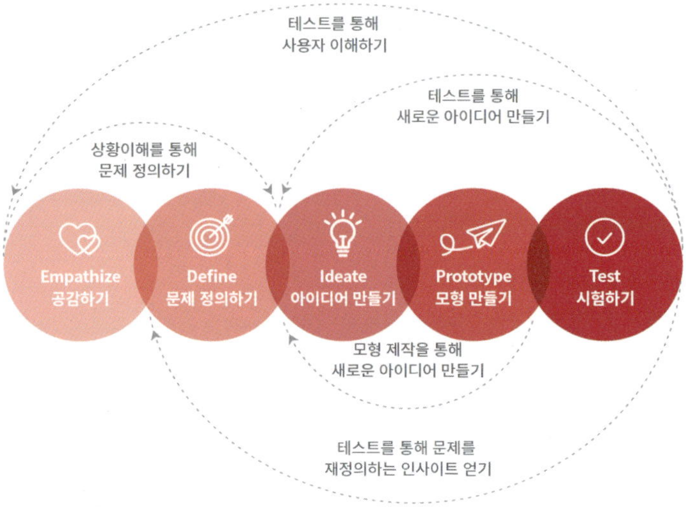

↑ **디자인 사고**: 비선형적 사고(a non-linear process)

주도하는 대표기관 중 하나인 d.School과 IDEO의 모델은 '공감하기-문제 정의하기-아이디어 만들기-모형 만들기-시험하기'의 5단계로 구성된다.

① 단계 1: 공감하기(Empathize)

대상에 대한 깊은 이해를 바탕으로 한 공감은 디자인의 주체와 객체의 경계를 허무는 작업의 시작점이다. 주어진 문제를 이해하는 단계로 문제 상황에 놓인 사람들을 중심으로 한 폭넓은 조사가 이루어져야 한다. 이를 위해 설문조사와 인터뷰, 관찰 등 다양한 조사방법이 사용될 수 있다. 조사를 통해 관련 정보를 모으면서, 상황을 파악하고, 사람들이 느끼는 어려움에 함께 공감할 수 있는 토대가 만들어진다. 상황을 알아도 문제로 인한 어려움에 공감하지 못하면 문제를 문제로 인식하지 못하게 된다. 사람들을 관찰하고, 관찰을 하다보면 불편한 것에 공감하게 될 것이다.

② 단계 2: 문제 정의하기(Define)

문제를 구체화화는 단계로 주어진 문제 상황에 대한 이해가 전제될 때 가능하며, 핵심이 무엇인지 파악해내는 것을 의미한다. 이전 단계에서 수집한 정보를 종합하고 분석해, 문제의 핵심을 파악하고, 해결의 실마리가 될 수 있는 영감을 얻는 단계이다. 분석하는 사람의 배경지식과 특성 등에 따라 주어진 상황, 동일 문제에 대해 각기 다른 해석, 다양한 해석이 가능하다. 때문에 문제에 대한 정확한 파악이 필요하다. 문제를 정확하게 알아야 바른 해결안을 찾을 수 있기 때문이다. 충분한 정보가 수집되었다면 수집된 정보의 분석을 위해 여러 방법이 사용될 수 있다. 통계분석, 퍼소나, 고객여정지도, 이해관계자지도 등 정량적인 방법, 정성적인 방법 모두 활용할 수 있다.

③ 단계 3: 아이디어 만들기(Ideate)

파악한 핵심 문제의 해결을 위해 다양한 아이디어를 만들어내는 단계이다. 이전의 두 단계는 해결안 도출을 위한 탄탄한 지식창고를 만드는 과정이라 할 수 있다. 해결안은 한순간의 번뜩임이 아니라 차근차근 발전시키는 것이다. 일반적으로 양적으로 많은 아이디어를 생성할 때 질적으로 좋은 아이디어를 도출할 수 있는 가능성이 높다. 따라서 이 단계에서 아이디어의 품질을 평가하기보다는 다다익선의 자세로 비현실적이나 기초적인 생각이어도 다양한 아이디어를 만들어보는 것이 중요하다. 브레인스토밍, 협업 스케치 등을 통해 명백하고 뻔한 것을 넘어 다양한 가능성을 탐색한다. 다양한 아이디어가 어느 정도 모아지면 아이디어를 우선순위로 정리해본다.

④ 단계 4: 모형 만들기(Prototype)

수많은 아이디어 중에서 가장 좋은 해결안을 실제로 만들어봄으로써 실제화하는 단계이다. 모형은 아이디어를 말 대신 눈에 보이도록 표현한 것으로, 주어진 문제에 대한 해결 아이디어에 따라 종이모형, 제품, 공간, 인터페이스, 스토리보드, 역할극 등으로 만들 수 있다. 이 단계에서 모형은 빠르고 저렴하게 만들어야 한다(A quick and dirty model). 즉 해당 상황에서 가장 적합하다고 판단되는 것을 선택하고, 빠르게 짧은 시간 안에 만들어보는 것이 중요하다. 때문에 이 단계에서 완벽한 모형을 만들기 위해 노력할 필요는 없다. 다음 단계에서 평가에 활용이 가능한 정도, 즉 평가자가 아이디어를 이해하고 모형을 사용하면서 상호작용할 수 있는 정도면 가능하다.

⑤ 단계 5: 시험하기(Test)

모형을 통해 해결안이 잘 작동하는지 확인하는 과정이다. 시험과정에서 사람들의 의견(피드백)을 통해 현재 해결안의 문제를 알 수 있기 때문에 개선의 기회이기도 하다. 이 단계에서 수집된 의견들을 현재 모형에 반영함으로써 더 나은 해결안, 모형으로 발전시킬 수 있다. 이는 개선을 위한 다음 단계로 이어질 수 있음을 암시한다. 즉 현재 개발된 모형에 대한 평가를 실행하는 마지막 단계이지만, 개선의 관점에서 보면 이전의 어느 단계로든 되돌아갈 수도 있다. 때문에 시험하기 단계는 마지막 단계가 아닐 수 있다. 실제로 디자인 프로젝트를 수행할 때 개발된 모형에 대한 실험에서 문제가 발견되어 모형 만들기 단계, 또는 아이디어 만들기 단계, 아니면 자료수집 등의 이전 단계로 되돌아가는 경우가 자주 발생한다.

디자인 사고 단계로 살펴본 IDEO의 프로젝트

디자인 사고의 다섯 단계를 실제 디자인 프로젝트 사례를 통해 살펴보자. 디자인 컨설팅 기업인 IDEO는 미국의 오랄비(Oral-B)로부터 어린이용 칫솔 디자인 프로젝트를 의뢰받았다. 오랄비는 상품 간 특성차이를 찾기 어려운 채로 공산품으로 선반에 진열되어 있는 칫솔들을 보면서 차별점이 있는 어린이 칫솔 디자인을 원했다.

① 단계 1: 공감하기

IDEO는 어린이 칫솔 디자인 프로젝트를 현장 관찰에서 시작했다. 디자이너들은 어린이들에게 칫솔을 주면서 양치질을 어떻게 하는지 관찰했다. 디자이너들은 어린이들의 행동에서 작은 특이점을 발견했다. 어린이들은 손가락 끝으로 가볍게 칫솔을 잡는 어른과 달리 주먹으로 움켜쥐듯이 칫솔을 잡고 양치질을 하는 것을 발견했다.

② 단계 2: 문제 정의하기

일반적으로 사람들은 어린이들은 어른보다 작으니 작은 손에 맞게 어른용 칫솔보다 더 작고, 더 얇게 만들어야 한다고 생각한다. 그리고 당시 많은 칫솔들은 그런 형상을 갖고 있었다. 하지만 손이 작고 손 근육의 발달이 진행 중인 어린이들에게 얇고 긴 형상의 칫솔은 불편하다. 바로 이 점이 어린이들이 마주한 문제이며, 프로젝트에서 정의된 문제이다.

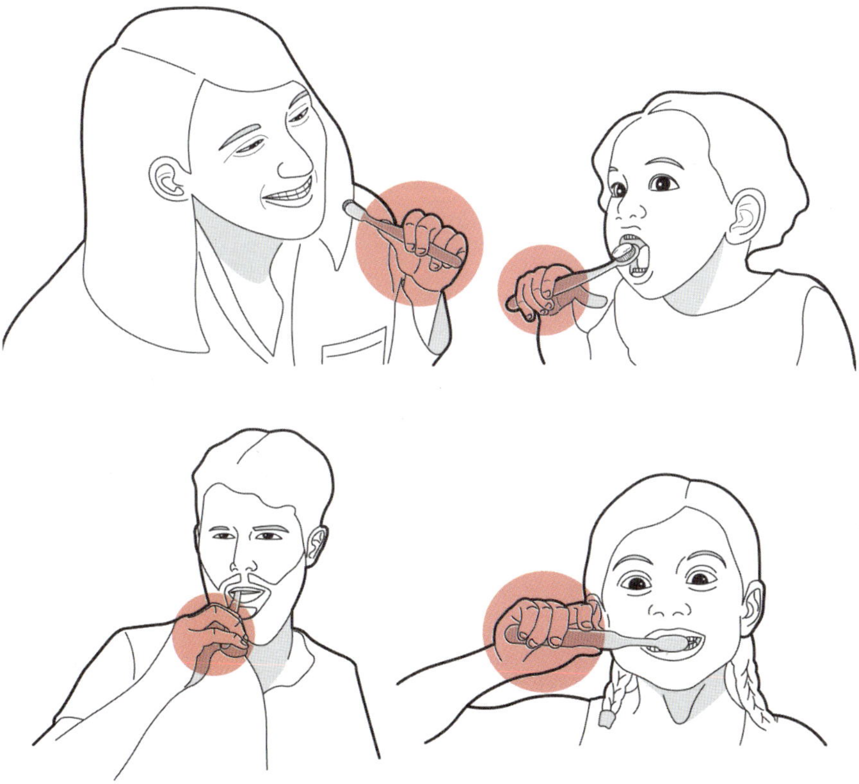

③ 단계 3: 아이디어 만들기

디자이너들은 어린이들이 손가락을 아주 유연하게 쓰진 못하며, 손 전체로 칫솔을 꽉 움켜쥐는 점을 고려했다. 이에 어린이 칫솔은 어른 칫솔보다 몸통은 굵고 물렁물렁해야 한다는 아이디어를 선택했다.

④ 단계 4: 모형 만들기

IDEO는 '손잡이가 둥글고 굵으며 물렁하게'라는 기준으로 다양한 형상의 칫솔 모형을 만들었다.

⑤ 단계 5: 시험하기

IDEO의 아이디어는 적중했다. 평가에서 아이들은 굵게 만든 칫솔을 사용할 때 양치질을 더 오래 하고 칫솔도 덜 떨어뜨렸다. 이후 1996년 시장에 출시 된 오랄비의 이 어린이 칫솔은 향후 18개월 동안 세계에서 가장 많이 팔린 칫솔이 되었다. 현재 대부분의 어린이용 칫솔은 어른 칫솔보다 더 굵은 디자인이 일반적이지만, 이 변화는 바로 IDEO의 관찰에서 비롯되었다.

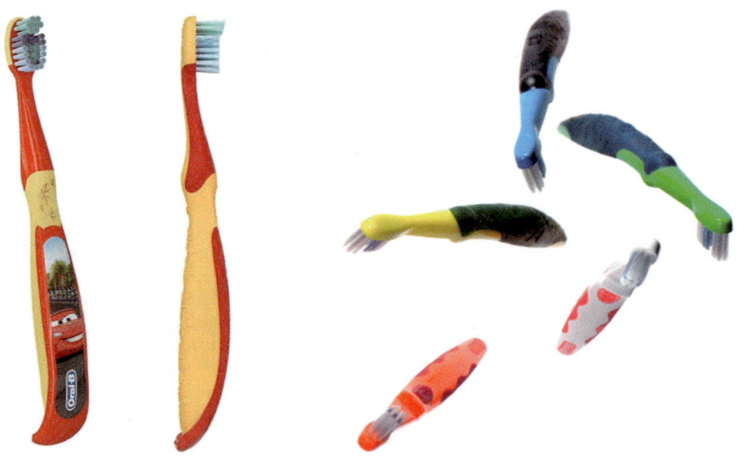

↑ **IDEO에서 디자인한 오랄비의 어린이 칫솔** [사진 ©IDEO]

그리고 지금은

IDEO 등 많은 기업들이 디자인 사고를 통해 혁신을 이루었지만, 디자인 사고가 문제해결의 만능열쇠인 것은 아니다. 혁신이 배운다고 되는 것이 아닌 것처럼 디자인 사고가 무엇인지 아는 것만으로는 충분하지 않다. 디자인 사고도 온전히 '내 것'이 되는 연습의 과정이 필요하다. 디자인 사고의 각 단계가 '단계를 위한 단계'가 아닌 각 단계의 의미가 실현될 때 진정한 문제해결을 기대할 수 있다. 물론 디자인 사고를 살펴보기 위해 디자인 사고의 과정을 몇몇 단계로 나누었지만, 디자인 사고의 실제 적용에 있어서는 단계구분은 중요하지 않다. 사람들이 가진 문제에 공감하면서, 문제해결을 위해 다양한 아이디어를 편견 없이 수용하고, 실패를 두려워하기보다는 시도해봄으로써 더 나은 방법을 찾으려는 태도를 갖는 것이 중요하다.

Design Story

디자인 사고의 아이콘 기업

IDEO

디자인 사고를 전 세계에 알린 세계적인 디자인 컨설팅 그룹 아이디오(IDEO)는 비즈니스 위크가 선정한 '산업 디자인 대상'을 10년 연속으로 수상했으며, '가장 혁신적인 기업 25'에도 선정되었다. 애플, 마이크로소프트, 삼성, 아모레퍼시픽, SKT, 프라다 등 전 세계 기업을 위한 제품디자

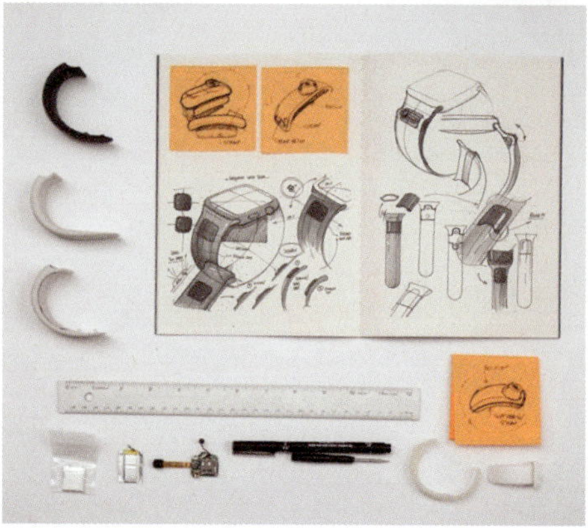

↑ **(상) IDEO 본사 내부 실내벽화**
[사진 ©Rachel Harrell]
(하) 디자인 프로젝트 진행 중 결과물
[사진 ©IDEO]

인에서 조직혁신, 교육혁신, 사회혁신, 개도국 빈민사업 컨설팅 등 사회적 디자인에 이르기까지 전방위에서 이노베이션 디자인 프로젝트를 수행하고 있다.

IDEO는 데이비드 캘리(David Kelly)가 설립한 데이비드 캘리 디자인(David Kelly Design)과 영국인 빌 모그릿지(Bill Moggridge)가 설립한 아이디 투(ID Two), 마이크 넛톨(Michael Nuttal)이 설립한 매트릭스 프로덕트 디자인(Matrix Product Design)이 합쳐져 만들어졌다. 1991년 미국 팔로알토(Palo Alto)에 설립된 이 디자인 기업은 고객에 대한 공감을 출발점으로 하는 경험디자인을 선보이면서 세계적인 디자인 그룹으로 성장했다. 현재 IDEO는 캠브리지, 시카고, 런던, 상하이, 도쿄, 뮌헨, 뉴욕 등 9개 지역에서 사무실을 운영하며 700명 이상의 직원과 함께 한다.

이 기업의 놀라운 성장 배경에는 이노베이션을 위한 인간 중심 디자인과 디자인 사고가 있다. IDEO는 제품 외형을 멋지게 만드는 작업만을 디자인으로 생각하던 통념을 깨뜨리고, 제품 기능의 혁신뿐만 아니라 교육, 에너지, 의료, 빈곤, 건강 등 사회혁신의 모든 분야에서의 보다 나은 삶을 위한 이노베이션으로 디자인 영역을 확장시킨 주역이다.

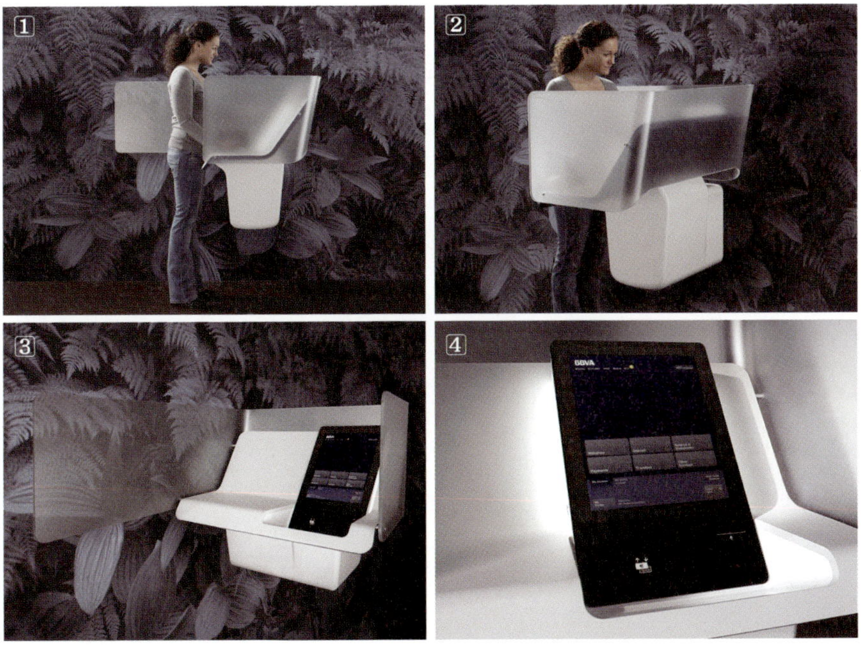

↑ **IDEO에서 디자인한 BBVA 은행의 ATM 기기 및 UI** [사진 ©IDEO]

Reference

Chapter 1

1 Deaton, A. (2013). The Great Escape Health, Wealth, and the Origins of Inequality, Princeton University Press.
2 Bauman, Z. (2012). Times of interregnum. Ethics & Global Politics, 5(1), 49–56.
3 Alec Ross (2016). 알렉 로스의 미래산업 보고서, 이동우콘텐츠연구소
4 장석인 (2017). 제4차 산업혁명 시대의 산업구조 변화 방향과 정책과제. 국토, 424, 22–30.
5 Gilster, P. (1997). Digital literacy. John Wiley & Sons, Inc.

Chapter 2

1 OECD (2018). The future of education and skills Education 2030. Paris: OECD Publishing.
2 Victor J. Papanek (1983). Design for human scale. Van Nostrand Reinhold Company.
3 Design Council (1987). Design and Primary Education. Studies in Design Education Craft and Technology, 19(3), 140–141.
4 Common Worlds Research Collective (2020). Learning to become with the world: Education for future survival.
5 Schwab, K. (2016). The Fourth Industrial Revolution. World Economic Forum, 108–109.
6 World Economic Forum (2015). New vision for education: Unlocking the potential of technology. Colony/Geneva: World Economic Forum, retrieved from http://www3.weforum.org/docs/WEFUSA_NewVisionforEducation_Report2015.pdf
7 Howard Gardner, Multiple intelligences: The theory into practeice (New York: Basic Books, 1993).
8 World Economic Forum (2015). New vision for education: Unlocking the potential of technology. Colony/Geneva: World Economic Forum. World Economic Forum (2016). New vision for education: Fostering social and emotional learning through technology. Colony/Geneva: World Economic Forum.

Chapter 3

1 팀 브라운, 고영준 옮김, 디자인에 집중하라 (2019). 김영사
2 Martin, R., & Martin, R. L. (2009). The design of business: Why design thinking is the next competitive advantage. Harvard Business Press.
3 Fuller, R. B. (1963). World Design Science Decade: Phase 1 Document 6. Estate of R. Buckminster Fuller.
4 Simon, H. A. (1996). The sciences of the artificial. MIT Press.

PART

02

더 좋은 세상을 위한 **사회참여 디자인**

Chapter 1 평균 인간의 신화를 넘어: 유니버설디자인
Chapter 2 건강한 미래를 꿈꾸게 하는: 지속가능한 디자인
Chapter 3 디자인으로 만드는 안전: 범죄예방디자인
Chapter 4 첨단이 아니라도 괜찮아: 적정디자인

Chapter 1

평균 인간의 신화를 넘어: 유니버설디자인

일상품은 '평균'적 사람들을 기준으로 한다. 바꿔 말하면, 평균 범위 밖의 사람들을 배제한다는 의미다. 산업사회에서 산업적 가치를 따라 발전해 온 디자인 개발방식은 일정 수준의 소외를 초래하며 의도적·비의도적으로 배제(Design Exclusion)를 만들어왔다. 그런데 세계 15세 이상 인구의 15.6%, 약 100만 명의 사람들이 장애를 경험하고, 640만 명의 사람들은 일시적 장애상태를 경험한다. 그리고 사람들은 나이가 들어가며 신체 기능적으로 어떤 능력을 잃기도, 더 많이 얻기도 한다. 질병에 걸리기도 하고 상해를 입기도 한다. 즉 신체 상태에 따라 우리 모두는 디자인 배제를 경험하게 된다. 우리 모두가 경험하는 일상품의 미스매치(Mismatch), 괜찮은 것일까?

평균의 미스매치

개인 소비재 시장의 최근 초점은 '초개인화'에 있지만, 시장의 초점은 아주 오랫동안(그리고 지금도) 불특정 다수의 일반적인 사람들을 위한 대량생산 시스템에 맞춰져 있다. 여기서 '일반적인'이라는 말은 '평균적인' 사람들을 의미하는 것으로 일반적인 것을 평균적인 것과 동일시하는 우리 사회의 인식을 보여준다. 이 '일반(보통, 정상)=평균'이라는 인식은 평균을 이상적인 표준치로 설정하고, 이 값에서 많이 벗어나면 비정상적인 것, 틀린 것으로 취급하는 가치관의 결과이다.

그런데 현대사회가 갖고 있는 이 '평균'에 대한 믿음은 맞는 것일까?

이 물음에 대한 답의 실마리는 물리학 및 수학에서 사용되던 '평균' 개념이 사회와 시장의 영역에 적용된 배경에서 찾을 수 있을 것 같다. 그리고 이 경우 19세기 벨기에의 천문학자이자 수학자였던 '아돌프 케틀레(Adolphe Quetelet)'와 19세기 후반부터 활동했던 미국의 경영학자 '프레드릭 윈슬로 테일러(F. Winslow Taylor)'의 영향력을 빼놓을 수 없다. 근대 통계학의 아버지로 불리는 케틀레는 통계이론상의 확률이 실제 현실에도 나타날 수 있다고 가정했다. 그래서 물리학이나 수학에서 사용되던 평균의 개념을 인간과 사회 연구에 적용했고, 그러한 분야를 '사회 물리학'이라고 불렀다. 그는 1차 산업혁명 후 변화에 따른 사회문제가 많아졌던 당시 상황에서 인구·범죄통계 연구를 통해 출생률과 사망률, 자살자의 수 등 질서와는 거리가 있어 보이는 사회현상에 있어서도 규칙성이 존재함을 밝혔다. 또한 더 나아가 다양한 인간 관련 정보를 분석하면 그 뒤에 감춰진 규칙성을 발견할 수 있다고 생각했다. 그리고 해당 사회를 대표할 수 있는(각 인간특질별 평균치를 지닌) '평균 인간(Average Men)'이라는 개념을 만들었다. 이러한 연구 결과는 『인간과 인간의 능력개발에 관한 논의』라는 책으로 발표되었다. 한편 공학자 출신의 경영컨설턴트였던 테일러는 평균의 개념을 기업경영에 도입했다. 그가 기업에 입사했을 당시 미국의 기업들은 임금을 노동시간이 아닌, 노동자의 성과에 따라 지급했다. 하지만 노동자가 노동성과를 높이면 기업은 단위 생산량 기준임금을 낮춰 임금 총액의 증가를 막았고, 이에 노동자들은 적당히 일하는 조직적이고 은밀한 태업으로 대응했다. 이에 기업은 강압적으로 생산량을 늘리는 경영방식을 도입했고 노사 간 갈등은 심화되었다. 이 같은 상황에서 테일러는 기업과 노동자 모두에게 도움이 되는 방법으로써 합리적 작업량에 관심을 갖게 되었다. 이에 과업의 시간과 동작연구를 통해 노동의 표준량을 정하고, 업무량에 따른 성과급 등 표준작업방식으로 기업 생산성을 높이는 과학적 경영관리법인 '테일러 시스템(Taylor System)'을 만들었다. 테일러주의라 불리는 그의 생각은 1911년 『과학적 관리론(The Principles of Scientific Management)』으로 발표되었다. 수치에 근거를 둔 테일러 시스템은 자동차 기업가인 헨리 포드(Henry Ford)가 만든 조립생산과 결합하면서 대량생산 시대를 열었다. 이렇게 케틀레가 학문적인 평균의 개념을 사회 현상에 적용해 세상에 소개했다면, 테일러는 평균을 경제적 효율성 제고를 위한 기업 원칙으로 만들었다.

이 같은 배경은 평균이 사회문제 해결과 기업경영의 합리성 제고를 위해 사회·기업의 집단의 차원에서 도입되었다는 것을 설명해주며 동시에 사회·경제 영역에의 적용으로 기대할 수 있는 효과를 짐작케 한다. 평균은 다양한 사람들과 환경이 만든 복잡한 사회적 상황이든, 기업경영의 문제이든 해당 집단 전체의 차원에서 인과관계를 예측할 수 있게 한다. 또한 이러한 평균치를 근거로 하는 표준화를 통해 인류는 많은 성취를 이루었다. 표준어는 부족언어인 사투리를 넘어 서로 다른 부족 간의 협력을 가능하게 했고, 농사기술의 표준화는 인류의 식량문제를 해소해 왔으며, 도량형 통일은 과학기술의 진보로 이어졌다. 즉 우리가 통계분석이나 평균값을 활용하고, 표준을 세우는 것은 집단적 특성을 바탕으로 변수를 단순화함으로써(집단 간 비교나 전체적 위치 등을 통해) 문제를 효율적으로 해결할 수 있기 때문이다. 개개인보다 전체 시스템이 중시되는 환경에서 단순화된 우리의 모습, 개인적 경험의 범위를 훨씬 넘어선 규칙성을 보여주는 것이 평균이다. 하지만 획일적 기준으로 표준화된 사회에서 개인적 특성, 다양성은 존중받지 못하고 폄하될 수밖에 없다. 표준화를 지향하는 사회는 표준화된 상품(제품 및 서비스)을 생산하며, 바로 이 지점에서 불일치(Mismatch)에 의한 배제의 문제가 등장한다. 그런데 우리가 살고 있는 현대사회의 불확실성이 점차 증가하고 있다. 그러면서 예기치 못한 질병·사고로 장애를 갖게 될 확률이 높아지고, 장수인구가 많아지며 노화를 더 오랜 시간 경험하는 사람들이 많아지면서 배제된 집단의 크기가 점차 증가하고 있다. 이 같은 변화는 장애나 성별, 나이 때문에 차별받지 않도록 하는 '유니버설디자인'이 더 '유니버설(Universal: 일반적인, 전 세계적인, 보편적인)'해져야 하는 실질적인 이유를 말해준다.

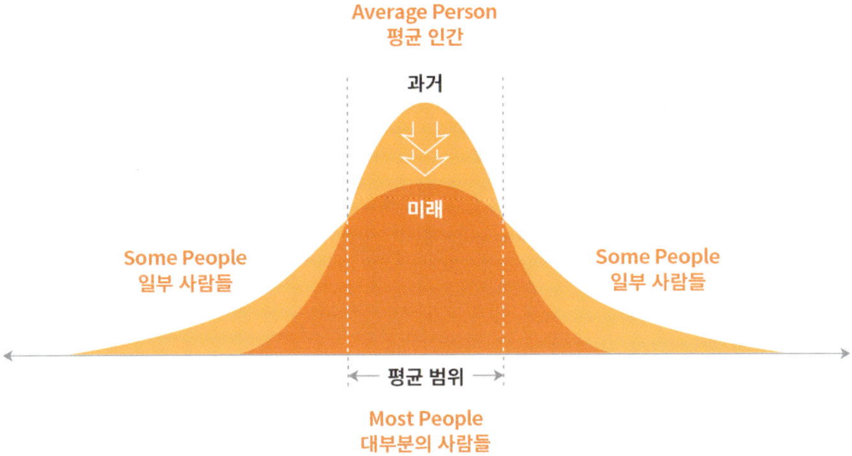

↑ **정규분포곡선(Normal Distribution Curve)**은 수집된 자료의 분포 설명에 자주 사용되며 전체 사례 수가 무한히 크다고 가정할 때의 이론적 분포이다. 그런데 사회의 불확실성이 증가하면서 인구 고령화가 높아지면서 평균범위의 '정상'이라고 지칭되는 주류집단(Mass), 평범한 대중이 점점 작아지고 있다.

배리어프리디자인, 인클루시브디자인, 유니버설디자인

배리어프리디자인(Barrier-free Design), 인클루시브디자인(Inclusive Design), 유니버설디자인(Universal Design) 등은 모두 신체적 기능 약자를 위한 디자인의 범주에 들어간다. 하지만 철학적 이상, 역사적 발전 과정, 구체적인 접근 방법 등에서 차이를 보인다. 그럼에도 기본적으로는 '보다 많은 사람들을 위한 디자인'이라는 목표를 공유한다.

배리어프리디자인(무장애디자인)은 1950년대에 건축물에서 장애인에게 물리적 방해요소들을 제거하는 노력을 지칭하는 용어로 처음 사용되었다. 이 배리어프리디자인의 확산은 미국의 사회적 요구와 맞물려 있다. 베트남 전쟁 후, 전쟁에서 부상을 입고 돌아온 사람들이 많아지면서 미국 정부는 이 신체장애를 가진 사람들을 위한 의료지원 대안으로써 고용과 교육지원을 선택했다. 그리고 이러한 사람들의 사회시설물 접근성 제고를 위해 배리어프리 건축물의 국

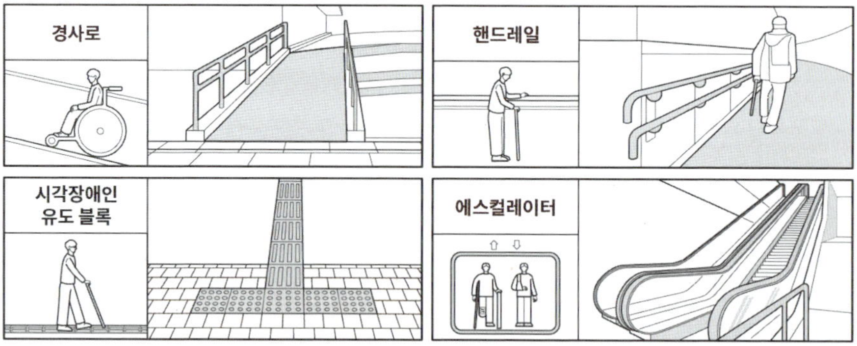

↑ **배리어프리디자인**: 신체장애가 있는 사람이 사용할 수 있게 건축·시설물을 개조

가 표준을 만들어 법률로 제정했다. 이 법률의 제정은 사회적으로 여러 긍정적 변화를 이끌어냈다.

우선 보조과학기술(Assistive Technology)* 분야가 엄청나게 발전하고 다양한 시설·상품의 개선이 이루어지면서 장애인의 일상생활 참여 가능성이 높아졌다. 당시 개발된 제품 사례로는 한 손으로 사용할 수 있는 블렌더, 리모콘, 더 넓게 만든 기차 문 등이 있으며 이후로도 저시력자를 위한 전자확대경, 시각장애인을 위한 점자 타블렛 컴퓨터 등이 개발되었다. 하지만 배리어프리디자인은 장애인의 접근성 제공에 초점을 두는 점에서 유니버설디자인과 다르다.

보조과학기술(Assistive Technology)은 장애인, 노약자처럼 신체 기능의 일부가 본래 기능을 못하게 되는 경우에 그 기능의 구현을 위해 적용하는 재활과학기술(Rehabilitation Technology)의 일종이다.[1]

이와 달리 인클루시브디자인은 주로 영국과 유럽 대륙에서 많이 사용되는 용어로 유니버설디자인과 유사하나, '합리성'과 '현실성'을 전제로 하는 점에서 차이를 보인다. 인클루시브디자인 분야에서 활발한 연구 성과를 보이는 캠브리지대학 연구소는 다음과 같이 정의한다. "일반 주류(Main-stream) 상품을 특별한 조정, 변경설계 없이 합리적으로 가능한 많은 사람들이 사용할 수 있도록 디자인하는 것이다."[2] 여기서 중요한 것은 '합리적으로 가능한'이라는 표현에 있다. '합리적'은 개발상품과 관련된 장애 문제의 해결이 너무 어렵거나 너무 많은 비용이 든다고 판단되면 상품개발 과정에서 장애 지원의 수준을 조절할 수 있음을 의미한다. 상품개발에 있어서 소외계층을 고려하되(보조과학기술과 달리) 소외계층에 초점을 둔 제품이 아닌 일반적 주류 제품을 디자인하는 데 중점을 둔다. 또한 상품개발에 있어 장애를 지닌 사람들을 모두 반드시 사용자로 포함하기보다는 기업의 관점에서 상품개발 비용과 해당 상품의 개발·판매를 통해 기업이 기대할 수 있는 이윤 정도를 고려해 상품의 지원 수준을 결정하는 것을 허용한다.

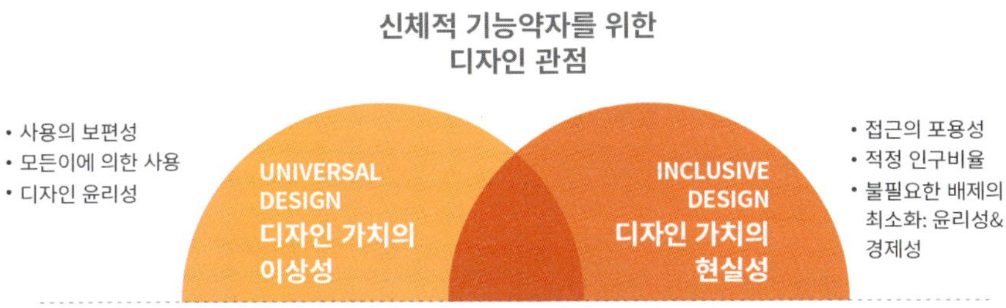

↑ 유니버설디자인과 인클루시브디자인의 개념적 특징[3]

한편 유니버설디자인은 1980년대 미국의 건축가 로널드 메이스(Ronald L. Mace)에 의해 처음 사용되었다. 로널드 메이스는 아홉살에 척수성 소아마비를 앓아 1급 중증장애인이 되었고 그때부터 늘 휠체어와 함께 생활하게 되었다. 노스캐롤라이나 주립대학교(North Carolina State University) 재학 때 대학건물의 계단을 오르내리면서 친구의 도움이 필요한 상황을 마주 했던 경험은 1973년 제정된 노스캐롤라이나주의 장애인 건축법의 초안 작성에 깊이 관여하게 된 계기가 되었다. 메이스는 1989년 노스캐롤라이나 주립대학교 장애인 주택 센터를 설립했고, 이 센터는 후에 유니버설디자인 센터가 되었다. 유니버설디자인은 미국을 중심으로 전개된 움직임이다. 메이스는 유니버설디자인을 다음과 같이 정의한다. "모든 사람이 가능한 한 별도의 조정이나 특수 설계 없이 사용할 수 있는 상품과 환경의 디자인이다."[4] 그러면서 메이스는 유니버설디자인은 누군가에게는 반드시 필요한 것인 반면, 동시에 다른 사람들에게도 도움이 되는 디자인이며 우리가 사용하는 모든 것이 누구에게나 사용되어질 수 있어야 한다는 점을 인식하는 것이 필요하다고 했다. 미국, 일본 등을 중심으로 전개된 유니버설디자인은 1980년대 후반 국내에서도 그 개념이 소개되었다. 처음엔 학계를 중심으로 접목하고자 하는 움직임이 생겨났고, 이후 사회 전반에 유니버설디자인 철학의 반영 필요성이 제기되었다.

보다 많은 사람들을 위한 디자인 가이드의 시작점

로널드 메이스와 노스캐롤라이나대학교의 '유니버설디자인 센터'는 유니버설디자인을 "모든 사람들이 혜택을 받을 수 있는 디자인"이라고 선언하고, 1997년 유니버설디자인 원칙을 발표했다. 유니버설디자인 센터에서 제시한 유니버설디자인 원칙의 상세항목은 다음과 같다.

① 공평하고 동등한 사용(Equitable Use)

모든 사용자들에게 동일한 또는 상응한 사용방법을 제공해 누구라도 사용할 수 있어야 한다. 그래서 모든 사용자들이 상품을 사용하면서 사생활, 보안, 안정성의 측면에서 차별, 모멸감을 느끼지 않아야 한다.

- 모든 사용자에게 동일한 사용방법을 제공할 수 있어야 한다.
- 언제나 동일하게, 아니면 상응한 방법으로 사용할 수 있어야 한다.
- 어떤 사용자든지 사용방법에 따른 분리나 모멸감을 느끼지 않게 해야 한다.
- 개인 사생활과 안전 관련 규정은 모든 사용자에게 동등해야 한다.
- 외형 디자인은 모든 사용자에게 매력적으로 보일 수 있어야 한다.

② 사용의 융통성(Flexibility in Use)

사용자가 사용법을 선택할 수 있고, 개인의 다양한 기호, 능력에 대응할 수 있어야 한다. 예를 들어, 왼손잡이·오른손잡이 모두 쉽게 사용할 수 있고, 반응속도가 느린 노인이나 장애인 등도 사용할 수 있어야 한다.

- 사용을 위한 다양한 방법을 제공해 선택할 수 있어야 한다.

↑ **(좌) 공평하고 동등한 사용 사례**: 휠체어 탑승 가능한 그네
[출처: https://www.re-thinkingthefuture.com]
(우) 사용의 융통성 사례 왼손잡이·오른손잡이 모두를 고려한 가위
[사진 ⓒCraft Design Technology]

- 오른손 및 왼손 사용자 모두 사용할 수 있어야 한다.
- 사용자에 따라 정확성과 정밀도의 조정이 용이해야 한다.
- 사용자의 상황에 따라 대응할 수 있어야 한다.

③ 간단하고 직접적인 사용(Simple and Intuitive)

손쉬운 이용을 뜻하는 것으로 사용자의 능력 즉 지식, 경험, 언어능력, 집중력 등에 관계없이 이해가 쉬운, 직관적인 디자인이어야 한다.

- 중요도에 따라 정보를 정리·제공해야 한다. 예를 들어, 중요 정보는 상응한 높은 가독성을 가져야 한다.
- 불필요한 복잡함은 없애야 한다.
- 사용자의 예측과 직관에 부합해야 한다.
- 다양한 문해력(문자와 언어 활용능력) 수준에 대응할 수 있어야 한다.
- 작업 중이나 완료 후에 효과적이고 즉각적인 피드백을 제공해야 한다.

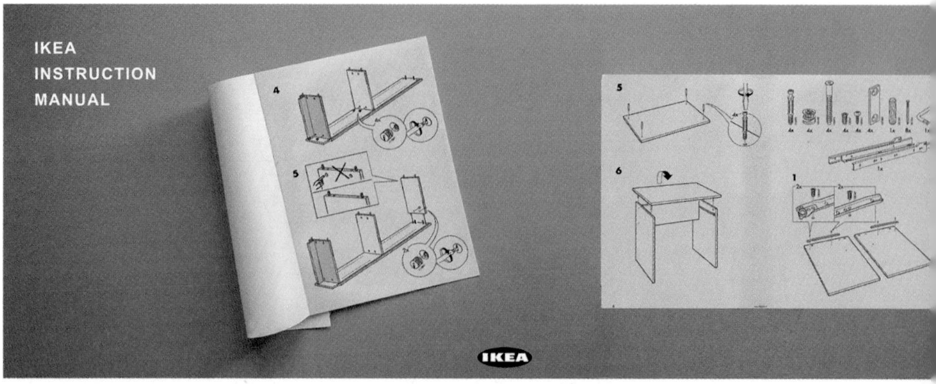

↑ **간단하고 직접적인 사용 사례**: 가구조립법을 이해가 쉬운 이미지로 보여주는 매뉴얼 [사진 ©IKEA]

④ 쉽게 인지되는 정보(Perceptible Information)

사용자별 지각능력에 관계없이 필요한 정보가 전달될 수 있어야 한다.

- 중요 정보는 다양한 전달 방법(그림, 문자, 촉감)으로 제시되어야 한다.
- 중요 정보는 주변과 충분히 대조·대비되어야 한다.
- 중요 정보는 가독성이 높아 쉽게, 또렷하게 읽힐 수 있어야 한다.
- 사용방법 등 지시·안내의 요소는 어느 정도 쉽게 이해될 수 있어야 한다.
- 감각장애가 있는 사람이 사용하는 기술, 장치와의 호환이 가능해야 한다.

⑤ 실수의 허용(Tolerance for Error)

우발적이거나 의도하지 않은 행동에 의한 부정적 결과와 위험을 최소화할 수 있는 디자인이어야 한다.

- 구성요소의 배치는 위험과 실수(오류)를 최소화할 수 있게 디자인되어야 한다(예: 가장 많이 사용되는 것은 가장 접근하기 좋게, 위험한 것은 미리 없애든지 해야 한다).
- 위험요소나 실수(오류)에 대해선 경고가 있어야 한다.
- 위험에 대한 안전기능이 있어야 한다.
- 주의가 필요한 작업에선 무의식적으로 행동하지 않게 디자인해야 한다.

↑ **쉽게 인지되는 정보 사례**: 문자크기, 색으로 명확한 구분이 가능한 일본의 지하철 노선별 방향 [사진 ©YouinJapan]

↑ **실수의 허용 사례**: 실수를 만회할 수 있는 컴퓨터의 'ctrl+z', 'undo', 'put back' 기능

⑥ 신체적 부담의 경감(Low Physical Effort)

효율적이고 편안한 사용, 최소의 힘으로 사용할 수 있어야 한다.

- 사용자가 중립자세(neutral position)*에도 사용할 수 있어야 한다.
- 기기·장치 조작에 합리적인 힘이 사용될 수 있어야 한다.
- 반복동작은 최소화할 수 있어야 한다.
- 지속적으로 힘을 줘야 하는 상황은 최소화해야 한다.

중립자세: 신체의 자연스러운 곡선 그대로를 보여주는 자세로 장기간 유지해도 무리가 없는 편한 자세를 말한다. 예를 들어, 서 있는 자세에서 두 팔을 아래로 자연스럽게 내리고 손에 힘을 뺀 자세 등을 생각할 수 있다.

⑦ 여유있는 공간의 확보(Size and Space for Approach and Use)

사용자의 신체크기, 자세, 이동 능력에 관계없이 제품의 사용, 조작, 접근에 필요한 적절한 크기와 공간을 제공할 수 있어야 한다.

- 의자에 앉아 있든 서 있든 간에 제품의 중요 요소를 볼 수 있어야 한다.
- 앉아 있든 서 있든 제품의 각 구성요소에 손이 닿을 수 있어야 한다.
- 다양한 손의 크기에 대응할 수 있어야 한다.
- 보조기기나 개인적으로 사용하는 보조용품의 사용에 필요한 충분한 공간을 제공할 수 있어야 한다.

↑ **(좌) 여유있는 공간의 확보 사례 1**: 휠제어를 타는 경우와 그렇지 않은 경우 모두 사용할 수 있는 개찰구 [출처: https://uxplanet.org]
(우) 여유있는 공간의 확보 사례 2: 휠제어 등을 사용하는 탑승자도 이동이 편한 넓은 내부 공간의 트램, 아일랜드 더블린 [출처: https://universaldesign.ie/]

이 유니버설디자인 원칙은 기존의 디자인 또는 개발과정에 있는 디자인을 점검해볼 수 있는 가이드라인으로 활용되고 있다. 하지만 이 유니버설디자인 가이드는 보다 많은 사람들을 위한 디자인의 출발점이어야 한다.

일상의 '보다 많은 사람들을 위한 디자인'

우리나라에서도 공공시설에 신체기능약자들을 위한 디자인이 적용되고 있다. 또한 공공영역의 움직임에 비해 상대적으로 늦었지만 민간영역에서도 지속가능성, ESG(환경 Environmental, 사회 Social, 지배구조 Governance) 등이 기업경영의 필수요소로 대두되면서 기업의 신체기능약자들을 위한 디자인 활동도 점차 진전을 보인다. 하지만 고령자 활성화 환경(Enabling environment for the elderly)을 포함해 우리나라의 신체기능약자들을 위한 환경은 유럽, 미국, 일본 등에 비교하면 아직 시작 단계에 불과하다.

한편 디지털 기술의 발전으로 디지털 기기가 많아지며 기존 물리적 환경과는 다른 디지털 환경이 구축되고 있다. 이에 따라 물리적 환경에서의 장애인과 비장애인(노인 등 신체기능약자 포함) 간 격차가 디지털 환경에도 재현되는 양상이 나타난다. 디지털 원주민(Digital Natives)과 디지털 이주민(Digital Immigrants)[5, 6]은 이러한 두 집단의 격차를 보여준다. 이 용어는 디지털 활용 능숙도를 기준으로 사람들을 비교한 표현이다. 각각 디지털 기기 환경에서 태어나고 자라면서 디지털 습성을 타고난 이들과 노력을 해도 아날로그적 성향과 취향에서 벗어나기 어려운 이들을 지칭한다. 디지털 기술이 생활 기반이 된 시대지만 디지털 기기 사용에 상대적으로 더 각별한 노력을 요구받는 사람들이 있다. 바로 노인, 장애인, 저소득층 등 정보소외 계층이다. 다행스러운 것은 보급률이 높아진 스마트폰의 경우 장애인, 고령자 등 접근성 제고를 위한 기능 탑재를 통해 디지털 격차를 좁힐 수 있는 노력들이 가시화되고 있다는 점이다. 하지만 그럼에도 아직 갈 길은 멀다.

사례 1: 유니버설디자인 통합 가이드라인

우리나라의 공공영역을 살펴보면, 서울시는 누구에게나 안전하고 편리한 보행 환경의 조성을 위해 2016년 '유니버설디자인 통합 가이드라인'을 발표하고 신축 공공기관에 적용하고 있다. 또한 2019년 기준, 전국에 10대뿐이지만 휠체어리프트가 장착된 고속버스가 운영을 시작했다. 그리고 노약자, 휠체어 이용자, 유모차 사용자 등도 쉽게 오르내릴 수 있는 저상 시내버스(2018년 기준)의 보급률은 전국 23.4%, 서울시 47%에 불과하지만 서울시는 2022년까지 81%, 2025년까지 100%를 목표로 사업을 추진하고 있다.

↑ **서울시 유니버설디자인 통합 가이드라인** [사진 ⓒ서울특별시 디자인정책과]

사례 2: 점자와 하나가 된 폰트 '브라유 노이에(Braille Neue)'
점자는 시각장애인이 지식·정보를 습득할 수 있는 중요한 도구로 지면에 볼록 튀어나오게 점을 찍어 손가락 끝의 촉각으로 읽도록 만들어진 특수문자이다. 그런데 알파벳 A를 위한 점자표기가 A 형상이 아니듯이 일반 문자와 점자는 다른 형태를 갖고 있기 때문에 일상에서 점자는 일반 문자와 다른 별도의 공간을 마련해 표기해야만 한다.

그런데 점자를 일반 알파벳에 융합시킨 획기적인 폰트가 만들어졌다. 일본 디자이너 코스케 다카하시(Kosuke Takahashi)가 점자와 알파벳을 조화시켜 개발한 '브라유 노이에(Braille Neue)' 폰트이다. 점자를 로마자의 알파벳과 아라비아 숫자에 1:1로 대응시켰기 때문에 이 폰트를 사용하면 시각장애인과 비시각장애인이 동일한 장소에 적힌 글을 함께 읽을 수 있다. 그래서 일반적으로 별도의 위치에 작게 표기되어 눈에 띄지 않는 기존 점자와 달리, 기존 문자에 덮어 사용할 수 있기 때문에 시각장애인과 비시각장애인이 같은 위치에 표기된 내용으로 안내받을 수 있는 한편 비시각장애인은 점자를 잘 인식할 수 있게 된다.

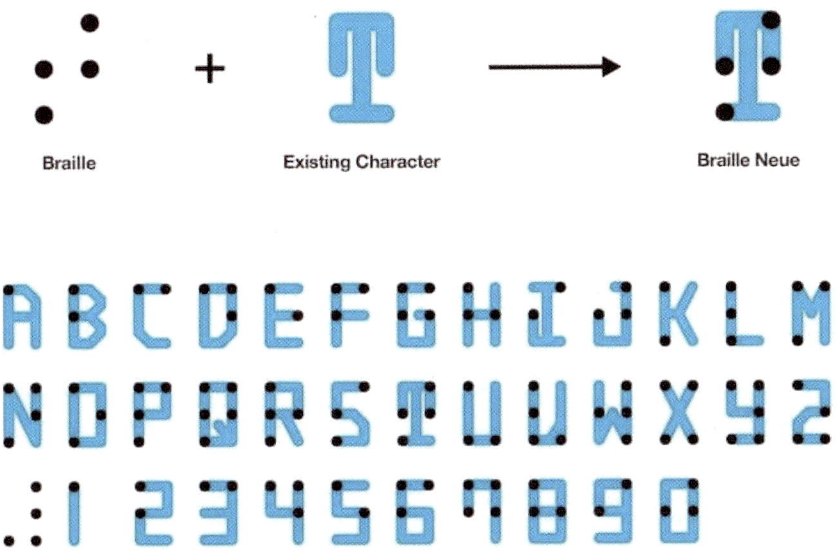

↑ **점자와 하나가 된 폰트 '브라유 노이에(Braille Neue)'** [출처: https://www.collective.kr]

점자표기의 공간적인 제약을 없애고 일반인들과 똑같은 문서 접근성을 보장했다는 점에서 시각장애인들의 권익 증진에 큰 기여할 수 있다. 이 폰트는 영문 폰트 'Helvetica Neue'를 원형으로 개발되었고, 영어 알파벳으로 구성된 스탠다드 타입과 영어 알파벳 및 일본어로 구성된 아웃라인 타입의 두 유형이 있다. 특히 아웃라인 타입은 기존의 어떤 폰트 위에도 오버레이시킬 수 있어 모든 폰트를 점자 공용으로 만들 수 있다.

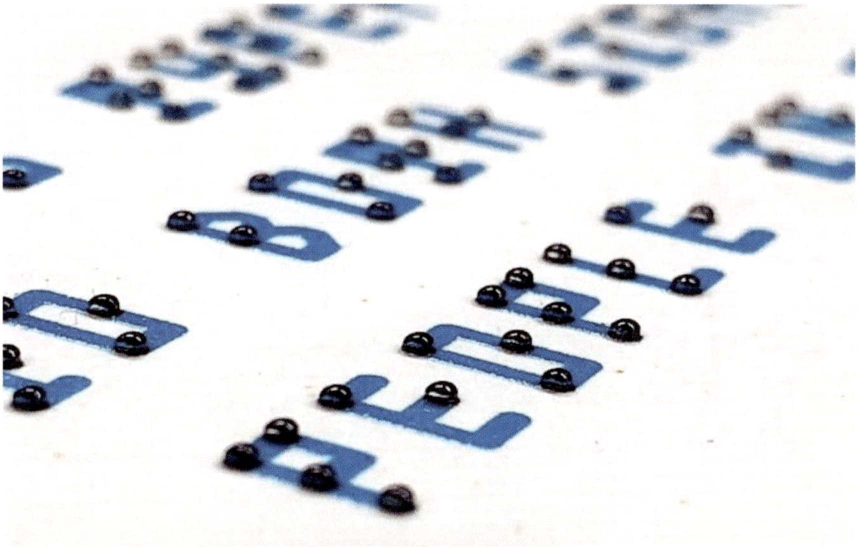

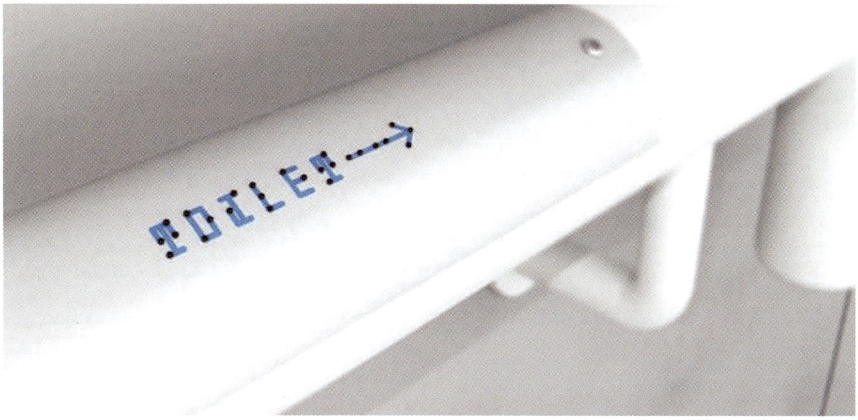

↑ **브라유 노이에 적용 사례** [출처: https://www.collective.kr]

사례 3: 록시땅(L'Occitane)의 점자표기 정책

프랑스 화장품 기업 록시땅의 제품에선 오톨도톨한 점자를 발견할 수 있다. 1997년 록시땅은 전체 제품 이름의 영어 점자표기 정책을 도입했고 현재는 포장 규제로 적용이 어려운 일부 소형 여행용 제품을 제외한 전체 생산 제품의 약 80%에 적용하고 있다. 이 정책은 록시땅의 창업자 앙드레 보송(Olivier-Baussan)이 시각장애인의 후각이 누구보다 더 예민하다는 것을 알게 되었고, 그들이 록시땅의 향기로운 제품들을 보다 충분히 즐길 수 있는 방법을 고민하

게 되면서 채택되었다. 관련해서 록시땅 관계자는 "시각장애인뿐 아니라 일반 고객도 제품을 사용하면서 시각장애인 역시 제품을 선택할 권리가 있다는 사실을 알았으면 하는 바람을 담았다"[7]고 설명했다.

↑ **록시땅 제품의 점자표기 사례** [출처: https://pentawards.com]

이렇게 시작된 '점자표기'는 록시땅의 대표적인 차별점이 되었고, 2006년부터 시작된 '록시땅 재단(The L'Occitane Foundation)'을 통해 더욱 확대, 활성화되고 있다. 일례로, 2016년부터 실명 예방 지원을 위한 '아이 러브 록시땅(Eye love, L'Occitane, I love L'Occitane)' 캠페인을 확대하고, 한국 실명예방재단과 '하트-하트 재단'에 기부를 진행했다. 이외에도 점자의 날을 기념해 아프리카 아동들의 실명 예방을 위해 기부금 총 3만 유로를 '하트-하트 재단'에 전달해 아프리카 말라위 초등학생들이 안보건 서비스를 받을 수 있게 했다. 또한 부르키나파소의 사이트세이버스(Sightsavers) 재단을 통해 부르키나파소의 국립대학 병원에 안과를 만드는 등 NGO를 통한 지원도 하고 있다.

참고로 국내 일부기업도 점자표기를 도입하고 있다. 일례로, 아모레퍼시픽은 2009년부터 추진해온 제품용기의 점자표기를 총 68개 제품으로 확대했고, LG생활건강은 2019년부터 생활용품의 손쉬운 구분을 위해 '샴푸', '로션', '바디', '치약' 등이 쓰인 점자스티커를 배포하고 있다. 하지만 국내 기업들의 신체기능약자의 접근성 제고를 위한 노력은 아직 갈 길이 멀다.

사례 4: 브래들리 타임피스(Bradley Timepiece)

눈으로 보지 않아도 손끝에서 만져지는 느낌만으로도 시간을 알 수 있다면 어떨까? 시각장애로 인해 시력을 잃은 사람은 물론 회의 중이거나 영화관처럼 어두운 환경에 있을 때 만지는 것만으로 시간을 알 수 있는 기능은 정말 유용한 기능일 것이다.

↑ **브래들리 타임피스**: 두 손가락으로 만져서 시간을 느끼고 알 수 있는 시계 [사진 ©Eone]

브래들리 타임피스는 두 손가락으로 만져서 시간을 느끼고 알 수 있는 시계이다. 이를 위해 두 개의 자성(Magnetic)을 지닌 돌출형 볼 베어링 마커가 있다. 시계판 옆에 있는 볼 베어링 마커는 시각을, 시계판 위의 볼 베어링 마커는 분을 지시해준다. 각각의 볼 베어링 마커는 오목한 트랙을 따라 시계 표면 주위를 이동한다. 시간을 알려면 볼 베어링이 있는 마커를 느끼면서 돌출된 시간 마커 위로 손가락을 움직이면 된다. 손가락으로 상판의 위와 옆을 만지다가 볼 베어링이 제자리에서 벗어나도, 손목을 흔들어 시계가 흔들리면 베어링이 올바른 위치로 다시 돌아오기 때문에 안심해도 된다. 브래들리 타임피스는 이원(Eone)이라는 스타트업에서 만들었다. 이 시계의 이름은 아프가니스탄에서 폭탄 해체 중 사고로 시력을 잃게 된 해군 장교였던 브래들리 스나이더의 이름에서 따왔다. 그 이유에 대해 이원의 설립자인 김형수는 브래들리가 부상 후 2012년과 2016년 패럴림픽에 참가해 여러 개의 금·은메달을 획득하고 세계기록을 깨뜨림으로써 시각장애인에 대한 장벽을 허무는 데 헌신했던 그를 기념하기 위해서라고 설명했다. 또한 브래들리는 고정관념에 반대하고 삶의 장애물이 장애 자체가 아니라 사회적 불평등에서 비롯된다는 것을 증명했고, 시각장애가 있는 사람들을 위해 설계되지 않은 세상에서 성공하는 방법을 알려줬다고 했다.

사례 5: Text-To-Speech와 Speech-To-Text

스마트폰에도 접근성을 높일 수 있는 대표적 기능으로 스마트폰의 글자크기 조절기능이 있다. 스마트폰 개발사의 운영체제에 따라 기능의 명칭과 설정방법은 다르지만 사용자가 스스로 자신에 맞게 화면의 글자크기를 세팅(확대기 기능 등)하거나 돋보기 앱·위젯을 설치해 사용할 수도 있다.

또한 스마트폰, 컴퓨터 화면에 보이는 글자를 실시간 소리로 변환, 들려주는 텍스트 음성 변환(TTS: Text To Speech) 기능도 사람들의 접근성과 편의성을 높이는 요소이다. 스마트폰의 경우에는 삼성전자의 갤럭시에스(S)21 등에 탑재된 '퀵리더(Quick Reader)' 기능과 애플 아이폰의 '보이스오버(Voice Over)' 기능이 대표적 사례이다. 이 기능을 활용해 스마트폰 화면 속의 작은 글자로 제공되

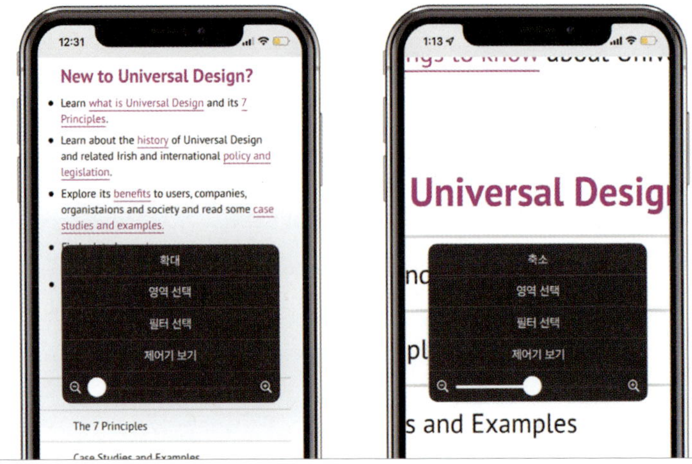

↑ 아이폰의 확대기(Magnifier) 기능을 활성화해 화면글자를 크게 조정한 사례

는 인터넷 기사 등을 일일이 읽지 않아도 음성정보를 통해 내용을 쉽게 파악할 수 있다. 한편 반대의 경우와 관련된 기능도 있다. 바로 실시간 음성을 텍스트로 전환해주는 기술인 STT(Speech To Text) 기능이다. 이 기능은 인공지능의 자연어처리(NLP) 기술인 음성인식 기능을 바탕으로 하며 의사소통에서 필담을 가능하게 해 청각장애인과 고령자 등의 의소소통 정확도를 높일 수 있다. 실제로 국내의 한 은행은 직원과의 상담 내용을 전용 태블릿 화면에 실시간 자막으로 전달하는 '글로 보는 상담 서비스'로 청각장애인과 고령자의 금융 편의를 높이고 있다.

↑ **STT(Speech To Text) 기능**: 음성인식(Voice Recognition) 기술을 기반으로 한 서비스로 인공지능비서, 영상자막 등 다양한 영역에 활용되고 있다.

Design Story

고요한 M과 현대자동차의 **감각변환(ATC & AVC)기술**

고요한 M(고요한 모빌리티)은 에스케이(SK)텔레콤과 에스케이(SK)에너지가 지원하는 사회적 기업인 '코액터스'가 청각장애인 일자리 창출을 위해 만든 택시 브랜드이다. 고요한 택시를 이용하려면 탑승객은 좌석에 있는 태블릿 PC의 화면 안내에 따라 목적지를 입력하고, 이 태블릿 PC로 택시기사와 의사소통을 하면 된다.

청각장애가 있어도 운전할 수 있을까?: 도로교통법시행령 제45조에 따르면 55db(교통 소음을 구분할 수 있는 수준)의 소리를 들을 수 있으면 운전면허 취득이 가능하다.

그런데 이 고요한 택시에 감각변환기술(ATC & AVC: Audio-Tactile Conversion & Audio-Visual Conversion)이 적용되었다. 이 프로젝트는 2017년 현대차그룹 R&D 아이디어 페스티벌에서 대상을 받은 아이디어를 기반으로 추진되었다. 택시에 적용된 ATC 기술은 시각에만 의존해 운전하는 청각장애 운전자들의 특성을 감안해, 주행 중 차량 내·외부의 모든 소리 정보를 시각·촉각으로 변환해 전달하는 감각변환기술이다. 이 기술은 운전자가 운전 중 듣게 되는 여러 정보들을 알고리즘 과정을 거쳐 전방표시장치(HUD: Head Up Display), 운전대 등에 시각·촉각정보로 노출시킨다. 즉 '청각장애인을 위한 차량주행지원 시스템'으로써의 역할을 한다. 운전대에 진동과 빛을 발생시켜 운전자에게 정보를 전달하기도 하고, 소방차, 구급차 등의 사이렌 소리와 일반 자동차 경적 소리를 구분해 소리 발생 방향 정보와 함께 전방표시장치에 나타내며, 후진 시의 사물 근접 경고음을 전방표시장치와 운전대에 진동 등으로 변환·제공한다. 이러한 정보를 통해 청각장애를 지닌 운전자가 다른 운전자들과 더욱 더 쉬운 소통을 가능케 해준다.

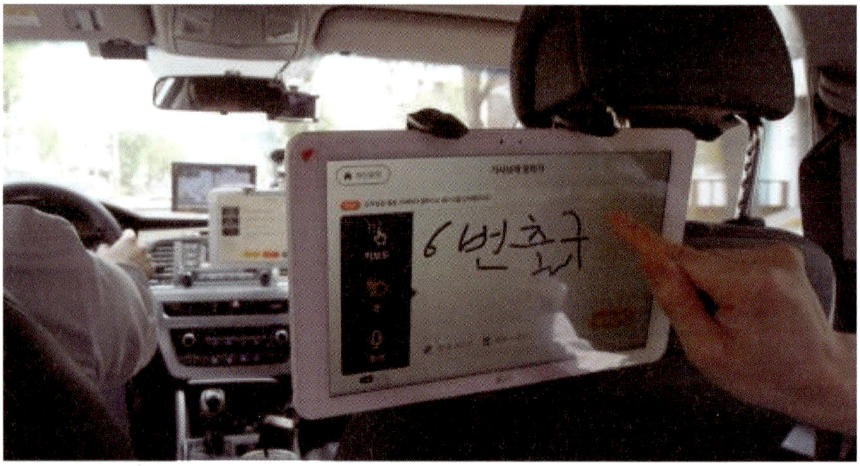

↑ **고요한 택시**: 뒷자리에 설치된 태블릿 PC를 통해 탑승객은 택시기사와 소통가능
[사진 ⓒ고요한 택시]

↑ **고요한 택시**: 뒷자리에 설치된 태블릿 PC로 탑승객은 택시기사와 소통가능
[사진 ⓒ르노코리아자동차]

차량 내·외부의 모든 소리 정보를 촉각화한
ATC [Audio-Tactile Conversion] TECHNOLOGY
외부 소리·소리방향 | 주변 장애물과 차간 거리 | 네비게이션

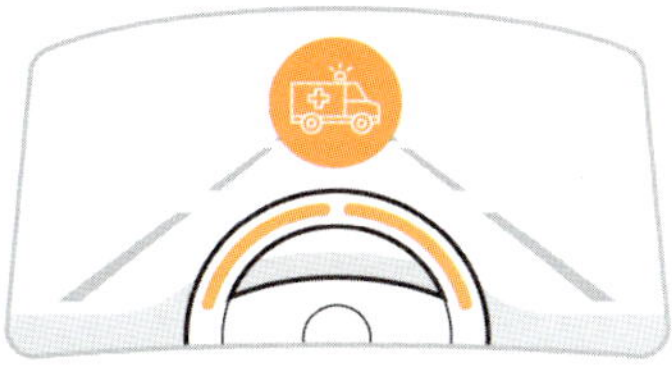

차량 내·외부의 모든 소리 정보를 시각화한
AVC [Audio-Visual Conversion] TECHNOLOGY
외부 소리·소리방향 | 주변 장애물과 차간 거리 | 네비게이션

↑ 차량 내·외부의 모든 소리 정보를 촉각화와 시각화한 기능

사회적 '소외와 배제'를 야기하는 디자인 배제는 사물에 의해서만 발생되는 것은 아니다. 보다 많은 사람들을 위한 디자인, 신체기능약자를 위한 디자인이 보다 빠르게 확산되지 못하는 이유는 기술적·경제적 이유만 있는 것은 아니다. 결국 사람들의, 우리들의 태도가 문제다. 유명 디자인 컨설팅 기업인 스마트디자인의 대표 톰 데어(Tom Dair)는 "디자인은 '물건'에 관한 것이 아니라 '사람'에 관한 것이다(Design is about people, not things)"라고 했다. 이 말은 디자이너에게 요구되는 삶에 대한 그리고 세상을 보는 태도가 어떠해야 하는지를 말해준다.

함께 생각해볼까요

우리는 모두 일생을 살면서 어린이 시기를 보내고, 청소년, 청년, 중년, 노년의 시기를 맞이합니다. 현재 여러분이 청소년기에 있든, 중년의 나이이든 간에 어린이나 노인의 입장에서 일상 환경을 생각해봅시다.

1. 여러분이 어린이라고 가정하고 8살 어린이의 신체조건 등을 고려해 일상 환경의 불편한 점을 발견해봅시다.
2. 여러분이 노년기에 있다고 가정하고 80세의 신체조건 등을 고려해 일상 환경의 불편한 점을 발견해봅시다.

Chapter 2

건강한 미래를 꿈꾸게 하는: 지속가능한 디자인

전 지구적 과제인 기후위기에 더하여 COVID-19로 인한 환경문제의 악화로 지속가능성에 대한 위기감이 더해지고 있다. 이에 대한 대처로 기업과 기관들은 ESG* 경영으로 전환하고 있으며, 디자인도 함께 환경문제에 적극적으로 대응하고 있다. 건강하고 행복한 미래를 위하여 지속가능한 디자인(Sustainable Design)은 필수가 되었다. 그렇다면 디자인으로 지속가능성을 실현하기 위해 어떻게 해야 할까?

ESG: 환경, 사회, 지배구조(Environmental, Social, Governance)을 뜻하는 단어를 합쳐놓은 것으로, 기업 평가 시 경제적 관점뿐 아니라 환경과 사회의 지속가능성을 실현하는 경영을 잘하고 있는지 평가하는 것이다.

지속가능한 디자인은 어떤 배경이 있나요?

지속가능한 디자인을 알기 위해서 지속가능성(Sustainability)과 지속가능발전(Sustainable Development)의 개념에 대해서 살펴볼 필요가 있다. 지속가능성의 개념은 다년간의 세계국제기구의 합의에 의해서 정의되었으며 그 뿌리는 1962년 레이첼 카슨의 『침묵의 봄: Silent Spring』에서 찾을 수 있다. 작가가 꿈이던 레이첼 카슨은 해양생물학자로 일하다 관찰하던 새들이 죽어가고 있다는 조류학자인 친구의 연락을 받고 함께 원인을 조사했다. 새들의 갑작스러운 죽음의 이유는 기하급수적으로 늘어난 인구로 인해 곡물 생산을 늘리기 위해 쓴 살충제였다. 살충제의 유독물질로 생태계가 파괴된 것이다. 살충제 판매이익을 취한 거대화학회사를 상대로 이러한 책은 출간한다는 것은 용기가 필요했을 것이다. 작가가 꿈이던 그녀의 문학적 감수성과 해양생물학자로서의 과학적 지식으로 생명을 잃은 새와 동물들의 죽음으로 침묵하게 된 봄에 대해서 읽기 쉽게 책으로 풀어냈다. 침묵의 봄은 당시 사회에 큰 반향을 일으켰으며, 이 책을 통해 국가환경 정책법이 통과되고 지구의 날(4월 22일)이 제정되었다. 현재도 그녀의 영향력은 전 세계 기관들을 통해 입증되고 있다.

환경문제에 대해 국제사회가 주목하며, 1980년에 국제자연보호연맹(IUCN: International Union for Conservation of Nature and Natural Resources) 회의를 통해 지속가능한 개발이라는 용어가 처음 언급되며 국제적 공감대가 형성되었다. 지속가능발전은 1987년 유엔 세계환경개발위원회(WCED: World Commission on Environment and Development)의 '우리 공동의 미래'라는 보고서를 통해 "미래 세대의 필요를 충족시킬 수 있는 가능성을 해하지 않으면서 현세대의 필요를 충족시키는 것[1]"이라고 정의되어 있다. 개념이 어렵지만 뜻을 살펴보면 현세대와 미래세대의 세대 간 평등과 배려가 있어야 하며 양세대 간의 건강하고 행복한 삶의 운영에 있어서 지구환경에 대한 통합적인 고려가 필요하다는 뜻이다. 통합적인 고려에 대해 전문가들이 동의한 바는 지속가능성의 경제적, 사회적, 환경적 관점의 3대 축(TBL: Triple Bottom Line)이다. 지속가능성 문제는 이 3대 축이 연동되는 부분이 많아서 통합적인 관점으로 접근해야 한다는 것이다.

지속가능발전은 완성된 개념이 아니라 세계 각국의 협의 가운데 진화해가는 개념이라고 할 수 있다. 세계 각국은 2000년부터 2015년까지 빈곤, 질병, 환경문제 해결을 위한 새천년개발목표(MDGs: Millennium Development Goals)를 진행하였다. 이후 지속가능발전목표(SDGs: Sustainable Development Goals)로 이어져 2030년까지 국제사회와 유엔의 공동목표로 함께 풀어야 할 아젠다를 수립했다. SDGs는 인류의 보편적 문제와 지구환경문제, 경제사회문제에 대해서 17

↑ **지속가능발전목표(SDGs)**
[출처: https://www.unwater.org/making-sustainable-development-goals-known/]

가지 주목표와 169개의 세부 목표를 설정해 놓고 있다.[2] 우리나라도 2018년도에 SDGs를 수립했다.

이렇듯 지속가능한 디자인의 배경에는 세계적으로 공유한 지속가능성, 지속가능발전 그리고 이를 실현하기 위한 국제적인 목표들이 있다.

지속가능한 디자인은 어떻게 발전되어 왔나요?

시대변화에 따른 환경 이슈와 그에 따른 대응방안이 발전했듯이 환경친화적 디자인은 그린디자인에서 에코디자인 그리고 지속가능한 디자인으로 개념이 진화되어 왔다.

> **우리가 지구의 자원과 물자를 보호하고 보존하는 것을 배우지 않고 소비, 사용, 제조, 재사용, 후사용과 재활용에 대한 기본적인 패턴으로 어떻게든 바꾸지 않는다면 인류가 예상한 이상형의 미래는 있지 않을 것이다.**
> **이제 디자이너는 생태계 파괴에 대처하는 데 주저하지 말고 적어도 원형을 회복시키는데 영향을 줄 수 있는 방법과 대안을 찾는데 게을리해서는 안 된다.**
>
> - 빅터 파파넥(Victor Papanek) -

환경친화적 디자인의 연구는 생태학적 디자인을 몸소 실천하고 교육한 빅터 파파넥(Victor Papanek)에 의해 시작되었다. 그는 디자이너는 생태계 파괴에 대처하며 원형을 회복시킬 수 있는 대안과 방법을 찾아야 한다고 주장했다.[3] 또한 디자이너가 재료 선택, 제품의 포장, 운송, 폐기 문제 등의 디자인 프로세스로 인한 환경문제에 대해서 생태적 책임성과 윤리성을 가지고 대처해야 한다고 강조했다.

개념	디자인의 개념변화	발전사항
그린디자인 (Green Design)	• 그린디자인은 제품의 재활용, 에너지 효율을 고려한 개별적인 환경 이슈를 고려한 디자인 개념	• 전통적인 디자인에서 환경성을 고려
에코디자인 (Eco Design)	• 제품설계 및 디자인 개발과 생산의 전 과정에서 발생할 수 있는 환경 영향을 고려한 디자인 개념	• 경제성이 확장됨
지속가능한 디자인 (Sustainable Design)	• 지속가능한 디자인의 제품의 환경적 측면 (자원의 사용 폐기 후의 환경 영향 등과 함께 사회적 영향(사용성, 책임) 등을 고려한 디자인 개념	• 사회성이 추가됨

↑ **환경친화적 디자인의 개념의 발전**

환경친화적 디자인(Eco-friendly Design)의 개념의 발전[4]은 사회적 요구에 따라 변해왔다. 1973년 슈마허의 저서 『작은 것이 아름답다』[5]에서 그린운동(Green

Movement)의 언급 이후 환경을 보호하는 라이프스타일과 생산과 소비가 강조되었고, 환경을 고려한 그린디자인(Green Design)이 생겨났다. 1866년 독일의 생물학자 헤켈(Ernst H. Haeckel)이 생물체와 환경을 연구하는 생태학(Ecology)이라는 용어를 사용하였는데, 생태학과 디자인의 합성어인 에코디자인(Eco-Design)이 환경과 생태적 측면을 고려한 디자인으로 유래하게 되었다. 이후 앞서 언급한 1987년 유엔 세계환경개발위원회(WCED)에서 지속가능발전을 정의한 뒤 세계적으로 확산되면서 지속가능성을 추구하는 지속가능한 디자인(Sustainable Design)이 대두되었다.

그린디자인, 에코디자인, 지속가능한 디자인은 환경과 인간의 존속을 위한 생태적 관점을 공유하나 위에서 언급한 것처럼 사회적 변화에 따라 발전되어 왔다. 현재 미술 교과서의 디자인 단원에서는 위의 세 가지 디자인이 혼재되어 사용되고 있다. 지속가능한 디자인이 가장 포괄적인 의미를 가지면서도 발전된 개념이므로, 혼재되어 사용되는 환경친화적 디자인의 개념들이 지속가능한 디자인으로 정리되어야 한다.

건강한 미래를 꿈꾸게 하는 지속가능한 디자인

지속가능한 디자인은 환경, 사회, 경제, 문화까지 고려하여 지속가능한 사회로 나아가고자 하는 디자인 개념이다. 우리 세대가 향유하고 있는 현재의 자연환경을 다음 세대와 함께 누릴 수 있도록 보존하며 발전해갈 수 있는 방향을 제시해주는 디자인이라 할 수 있다.

스튜워드 워커(Stuart Walker)는 『Sustainable by Design』[6]에서 지속가능성의 중요성은 커져가고 있으며 지속가능한 디자인은 지속가능발전의 개념과 원리에 기초한다고 하였다. 그는 디자인에서 지속가능성을 추구한다는 것은 문제에 대한 논리적인 주장이라기보다 디자인을 통해 직관적이고 미학적인 방식으로 공감하며 참여하는 것이라고 주장했다. 또한 지속가능한 디자인 프로세스에 있어서 지속가능한 목표에 닿을 수 있도록 물질문화의 발전에 기여하며 더 나은 미래를 위해 나아가야 한다고 하였다.

마틴 차터(Martin Charter)와 울술라 티스츠너스(Ursula Tischners)는 『Sustainable Solution』에서 지속가능한 디자인이란 환경적, 경제적, 사회적 측면을 고려한 디자인으로 정의하며 디자인뿐 아니라 제품개발을 위한 모델과 생산, 경영 등 폭넓은 범위에서 지속가능한 솔루션을 제안했다. 그리고 지속가능한 제품디자인(SPD: Sustainable Product Design)은 체계적이고 통합된 모델로 확장되야 하며 제품 서비스 시스템에 지속가능성을 위한 전략과 함께 제시되어야 한다고 주장했다.[7] 그는 지속가능한 디자인에 대한 개념 정의와 시장경제에서 실천할 수 있는 운영 시스템까지 제시했다.

위에서 언급한 『Sustainable Solution』에서 생태건축가인 윌리엄 맥도너(William McDonough)와 그린피스 출신의 화학자 미하엘 브라운가르트(Michael Braungart)의 지속가능한 제품개발 모델에 대해서 소개하고 있다. 1991년 맥도너가 제시한 지속가능한 디자인을 위한 하노버 원칙(Hannover Principles)을 살펴보면 디자인 단계부터 쓰레기를 줄이거나 최소화하는 것이 아니라 디자인 단계부터 쓰레기라는 개념 자체를 없애자는 것이다. 그는 이 원칙에서 인간과 환경의 관계를 '디자인의 결과에 대한 책임'으로 규정하며 지속가능성을 폭넓게 적용할 수 있도록 해야 한다고 주장했다. 이 원칙은 1992년 지구정상회의의 세계도시포럼(World Urban Forum)에서 세계박람회의 설계지침으로 채택되었다. 이는 그들의 저서 『Cradle to Cradle』[8]로 이어져 자연 생태계의 원리처럼 제품 사용 후 폐기물 없이 재활용 과정에서 환경 유해물질이 나오는 다운사이클(Down-cycle)이 아닌 원래의 특성을 유지하며 가치를 높이며 재활용되는 업사이클(Up-cycle)을 추구해야 한다고 주장했다. 이는 제품 기획부터 사용 후 단계까지 디자인의 전 과정에 전제가 되어야 한다. 이는 제품이 생산되어 폐기되는 제품의 요람에서 무덤까지의 전형적인 제품의 라이프사이클(Product Life Cycle)에 대한 패러다임의 전환이다. 이러한 창의적인 방법을 시도하는 디자이너들로 인해서 지속가능한 미래로 다가갈 수 있기를 기대한다.

사례 1: Aquarela Complex

↑ **아쿠아렐라 컴플랙스(Aquarela Complex)** [사진 ©Atliers Jean Nouvel]

아쿠아렐라 컴플랙스(Aquarela Complex)는 에콰도르의 수도인 키토(Quito)의 지속가능한 건축디자인 사례이다. 프랑스의 대표적인 건축가인 장누벨이 설계하였으며 주거용과 상업용이 함께하는 복합공간이다. 아쿠아렐라는 한국어로 수채화라는 의미이며, 주거단지에는 다양한 스포츠 공간과 위락시설을 갖추고 있다. 주거단지 산속 같은 수직정원과 초목으로 구성되어 있다. 건축자재, 공법, 에너지 사용, 물 관리 측면 등 여러 측면에서 지속가능성을 추구하기 위한 건축디자인을 진행하였다.

사례 2: Parkroyal on Pickering

↑ **파크로얄 온 피커링(Parkroyal on Pickering)** [사진 ©Parkroyal Collection]

싱가포르의 '파크로얄 온 피커링'(Parkroyal on Pickering)은 계단식 논을 디자인 모티브로 건물정원을 조성하여 시각적인 청량함과 함께 도심의 열섬효과를 낮춰주고 공기정화에 도움이 되게 디자인하였다. 이러한 지속가능한 건축디자인은 전 세계 도시의 주요 환경문제인 도시화로 인한 녹지면적의 감소와 건축물과 아스팔트, 자동차 매연으로 인해 대기오염물질을 증가시켜 도심의 온도가 상승하는 문제를 완화시켜준다. 그리고 건물의 식물정원은 이산화탄소를 소비하고 산소를 배출하는 광합성 활동을 통해 공기중의 이산화황과 질소산화물 같은 유해성분을 흡수해줌으로써 공기정화의 효과가 있다.

사례 3: TECLA

↑ **TECLA** [사진 ©WASP and MC A]

TECLA는 이탈리아 롬바르다(Massa Lombarda)에 있는 지역의 흙을 재료로 3D 프린팅 기술로 건설된 친환경 주택이다. 지역의 자연재료와 최첨단기술로 지속가능한 삶을 위한 서식지로 조성되었다. 친환경 자재이면서도 지역의 원자재인 토양으로 주택을 건축해 재사용과 재활용을 해도 탄소중립적이다. 기하급수적으로 늘어나는 인구문제에 대응하기 위해 저렴한 주택을 제공하고자 하는 비전으로 건축디자인이 진행되었다. 재사용해도 친환경적인 순환경제 시스템과 3D 프린터를 활용한 건축으로 디지털 건축이라는 점에서 의의가 있다.

사례 4: 톤28

↑ [사진 ⓒ톤28]

유기농 원료를 사용하는 친환경 화장품 톤28(TOUN28)은 분리배출 및 재활용이 가능한 종이 패키지를 개발하여 혁신적인 화장품 용기디자인을 선보였다. 일반적인 화장품 용기는 유색의 플라스틱이나 유리 용기를 사용해 재활용률이 저조했었다. 이러한 문제점에 착안해 수많은 테스트 끝에 환경에 무해한 종이 재질의 화장품 용기디자인을 적용하였다.

사례 5: Unpackaged

↑ [출처: http://www.beunpacked.com]

식품업계에서도 패키지디자인의 환경적 파급을 줄이고자 하는 노력이 계속되고 있는 가운데, 영국 런던의 식료품점 언패키지드(Unpackaged)에서는 소비자들이 자신들의 용기를 가져와 필요한 만큼만 음식 재료를 구매할 수 있도록 지속가능한 디자인을 식품매장에 창의적으로 적용하였다. 이는 식품매장 인테리어 디자인뿐 아니라 지속가능성을 실천하는 소비자들의 실천적 행동까지도 유도하는 유의미한 디자인 시도라고 할 수 있다.

사례 6: The Liberation Collection

↑ **3D 프린팅 컬렉션** [사진 ©Julia Daviy]

리버레이션 컬렉션(The Liberation Collection)은 패션디자이너이자 청정기술 전문가인 줄리아 데이비(Julia Daviy)의 3D 프린팅을 활용한 패션 컬렉션이다. 그녀는 미국 최초로 3D 프린팅 패션 연구소를 설립하여 쓰레기 배출이 없는 제로 웨이스트 패션과 재활용과 생분해가 가능한 소재의 사용 등 지속가능한 패션 디자인을 추구해 왔다. 그녀는 3D 프린팅 의류 생산방식 기술로 최소한의 노동력을 쓰면서도 화학오염, 동물착취, 에너지 소비와 물질 낭비 문제를 해결하고자 했다. 이러한 첨단기술을 활용한 지속가능한 디자인의 새로운 시도들을 눈여겨 볼 필요가 있다.

Design Story

윌리엄 맥도너의 지속가능한 건축디자인
EAN대학교

↑ **원더프레임** [https://universidadean.edu.co/la-universidad/sedes/edificio-ean-legacy]

윌리엄 맥도너의 Cradle to Cradle Design™에 기반한 콜롬비아 보고타의 EAN대학교 건축디자인은 지속가능성을 실현한 좋은 사례이다. 건물은 연구실, 강의실, 행정실, 세미나실, 식당, 실내 농구장, 체육관과 강당으로 구성된다. 맥도너는 건축디자인을 살아 숨쉬는 유기체로 학교 환경의 일부가 될 수 있게 디자인했다.

건축디자인의 특징인 원더프레임(WonderFrame™)*은 맥도너 이노베이션(McDonough Innovation, LLC)의 차양구조의 공간 프레임의 한 형태이다. 볼트로 조립하는 형태여서 조립을 해

원더프레임: 스위스 다보스에서 열린 2016 세계경제포럼에서 맥도너가 처음으로 원더프레임을 선보였다. 원더프레임은 맥도너 이노베이션인 LLC의 상표인 WonderFrame 상표를 붙인 공간 프레임이다.

체해서 공간을 옮기며 영구적으로 재사용이나 재활용이 가능하다. 이 차양구조는 사용자를 고려한 환경친화적이면서도 지역 공장에서 제조한 프레임으로 빠른 조립이 가능한 모듈식 빌딩이다. 삼각 금속 프레임은 나뭇잎을 모티브로 한 디자인으로, 그늘을 제공하며 태양광을 흡수하는 에너지 효율이 높은 패널이다. 차양 패널이 움직이기 때문에 빛이 건물에 들어오는 방향을 변경할 수 있으며 차광에도 효과적이다. 원더프레임은 자연환기가 가능한 필터가 있으며 창문 위의 여과된 그릴을 통해서 공기가 들어오고 지붕의 태양열 굴뚝을 통해 나가는 자연환기 기술로 연간 엄청난 에너지 절감이 가능하다. 본 사례는 지속가능한 건축 시스템을 위한 첨단기술과 건축공법 그리고 지역 제조업체와의 협업의 좋은 지속가능한 디자인의 모델을 제시하고 있다.

함께 생각해볼까요

1. 우리 주변에 어떤 지속가능한 디자인 사례가 있는지 찾아볼까요? 어떤 점에서 지속가능한 디자인이라고 생각하는지 환경, 사회, 문화, 경제적인 관점을 토대로 분석해봅시다.
2. 지속가능성 면에서 개선이 필요한 디자인을 찾아서 어떤 면을 수정하면 좋을지 아이디어를 내봅시다. 자신의 아이디어로 디자인 개선을 위한 리디자인을 진행해봅시다.

Chapter 3

디자인으로 만드는 안전: 범죄예방디자인

2018년 발표된 통계청 자료는 우리나라 사람들에게 가장 큰 사회 불안요인은 '범죄발생'임을 보여준다. 사회의 불안요소인 범죄는 환경을 통해 제어될 수 있는데, 예를 들면 가로등이 없는 어둡고 후미진 골목은 가해자의 범행 결심을 굳히는 요인이 될 수 있는 반면, 뒷골목에 설치된 CCTV는 그 결심을 철회시킬 수도 있다. 이처럼 장소의 변화를 통한 범행 시도의 차단에 목적을 두는 디자인을 범죄예방디자인, 셉테드(CPTED: Crime Prevention Through Environmental Design)라고 한다. 최근 셉테드는 물리적 환경을 넘어 디지털 기술과 다학문적 접근 필요성이 높아지는 추세이다.

범죄예방디자인의 형성

1285년 영국은 전국적으로 증가하는 범죄 억제를 위해 윈체스터 법령을 발표했다. 이 법령은 고속도로에서의 강도문제 해결을 위한 환경 변화 관련 내용을 담고 있었다. 이 법령에 따라 모든 토지 소유자는 소유한 토지 내에 있는 수풀 중 도로에서 200피트 이내의 '몸을 숨길 수 있을 만한 수풀'을 모두 제거해야 했다. 이 법령은 안전 제고를 위한 환경디자인 관련 법률의 기본 모델로 볼 수 있다. 이후 환경디자인을 통한 범죄예방을 의미하는 셉테드의 근대적 개념은 1960년대부터 단계적인 변천 과정을 거쳐 구체화되었다.

제인 제이콥스(Jane Jacobs, 1916–2006)는 저널리스트이자 사회운동가로 1950년대 미국의 도시재생 정책인 기능주의적 도시계획과 도시설계를 강하게 비판했다. 제이콥스는 도시를 생명체로 바라보는 패러다임의 변화를 촉구하며, 도시의 다양성과 생명력을 살리는 일에 평생을 바쳤다. 제이콥스는 포춘지(Fortune)에 '도심은 사람들을 위한 것'이라는 제목의 글을 기고했고, 이를 다듬어 『미국 대도시의 죽음과 삶』[1]이라는 책으로 발간했다. '거리위 시선들(Eyes on the street)'이라는 개념을 통해 자연 감시가 확보된 지역에서는 범죄에 대한 두려움이 감소하고, 실질적인 범죄가 줄어든다고 설명했다. 특히 그녀의 '걷기 좋은 도시'라는 생각은 이슈를 넘어 시대정신에까지 영향을 끼쳤다. 하지만 도시변화에 있어 지나치게 수구적이라는 평을 받기도 한다. 한편 2009년 도시계획 뉴스 웹사이트 플레니티즌(Planetizen)은 '100명의 위대한 도시 사상가' 중 1위로 제이콥스를 선정했다.

> **도시는 모든 이에게 무언가를 제공할 수 있는 능력이 있지만 모든 이의 참여로 창조되었을 때만 가능하다.**
>
> **- 제인 제이콥스 (Jane Jacobs) -**

이후 셉테드의 개념은 1970년대에 들어서 미국의 범죄학자 레이 제퍼리(Ray Jeffery)와 건축가 오스카 뉴맨(Oscar Newman)에 의해 보다 구체화되었다. 레이 제퍼리는 셉테드라는 용어를 그의 책제목으로 처음 사용했다. 환경에 범죄를 일으킬 수 있는 요인이 가득하면 이 환경에서 사람들은 범죄행위를 배우게 되고, 실제 많은 범죄행위가 발생하며, 다시 이 범죄행위에서 사람들은 범죄행위를 배우는 악순환이 이어진다고 했다.[2] 건축가 오스카 뉴맨이 발간한 책, 『방어공간(Defensible Space: Crime Prevention Through Urban Design)』[3]에서 자신을 방어할 수 있는 사회적 구조물이 방어공간이라고 했다. 그리고 이 구조물의 물리적 특성을 강화하면 주민과 잠재 범죄자 모두에게 해당 지역이 관리되고 있다는 신호를 보내 결국은 범죄를 예방할 수 있다고 했다.

1980년대에는 셉테드가 학술적 접근을 넘어 정책적으로 발전된 시기이다. 영국에선 로날드 클라크(Ronald Clarke)의 상황적 범죄예방이론을 활용해 '범죄퇴치디자인(Designing out Crime)' 프로그램이 실시되었다. 미국의 범죄학자 제임스 윌슨(James Q. Wilson)과 조지 켈링(George L. Kelling)은 사회 무질서에 관한 "깨진 유리창(Broken Window) 이론"*을 제시했다. 이 이론은 깨진 유리창 하나를 방치하면, 그 지점을 중심으로 범죄의 확산이 시작된다는 의미로 방치된 사소한 무질서 하나가 지역 전체로 확산됨을 말해준다.[4] 한편, 패트리셔(Patricia)와 폴 브란팅엄(Paul Brantingham)의 『환경적 범죄학(Environmental Criminology)』에서는 범죄의 필수요소인 4가지 차원이 제시되었다. 이들에 따르면, 범죄는 모든 필수요소가 존재할 때 발생하는데, 그 요소는 법률, 위반자, 대상, 장소이며, 이 요소를 '범죄의 4개 차원'으로 규정했다.[5] 환경요소는 이 4개의 차원 중 마지막 차원에 해당된다.

↑ **깨진 유리창 이론**

깨진 유리창 이론은 사소한 기물파손 ⇨ 도시·지역사회 쇠퇴 ⇨ 범죄발생과 같이 관리가 소홀한 물리적 환경이 범죄로 이어지게 되는 과정을 설명해 줌

1990년대에는 사회생태학 관점을 지닌 셉테드의 개념 기반이 형성된 시기이다. 사회적 응집(Social Cohesion: 지역사회의 응집), 연결성(Connectivity: 지역 내·외부 기

관 간 네트워크), 커뮤니티 문화(Community Culture: 지역공동체 문화 활성화), 한계 수용력(Threshold Capacity: 인구나 공공시설 등의 적절성) 등을 중심으로 한 커뮤니티 중심의 접근이 제시되었다.[6] 또한 이 시기에 경찰을 위한 실질적인 훈련도구를 제공하는 다양한 교육프로그램 등도 제시되었다.[7]

2000년대 이후의 셉테드는 지역공동체 스스로 문제인식은 물론 정책 수립·시행을 함께 결정·추진하는 방향이 가시화된 시기였다. 폴 에브롬(Paul Ekblom)은 "셉테드의 효과는 높은 인구밀도 같은 인구통계학적 요인과 사회경제적 요인에 의해 감소 또는 증가될 수 있다"고 했다.[8] 이는 지역맥락적 요인과의 연관성을 의미하는 것이다. 지역맥락적 요인은 자연 감시와 주민의 범행저지 참여의지에 있어서 중요 역할을 수행하지만, 기존의 셉테드의 모델에서는 이 같은 점이 간과되어 왔으며 지역주민 공동체 주도를 강조한다. 또한 안전과 삶의 질을 향상시키는 장기 전략으로 최근 연구에서 안전하면서도 높은 수준의 생활환경의 구축을 위해 공중보건, 환경, 지속가능사회, 범죄 등을 아우르는 총체적 접근의 필요성이 제기되었다.[9, 10] 또한 폭력 범죄와 보행 감소의 관련성, 디지털 수단을 활용한 안전하고 사용자 친화적인 환경구축 등 구체적 실행 방안 등이 논의되고 있다.

셉테드 이론은 제인 제이콥스가 문제를 제기한 초기 단계 이후, 세 번의 패러다임 변화를 거쳐 발전했다. 물리적 환경의 개선과 변화를 중심으로 하는 '1세대 셉테드'와 물리적인 요소를 넘어서 사회적 요소의 연결을 강조하는 '2세대 셉테드'가 등장했고, 이후 '3세대 셉테드'는 정부주도의 셉테드 사업에서 벗어나 경찰, 지자체, 주민이 함께 협의체를 만들고 스스로 지역사회 문제를

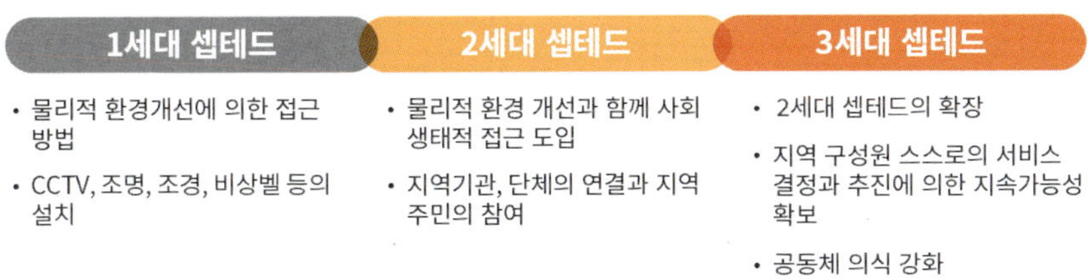

↑ 셉테드 이론의 발전 과정

해결하는 방향으로 변화했다. 이 같은 변화의 배경에는 물리적 환경개선에 치우치면 관리가 소홀해지고, 관심이 줄어들었을 때 문제가 발생하는 한계가 존재한다. 이에 지속가능한 안전을 위해 지역공동체 안에서 안전의 형성을 위해 폭넓은 접근 방식으로 패러다임이 변화함을 보여준다.

범죄예방디자인의 원칙

범죄예방을 위한 환경디자인 원칙은 6개 전략과 3개 차원으로 구성된다. 3개 차원은 셉테드 패러다임의 변화와 맞물려 있으며, 이에 각 전략 중심의 1차 차원, 지역 커뮤니티의 참여에 의한 2차 차원 그리고 커뮤니티 주도의 3차 차원으로 구성된다. 셉테드의 6전략은 감시 강화(Surveillance), 접근 통제(Access Control), 영역성 강화(Territoriality), 이미지 유지관리(Image Maintenance), 활동 지원

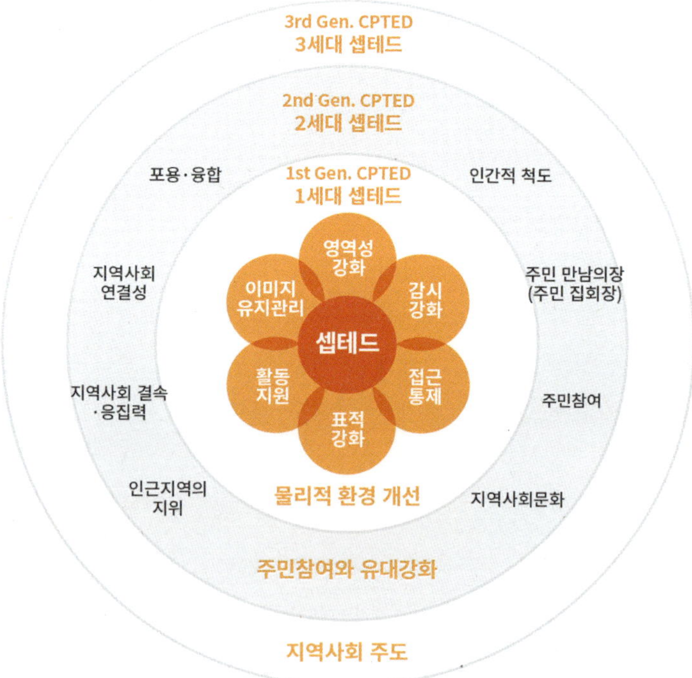

↑ 셉테드의 6전략과 3차원

(Activity Support), 표적 강화(Target Hardening)로 구성된다.[11]

셉테드 기본전략을 구성하는 6개 요소는 각각 독립적인 개념이 아니라 서로 중첩적이며, 상호 영향 관계하에 있다. 따라서 상호 배타적인 개념이 아니라 상호 보완적인 개념이라 할 수 있고 각 요소별 주요 특성은 다음과 같다.

① 감시 강화(Surveillance)
용이한 주변조망과 은폐장소의 최소화 설계로 감시를 강화하는 전략이다. 시설 및 공간 배치를 통해 범죄자와 피해자가 다른 사람들의 시야에 들어오게 디자인하는 자연감시와 주로 방범용 CCTV의 설치와 모니터링을 통한 기계적 감시 및 이밖에 경찰·보안요원 등에 의한 감시를 모두 포함한다. 이때 식별을 높이기 위해 감시의 사각지대를 최소화하는 것이 중요하다. 이를 위해 건물 출입구나 내부 계단, 외부 창문 등은 개방형 구조로 디자인하고 가로공간의 전방 시야 확보, 조명 설치, 적절한 야간 조도 유지 등을 고려할 수 있다.

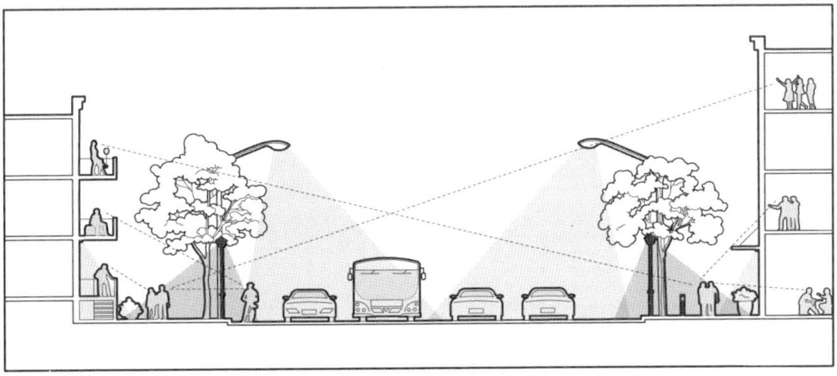

↑ 자연감시 및 기계감시 강화로 사각지대 최소화

② 활동 지원(Activity Support)

사람들의 사용을 유도 및 자극할 수 있는 공공 공간의 구축을 의미한다. 사람들의 공간사용을 높여 이들에 의한 자연스런 감시(Eyes on the street)를 강화해 범죄 발생을 낮춰 주민들이 안전감을 느끼게 하는 방법이다. 이를 위해 사람들의 다양한 행위를 유발할 수 있게 공간 활용을 높일 수 있는 간판 및 시설의 디자인이 중요하다.

↑ **선호도 높은 공간으로 이용률 및 안전감 제고**

③ 영역성 강화(Territoriality Reinforcement)

공적 공간에서 각 영역별 특성이 명료한 공간 배치와 시설디자인으로 반사회적 행태를 직·간접적으로 통제해 범죄자의 심리적인 부담과 범죄행위의 발각 확률을 증가시키는 전략이다. 영역성 강화의 방법으로 울타리, 표지판, 조경식재, 한평 공원 조성, 도로포장 등의 요소를 활용할 수 있다.

↑ **(좌) 투과성 장애물 설치에 의한 영역구분, (우) 영역 용도의 명확한 표시**

④ 접근 통제(Access Control)

외부인 및 부적절한 사람 등 잠재적 범죄자의 출입을 통제해 범죄 목표물로의 접근을 어렵게 만드는 것을 의미한다. 이 전략은 사람들을 도로, 보행로, 조경, 문 등을 통해 일정한 공간으로 유도하는 환경의 조성을 통해 가능하다. 비공식적·자연적 통제(예: 공간정의), 공식적·조직적 통제(예: 보안요원), 기계적 통제(예: 자물쇠, 빗장) 방법을 활용할 수 있다.

↑ 입출입방향 통제로 사람들의 이동유도

⑤ 표적 강화(Target Hardening)

건물이나 시설물의 방범시설을 강화해 범인의 목표 지점 침입을 어렵게 하는 것을 말한다. 절단이 어려운 스테인리스 재질의 방범 창살, 창문이 절반만 열리도록 막는 장치, 자동경보기 설치 등을 생각할 수 있다. 오래 전 확립된 전통적 범죄예방 기술이지만, 이를 셉테드의 구성전략으로 고려해야 하는지에 대해서는 의견이 나뉜다.

↑ 자동감지 시스템 및 CCTV 설치를 통한 방범시설 강화

⑥ 이미지 유지관리(Image Maintenance)

물리적 환경의 긍정적인 이미지 홍보와 주기적 관리유지는 물리적 환경의 지속적·효과적 작동을 확인시킴으로써 모든 사용자에게 긍정적인 신호를 전달할 수 있다. 범죄를 예방하는 환경이 지저분해지거나 노후한 이미지가 생성되지 않게 지속적으로 관리하는 것을 의미한다. 유지관리는 앞서 언급된 범죄예방디자인의 원리와 전략들의 지속을 의미하는 것으로 주민의 참여와 관심이 중요하다.

↑ **낙서 등 시설관리를 통해 노후이미지 방지**

물리적 환경개선을 통한 셉테드

2000년대에 들어서 도입된 우리나라의 셉테드는 주로 '안전마을' 등 정부의 도시재생 사업을 통해 쇠퇴지역 활성화를 목적으로 진행되어 왔다. 이 경우 주요 대상지인 쇠퇴지역의 특성상 필연적으로 범죄 취약지역 문제가 동반되면서 해결 방법으로 물리적 환경개선에 초점을 둔 셉테드 전략을 활용했다. 한편 셉테드의 적용을 위해선 관련 법·제도의 제정이 전제되어야 하는데, 선진국의 경우 셉테드가 제도화되어 건축·도시설계에 반영된 반면 우리나라는 아직 관련 제도의 구축과정에 있다. 2005년 경찰청에서 '범죄예방 원리에 따른 건축 및 공간유형별, 시설물별 기준 적용에 관한 지침'을 발표한 후 국토교통부, 행정안전부, 법무부 등 중앙정부와 지자체의 범죄예방 환경구축을 위한 실질적 정책이 추진되고 판교, 광교 신도시, 은평 뉴타운 등에 셉테드가 도입되었다. 2010년 경찰청이 국토교통부에 범죄예방을 고려한 법률개정을 요구하면서 범죄예방 환경조성 관련 법제화가 본격화되고, 2015년 이후 크게 증가했다. 2018년 12월을 기준으로 모든 광역자치단체에서 조례를 제정했으며, 226개 중 209개 기초자치단체에서 조례를 제정했다.[12] 해당 조례의 내용은 지자체별로 유사해 주로 범죄예방 도시디자인 기본계획 수립, 도시디자인 기준, 추진사업, 위원회 설치 등을 담고 있다. 하지만 우리나라의 법제화 작업은 지속적으로 추진, 정비되기보다는 각 지자체나 지역사회의 관심 정도에 따라 일회성에 그치는 경우가 많은 상황이다.

사례 1: 부천시 셉테드 시범도시 사업

2005년 부천시는 경찰청과 함께 전국 최초로 부천시(고강동, 심곡동, 소사본동 등)를 셉테드 시범 사업도시로 선정했다. 전문가 프로젝트팀을 구성해 연구용역을 수행하고 CCTV 설치, 가로등 개선 등의 전략을 중심으로 범죄예방디자인 대책을 도출했다. 하지만 예산부족 등의 이유로 연구 결과가 적용되지 못해 본격적 셉테드 사업으로 평가하기엔 한계를 가진다. 그럼에도 절도 38.3%, 강도 60.8%가 감소하는 효과를 보였으며, 다른 지역으로의 확산 계기를 마련한 셉테드 기본 모델의 의미를 지닌다.

사례 2: 포항시 꿈틀로 셉테드 사업

포항시 중앙동 중앙파출소 일대는 한때 포항시에서 포항시청 등 관공서와 금융기관 등이 밀집한 포항지역 최대 번화가였다. 하지만 2006년 포항시청사의 남구 대잠동으로의 이동으로 부도심이 성장하며 도심공동화 현상이 심화되었다. 이에 점차 활력을 잃으면서 대표적 낙후지역이 되었다. 이후 침체된 도심재활을 목적으로 포항시와 지역전문가, 작가, 시민들이 함께 2016년 도시재생 프로젝트인 문화도시조성사업을 추진했고 문화예술창작지구인 '꿈틀로'가 조성되었다. 사업지 명칭인 '꿈틀로'는 시민공모를 통해 결정되었다. 생기 있는 움직임을 의미하는 '꿈틀꿈틀'과 '꿈의 틀'이란 두 개의 의미로 꿈을 꿀 수 있는 틀(터전)이라는 뜻과 쇠퇴한 거리가 다시 꿈틀거리며 되살아난다는 뜻을 가지고 있다. 2017년부터 회화, 공예, 음악 등 예술작가들이 빈 건물에 입주하면서 29개 공방이 들어섰고, 작업실 공개와 다양한 체험 프로그램을 운영하면서 일반 시민의 방문이 이어지며 활기를 되찾아 가고 있다.

↑ **꿈틀로에 위치한 포항북부경찰서 중앙파출소**: 일명 부엉이파출소로 불림 [사진 ©뉴스1]

↑ **포항 문화예술지구 꿈틀로**: 외부환경 개선과 함께 다양한 문화행사 개최로 활동성이 강화되며 자연감시가 이루어짐 [사진 ©포항문화재단]

사례 3: 서울시 셉테드 이음마을 사업

서울시 동작구 안전마을 사업의 일환으로 2017년 진행된 사당3동의 셉테드는 '이음마을' 사업으로 불린다. 이곳의 셉테드는 기존 방법보다 상대적으로 주민 참여를 높여 주민이 주체가 되는 방향으로 진행되었다. 사당3동은 사업 이전에도 환경관리가 잘되어 범죄와 거리가 멀어 보이는 곳이었다. 사당3동의 셉테드 방향설정을 위해 주민들의 참여형 워크숍 결과 주민들의 두려움은 공간이 아닌 '끊어진 이웃과의 관계'에 있음이 발견되었다. 이에 디자인 컨셉이 '이음'으로 도출되었다. 이것은 끊어진 이웃관계의 거리를 좁히고, 마을 곳곳 사각지대를 안전하게 연결해 서로와 서로를 연결하는 의미였다. 셉테드 분석을 토대로 15개의 시설물 디자인 개발과 설치장소 선정 후 주민동의를 통해 실제 설치작업이 이루어졌다. 사업 이후 실시된 주민 설문조사는 주민의 73.2%는 이전보다 동네가 안전해졌다고 느끼고, 79.1%는 안전에 관심이 갖게 되었으며, 63%는 이웃들이 안전을 위해 노력한다고 긍정적인 평가를 하고 있음을 보여준다.

↑ **샘파트너스에서 진행한 서울시의 이음마을 셉테드 결과** [사진 ©샘파트너스]

디지털 기술을 활용한 셉테드로

스마트폰과 인공지능 등 디지털 기술을 기반으로 새로운 범죄신고 및 구조요청 시스템이 구축되고 있다. 국내외에서 실시간 발생 범죄자료와 GPS 정보 등을 결합해 스마트폰 앱 등으로 개발되면서 공공 또는 민간영역에서 범죄예방, 위기대응 차원에서 기존 공공 시스템 보완 등의 역할을 수행하고 있다.

사례 1: 보이는 112 서비스

경찰에서 운용하는 '보이는 112 서비스'는 112에서 전송한 문자에 포함된 URL을 신고자가 눌러 경찰과 소통하는 방식의 시스템이다. 신고자 동의 시 신고자 위치가 112 상황실로 전달되고, 신고자의 휴대전화 카메라를 원격제어해 현장 상황을 송출받을 수 있는 서비스로 경찰과 비밀채팅도 가능하다. 덕분에 신고자는 말을 할 수 없는 위급상황에서도 손짓, 발짓, 채팅을 통해 신속하고 정확한 지원을 받을 수 있다. 경찰은 2023년까지 인공지능이 활동하는 4세대 시스템 구축을 계획 중이다.

↑ **보이는 112 문자 서비스**

우리나라 범죄신고 시스템: 우리나라의 1세대 범죄신고 시스템(1957~1986)은 전화교환수가 신고를 받아 경찰에 출동지령을 전달하는 방식으로 시작되었다. 이후 순찰차에 무전기를 도입한 2세대(1987~2011)를 거쳐 현재 3.5세대인 '보이는 112 서비스'가 운용 중이다.

사례 2: 음향센서를 이용한 총격감지 시스템, 샷스파터(Shotspotter)

샷스파터(Shotspotter)는 시내 곳곳에 설치된 음향센서를 통해 총격발생 위치를 60초 이내에 확인해 경찰에 알려주는 시스템이다. 음향센서에 큰 파열음이 포착되면 전후 6초 동안의 소리정보가 클라우드로 전송되고, 머신러닝 알고리즘으로 총격음 여부를 확인한다. 알고리즘 식별이 어려울 경우 샷스파터 본사에 24시간 상주하는 전문 직원이 직접 들어보고 총격음 여부를 판단한다. 총격발생 위치는 여러 음향센서에 각각 총격음이 감지된 시간차로 거리를 추정하고, 이렇게 산출된 위치가 60초 이내에 경찰에 통보되면 경찰관들은 샷스파터 앱으로 해당 지점을 확인, 출동하게 된다.

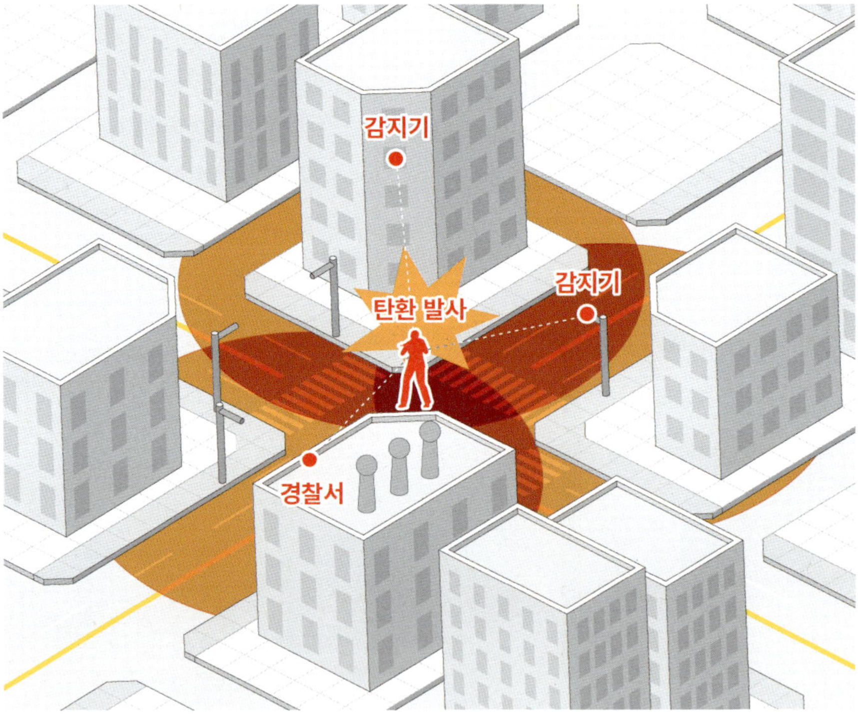

↑ **샷스파터의 총격감지 시스템 작동방식**

샷스파터는 이 시스템으로 경찰이 전보다 훨씬 빨리 총격 현장에 도착하고 갱스터들이 이를 인지해 총격을 자제하면서 총격 사건이 감소할 수 있다고 설명한다. 샷스파터는 현재 이를 장점으로 미국 90개 이상 경찰청에 서비스를 제공하며 사업을 확대하고 있다. 하지만 시카고 등 샷스파터 도입 지역에선 폭력발생 후의 대응이므로 총기 범죄를 해결할 수 없다는 주장이 제기되고, 수백만 달러를 지출할 뿐이라는 비판이 있다.

사례 3: 위기대응 '시티즌(Citizen)' 앱의 쌍방향 서비스

'시티즌(Citizen)' 앱을 통해 사용자들은 목격한 사건·사고의 동영상을 앱에 올려 다른 사용자들과 공유하고, 911에 접수된 사건·사고의 위치와 상황을 알려줄 수 있다. 덕분에 사람들은 현재 진행되는 범죄 상황을 정확하고도 신속하게 파악해 위험상황을 피할 수 있다. 시티즌 앱은 원래 2016년 10월 출시된 '비질런트(Vigilante)' 앱에서 시작되었다. 이 비질런트 앱으로 범죄 동영상을 실시간으로 볼 수 있어 사용자가 폭발적으로 증가했지만, 범죄현장 노출에 따른 모방 범죄를 우려하는 뉴욕 경찰의 발표로 48시간 만에 앱스토어에서 삭제되었다.

6개월 후 '시티즌'으로 재출시되었고, 호기심에 사람들이 범죄현장에 모여들 수 있어 경찰은 여전히 앱 사용에 반대한다. 앱 사용에 대한 논쟁이 여전한 가운데 이 서비스는 뉴욕시를 넘어 샌프란시스코, 볼티모어, LA까지 확대되었고, 사용자 수는 12만 명을 넘겼다. 그리고 시티즌은 2021년 '프로텍트(Protect)'라는 유료 서비스 상품을 출시했다. 프로텍트 서비스 가입자는 앱에서 제공하는 문자나 영상 채팅을 통해 보호 에이전트와 연중무휴로 연결된다.

이 서비스 가입으로 '보호 모드'가 활성화되면 전화를 흔들거나 소리를 지르는 것만으로 '프로텍트 에이전트'가 해당 위급상황을 911, 사고자(또는 신고자)의 비상 연락처로 연락을 해서 보다 빠르게 위험·위기에 대응할 수 있게 도와준다. 또한 범죄상황 이외의 다른 위기상황, 예를 들면 폭염 시에 주변의 그늘 위치를 알려주는 등 상황에 맞는 적절한 대응 서비스를 제공함으로써 사용자의 일상을 더 안전하게 만들고 있다.

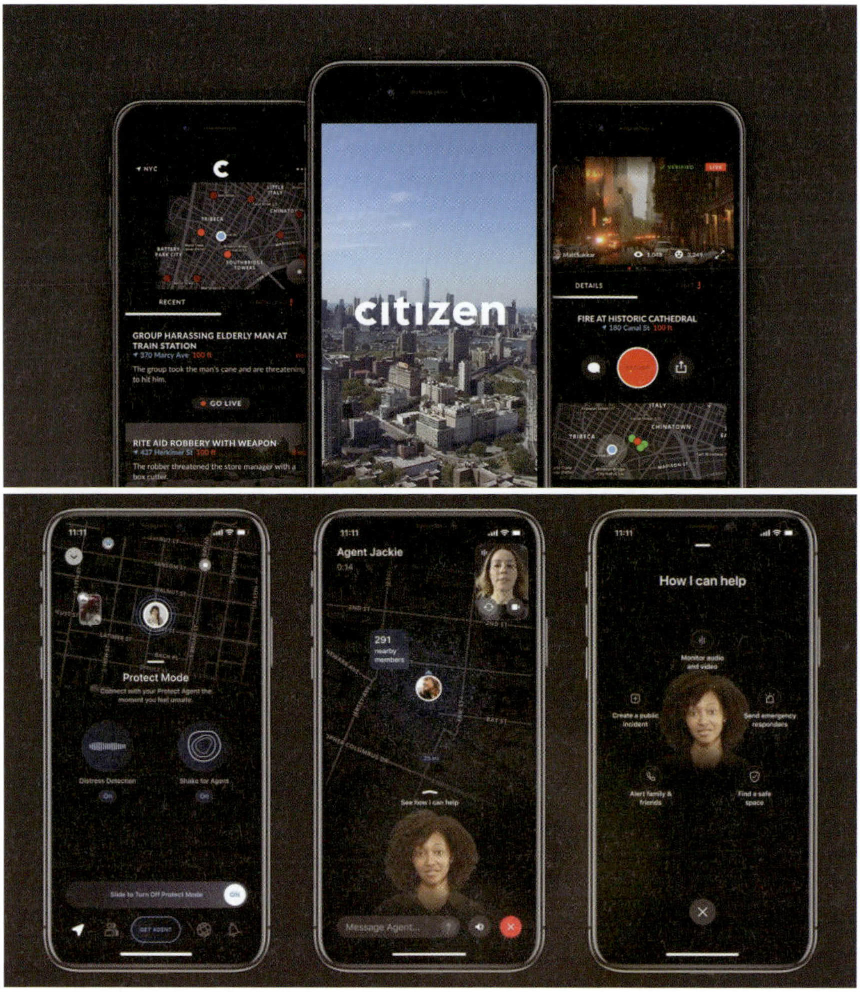

↑ **시티즌 서비스** [사진 ©Citizen]

디지털 기술 기반의 범죄예방 및 위기대응 시스템들은 아직 완전하진 않다. 하지만 공공서비스가 놓친 부분 등을 보완하거나 또는 일부 공공영역을 담당하면서 보다 안전한 사회를 만드는 데 기여하고 있으며, 많은 가능성을 갖고 있는 것도 사실이다.

Design
Story

사라진 관심과 방치된 시설
염리동 소금길

성공적 셉테드 적용 사례로 서울 마포구 '염리동 소금길'이 자주 언급된다. 이 지역은 범죄 발생이 잦은 대표적인 우범지역으로 손꼽혔었다. 이 지역이 재개발 지역으로 지정되었다가 해제되면서 우범지대가 되었고, 이에 2012년 서울시가 셉테드 사업지로 선정했다. 셉테드 도입으로 많은 변화가 찾아왔다. '소금길' 산책로 지정, 안전지도 제작, 방범용 LED 번호 표시등 설치, 안심 주택 지정 등의 환경개선 방안이 적용됐다. 모퉁이마다 일정한 간격을 두고 이정표가 붙어있고, 좁은 골목은 노란색으로 칠해진 담벼락이 이어져 그 풍경이 다채롭게 변화했다. 이 지역의 셉테드 사업인 소금길 조성사업이 마무리되면서 마을풍경이 밝아지고, 주민들의 만족도도 높아졌다. 지역주민들은 새롭게 조성된 소금길에 대해 "잘했다"며 무릎을 쳤고, "밝아진 마을 분위기 탓에 범죄에 대한 불안감은 낮아졌다"며 만족감을 표시했고, "예전보단 훨씬 좋다"고 강조했다. 이 같은 만족도는 서울시가 2013년 3월 염리동 주민 200여 명을 대상으로 실시한 설문조사에서 확인되었다. 소금길 사업 시행 5개월 후 주민들의 범죄 두려움은 13.6% 감소했고, 범죄예방 효과는 78.6%, 주민 만족도는 83.3% 증가한 것으로 조사되었다.

그러나 물리적 환경개선을 통한 셉테드의 대표적 성공 사례였던 서울 마포구 '염리동 소금길'은 다시 재개발이 확정되자, 마을 주민은 물론 구청에서도 관심을 두지 않고, 유지보수가 되지 않으면서 아름다운 마을 풍경의 소금길은 다시 쇠퇴하기 시작했다. 마을 곳곳에 심어진 꽃이나 나무들이 지금은 다 죽어버렸고, 소금길 계단 벽화의 페인트칠은 벗겨진 채 방치되고, 꾸며진 계단엔 쓰레기 더미가 쌓였다. 셉테드 구상단계에서 장기적인 도시 계획을 고려하지 않은 결과이다.

↑ **방치된 소금길 모습** [출처: 블로그–사이다맛나]

염리동 소금길은 셉테드의 원칙 중 유지보수 원칙이 지켜지지 않은 실패한 사례이다. 셉테드 프로젝트의 장기적 성공을 위해서는 3세대 셉테드가 요구하듯, 커뮤니티의 자발적 참여와 주도 및 지자체, 경찰, 주민 등 이해관계자 모두의 협력이 중요하다. 셉테드가 사회안전망으로써 작동하기 위해 우리 사회에 필요한 것은 거리의 사람들에게 향하는 지속적인 시선과 관심이다.

함께 생각해볼까요

1. 지금도 우리 동네 어딘가에선 지역 재개발, 아파트 재건축, 하수관 교체 등 크고 작은 공사가 진행되고 있습니다. 해당 장소는 지역 주민에게 어떤 위험요소를 주고 있을까요?
2. '1번' 에서 문제가 있다고 생각한 그 장소는 어떻게 개선할 수 있을까요?

Chapter 4

첨단이 아니라도 괜찮아: 적정디자인

내가 만드는 또는 내가 꿈꾸는 디자인이 우리나라의 중산층 이상을 위한 것이라면 전 세계적 차원에서 봤을 때 나는 부유한 상위 10%의 지구인을 위한 무엇인가를 디자인하는 것이다. 1달러로 충분히 살 수 있는 조명을 만들기보다 1달러라도 비싸게 팔릴 수 있는 조명을 디자인하는 디자이너들, 세계 디자이너의 90%는 부유한 상위 10%를 위한 상품을 만들기 위해 대부분의 시간과 능력을 사용하는 것이 현실이다. 하지만 지금보다 더 많은 디자이너들이 다양한 소득수준에서의 삶의 문제를 고민하고 이를 해결하는데 관심을 가져야 한다.

중간기술에서 적정디자인으로

'적정기술(Appropriate Technology)'이라는 용어는 '중간기술(Intermediate Technology)'에서 파생되었고, 중간기술은 유네스코(UNESCO)가 1965년 남아메리카에서 개최한 '라틴아메리카 개발을 위한 과학기술회의'에서 처음 사용되었다. 이 회의에서 영국의 경제학자 에른스트 프리드리히 슈마허(E. F. Schumacher)는 대량생산 기술에 의한 생태계 파괴와 희소한 자원 낭비를 비판했다. 그리고 근대의 지식과 경험 활용과 분산화를 통해 재생할 수 없는 자원을 낭비하지 않는, 대중에 의한 생산기술을 제안했다. 그리고 저개발국의 토착기술보다는 훨씬 우수한 반면, 공업선진국의 거대기술에 비해서는 값싸고 소박한 이 기술을 '중간기술(Intermediate Technology)'로 명명했다. 슈마허는 자본주의 체제의 핵심인 '성장은 언제나 좋다'는 가정에 의문을 제기하고, 소규모와 분산을 통한 지역사회의 생활수준 향상을 목표로 1966년 런던에 ITDG(Intermediate Technology Development Group)를 설립했다. 그 이후 그는 1973년 발간한 수필집 『작은 것이 아름답다(Small Is Beautiful: A Study of Economics As If People Mattered)』를 통해 중간기술의 개념을 대중적으로 알렸다.

> **똑똑한 바보는 모든 것을 더 크고 복잡하게 만들 수 있다... 천재의 손길이 필요하다. 반대 방향으로 가기 위해선 많은 용기가 요구된다.**
>
> **- 에른스트 프리드리히 슈마허(E. F. Schumacher) -**

영국의 문학 주간지인 타임즈 리터러시 서플런트(Times Literary Supplement)가 '제2차 세계대전 이후 쓰여진 가장 영향력 있는 책'으로 선정한 이 책에서 슈마허는 중간기술을 선진 공업국의 첨단기술과 개발도상국의 토착적인 기술 중간에 위치하는 기술의 집합체로 설명하고, 중간기술의 필요성과 배경을 다음과 같은 상황을 통해 설명했다. 제2차 세계대전 후 선진국들은 저개발국 및 개발도상국에 약 20년 동안 많은 지원을 했지만 남아메리카나 아프리카에서는 변화를 찾기 어려웠다. 많은 재정적 지원에도 변화가 없는 이유를 그는 현지의 상황, 조건을 고려하지 않은 지원에서 찾았다. 원조하는 사람들의 입장에서 피원조국의 저들에게 필요하겠다 싶은 것을 자의적으로 판단, 선택, 제공했기 때문이라고 했다. 때문에 원조국과 피원조국을 이어주는 중간에 위치한 중간기술이 필요하다고 보았다.

이후 '중간'이라는 표현이 기술적으로 미완성의 단계로 비춰지거나, 선진국의 첨단기술보다 열등하다는 인식을 줄 수 있는 부정적 측면이 있다는 의견이 제기되었다. 또한 해결안들은 특정 지역사회에 맞게 조정되어야 하는 점에서 '적정기술'이라는 용어로 대체되었고, 영국에서는 대안기술이라는 용어로 사용되기도 한다. 적정기술의 개념형성 과정은 '적정'의 개념의 시작은 선진기술과 토착기술의 중간이라는 기술의 발전 정도와 관련되었지만, 이제 '적정'의 개념은 기술의 적합성에 기준을 두고 있음을 보여준다. 즉 하이테크(High-tech)나 로우테크(Low-tech)에 관계없이 특정 맥락과 특정 사용자에게 적합한 기술이 적정기술일 수 있다는 의미이다.

우리나라에서는 2007년 출간된 『소외된 90%를 위한 디자인』을 통해 대중적으로 알려지게 된 적정디자인은 기본적으로 적정기술과 그 맥을 같이 한다. 하지만 적정디자인은 적정기술의 특정 기술을 활용한 디자인이라기보다는 개도국이 직면한 문제에 대해 여러 현지 상황들을 고려해 최적화된 해결책을 찾아가는 과정이다. 즉 디자이너의 디자인 사고와 시각화 능력 등을 활용하는 디자인적 개입을 통해 지역의 문제를 현지 사용자 중심 혹은 지역 문화 중심 관점에서의 해결안의 최적화를 디자인으로 구축해가는 과정을 적정디자인이라고 할 수 있다.[1]

적정디자인, 핵심은 현지화

적정기술의 개념이 구체화되고 전 세계적으로 큰 반향이 일어나면서 여러 비영리단체, 국제기구, 정부, 기업들이 적정기술을 이용한 프로젝트를 전개했다. 하지만 선한 의도와는 다르게 예기치 못한 부작용이 발생하기도 했다. 무엇이 문제였을까? 이에 대한 해답은 적정기술 분야의 세계적인 전문가 폴 폴락(Paul Polak)의 글에서 찾을 수 있다. 그는 2007년 '적정기술은 죽었다(Appropriate technology is dead)'는 글을 블로그에 올렸다. 이 글의 부제인 '시장을 고려해 설계하라(Design for the market)'는 이 글의 핵심은 물론 적정디자인의 실천을 위한 핵심을 보여준다. 그는 현란한 디자인과 첨단기술 중심의 접근은 결국 적정기술의 실패로 이어진다고 보았고, 그렇지 않기 위해서는 현지에서 사용가능하고, 현지의 사람들이 구매하고 싶어 하며, 현지에서 팔릴 수 있어야 한다고 했다.

하지만 적정기술·디자인으로 분류되는 종래의 많은 시도들은 보급에 초점을 두는 원조방식으로 실행되어 왔다. 현지의 사용자 관점이 아닌 원조국의 공급자 관점에서 상품이 설계되거나, 단순보급품으로 전달되면 실제 현장에서는 사용이 어렵거나, 수리보수가 어려워서 또는 운영비용이 비싸서 사용하지 않게 된다. 무조건적 무료 지원이나 현지 상황을 고려하지 않고 공급에 목적을 두는 '공적개발원조(ODA: Official Development Assistance)' 방식의 적정기술·디자인은 실패로 끝난다. 대규모 예산을 기반으로 하는 공적개발원조는 사회기반시설 구축을 위한 효과적인 방법으로 평가되는데, 개발협력 전문가의 현지조사·분석 및 통계적·정량적인 근거 기반 접근일지라도 외부로부터의 접근이라는 한계를 지닌다. '원조'의 하향식(Top-down) 실행방식은 그동안 실행되어 온 수많은 적정기술·디자인 시도들의 실패의 이유를 설명해준다. 따라서 기존 적정기술의 실행방식을 벗어나 시장과 수요자 중심으로의 변화가 필요하다.[2]

↑ 적정기술·디자인의 실행방식 변화

실패한 적정디자인, 무엇이 문제였을까?

실패로 평가되는 사례를 들여다 볼 필요가 있다. 현지 주민들의 관심을 얻지 못하고 폐기 처분된 플레이펌프(PlayPump), 현지의 전력과 네트워크 시설 수준 및 컴퓨터 관련 인력 부족 등을 고려하지 않아 실패한 원랩탑퍼차일드(OLPC: One Laptop Per Child), 상품 자체는 훌륭했지만 지역 시장을 무너뜨린 퍼마넷(PermaNet) 등은 현지 도입, 사용의 적절성에 대한 신중함이 간과된 성급한 기술 지원의 부정적 결과를 보여준다.

사례 1: 플레이펌프(Playpump)
아이들이 회전놀이기구(Merry-Go-Round)를 타고 노는 행위를 통해 지하수를 끌어 모으는 창의적인 아이디어로 유명한 플레이펌프(PlayPump)는 어쩌다가 적정기술의 대표 실패 사례가 되었을까? 전 세계 백만 명이 넘는 인구가 깨끗한 물을 사용하는데 어려움을 겪는 상황에서 물을 모으면서 아이들이 즐겁게 놀 수도 있는 이 기구의 개발·공급 사업화를 위해 수천만 달러의 기부금이 모아

↑ **플레이펌프에 올라탄 아이들** [출처: https://www.thulatula.com]

졌고 약 천 개의 기구가 공급되었다. 하지만 결론적으로는 실패했다. 시험과정도 없이 설치되면서 설치된 기구 대부분은 폐기되었고 기존의 우물도 못쓰게 되는 결과를 초래했다.

이 기구의 핵심 컨셉은 남아프리카 공화국의 우물 개발 사업자인 로니 스투이버(Ronnie Stuiver)에 의해 만들어졌다. 그는 신나게 뛰어노는 아이들을 보며, 아이들의 놀이 활동 에너지를 이용해 땅속에서 지하수를 끌어 올리는 아이디어를 떠올렸고 1989년 농업박람회에 선보였다. 로니 스투이버의 아이디어를 인상 깊게 본 광고회사의 임원이었던 트레버 필드(Trevor Field)는 이 기구에 광고판까지 다는 아이디어를 추가해 로니 스투이버와 함께 '라운드어바웃 아웃도어즈(Roundabout Outdoors)'라는 회사를 설립, '플레이펌프' 상호명과 특허를 등록하며 사업화를 시작했다. 하지만 시장 반응은 신통치 않았다.

그러던 어느날, 남아프리카공화국의 넬슨 만델라 대통령이 한 학교에서 임시 설치한 플레이펌프를 직접 돌려보는 장면이 아프리카 전역에 보도되며, 미디어 노출이 시작된 플레이펌프는 사람들의 극찬은 물론 투자자와 비영리기관의 주목을 받았다. 2000년 세계은행(World Bank)은 플레이펌프를 가장 혁신적인 아이디어 중 하나로 선정하며 상을 수여했고, 미국의 대표 비영리기관 케이스파운데이션(Case Foundation)도 투자를 결정하고 비영리기관 플레이펌프 인터내셔널(PlayPumps International)을 설립해 전 세계의 투자자를 모집했다. 이후로도 2006년 미국의 부시 전 대통령의 부인 로라 부시와 전 대통령인 빌 클린턴의 지지로 인기는 절정에 올랐고, 빌 클린턴 재단의 경우 플레이펌프의 설치에 1,640만 달러를 기부했다. 이런 인기를 바탕으로 2008년 모잠비크, 스와질랜드 등 물부족 지역을 중심으로 남부 아프리카에 1,000여 기의 플레이펌프가 설치되었고, 2010년까지 4,000여 기의 추가 설치를 목표로 전 세계 자선단체로부터 기부금이 모아졌다.[3]

그런데 2009년 영국의 주간지 가디언(Guardian)의 한 기자에 의해 플레이펌프의 문제가 알려졌다. 현지에서 빙글빙글 돌아가고 있어야 하는 플레이펌프는 오랫동안 사용되지 않은 듯 녹이 슨 상태이고, 펌프 주위에 아이들은 보이지 않았다. 이유인즉 마을사람들이 펌프를 사용해 물을 마시려면 아이들이 학교도 못가고 하루 종일 돌려야 하며, 무엇보다 아이들은 플레이펌프 돌리기를 재미없어 한다는 것이다. 가디언지의 조사에 따르면 마을주민 2,500명 각각에게 1인당 하루 권장 소비량인 15리터의 물을 제공하기 위해서는 플레이펌프를 하루 27시간 동안 쉬지 않고 회전시켜야 가능하다. 아무리 열심히 돌려도 플레이펌프로 식수 공급의 충당은 불가능하다는 의미이다. 또한 놀이기구로써도 문제가 있었다. 회전놀이는 기구를 힘차게 돌려서 속도가 붙으면 기구에 훌쩍 올라타 빠른 속도를 즐기는 것에 그 재미가 있다. 그런데 이 기구에 펌프가 연결되면서 스피드로 전환되어야 할 에너지가 물을 끌어올리는 데 사용되어 스피드가 떨어지자 재미는 사라졌다. 그러다보니 플레이펌프에 매달려 있는 사람은 아이들이 아닌 어른들이 되고 말았다.

한편 플레이펌프의 가격도 문제였다. 기존 수동펌프보다 약 3배 정도 비싼데다가 유지비용(수리가격과 기간)도 상당했다. 유니세프(UNICEF)의 2007년 조사에 따르면, 잠비아에 설치된 플레이펌프의 약 25%의 기구에 수리가 필요했지만

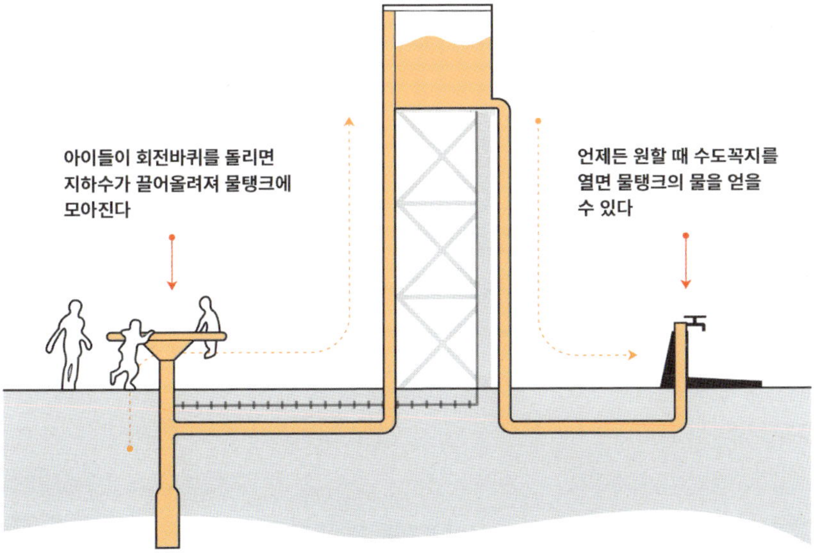

↑ 플레이펌프의 작동원리

수리할 수 있는 비용이 없었고, 수리할 수 있는 인력이 적어 6개월 이상을 기다려야 했다고 한다. 결국 남아프리카에 2,000여 개 설치된 플레이펌프는 대부분 작동이 중지된 채로 방치되어 있거나 수동펌프로 교체되었다. 처음엔 아이들에게 놀이공간을 만들어주면서 물부족 문제까지 해결할 수 있는 기발한 아이디어로 평가되었지만 상당한 금액이 투자된 사업임에도 제대로 된 시험과정도 없이 현지에 어떻게 구현할 것인가에 대한 깊은 고민 없이 사업이 진행된 것이 실패원인이었다.

사례 2: 원랩탑퍼차일드(OLPC: One Laptop Per Child)

양질의 교육·정보에 대한 접근 기회의 공평성이라는 의도에서 시작된 '원랩탑퍼차일드(OLPC)'는 어떤 문제를 갖고 있었을까? OLPC는 저개발국가의 어린이들에게 양질의 교육과 최신 기술의 사용 기회제공을 위해 저렴한 노트북컴퓨터 제공을 통해 해소하고자 설립된 비영리기관의 명칭이자 이니셔티브(Initiative) 이름이다. 이 노트북컴퓨터는 2005년 매사추세츠공과대학교(MIT: Massachusetts Institute of Technology)의 니콜라스 네그로폰테(Nicholas Negroponte) 교수가 제시하고 수많은 시민단체와 기업이 그의 좋은 의도에 공감하고 사업에 참여했다. 하지만 실패한 프로젝트가 되었다. 2005년 11월 튀니스(Tunis)에서 열린 세계정상회담에서 MIT 미디어랩의 공동 설립자인 니콜라스 네그로폰테는 밝은 녹색의 XO 노트북컴퓨터 모형을 공개했다. 그는 장난감 같은 모양의 이 장치에 대해 교육용 오픈소스 소프트웨어로 가득한 컴퓨터로 그 가격은 불과 100달러가 될 것이라고 소개하며 2007년까지 수억 개, 2010년까진 남반구의 모든 어린이가 이 XO 노트북컴퓨터를 하나씩 갖게 될 것이라고 확신했다. 이후 XO 노트북컴퓨터의 개발·양산을 위해 몇 년 동안 개발자들의 재능 기부를 비롯해 여러 기업 등으로부터 수백만 달러가 모금되었다. 또한 2007년 OLPC는 미국 소비자들을 대상으로 XO 노트북컴퓨터 하나를 구매하면 한 대는 저개발국가의 어린이에게 제공되는 'Give one, Get one' 캠페인을 전개했다. 한편 사업이 진행되면서 XO 노트북컴퓨터 첫 모델 이외에 두 번째, 세 번째 모델도 개발·출시되었다. 하지만 OLPC의 좋은 의도에도 불구하고 이 XO 노트북컴퓨터의 판매는 수억 대가 아닌 약 300만 대 정도에 그쳤다. 사업부진과 함께 2014년 OLPC 재단은 해산되었고, 현재 XO 노트북컴퓨터 관련 사안들은 마이애미에 기반을 둔 OLPC 협회에서 관리하고 있다.

↑ **XO 시리즈의 첫 번째 모델 XO-1** [사진 ©fuseproject]

↑ **타블렛으로 개발된 세 번째 XO 시리즈(XO-3)** [사진 ©fuseproject]

XO 노트북컴퓨터의 실패원인은 현지 상황에 대한 이해부족에서 찾을 수 있다. 이 노트북컴퓨터는 처음엔 기기에 장착된 크랭크(crank)를 수동으로 조작해 전기를 생성·공급할 수 있게 고안되었지만, 실제로는 전력공급이 필요했기 때문에 전기 및 인터넷 연결을 위한 인프라 비용이 발생했다. 또한 이 노트북컴퓨터가 현지에 도착했을 때 현지 교사들은 이 컴퓨터의 활용방법을 이해하지 못했고, 관련 교육 프로그램 등의 부족으로 적절히 활용할 기회를 찾을 수 없었다. 이와 함께 부족한 인프라로 수업 중 방전이 되면 사용이 불가능했고, 유지보수가 어려워 아예 사용을 못하는 경우도 빈번했다. 또한 높은 비용 자체도 문제였다. 당시 사하라 사막 남쪽의 아프리카 국가들은 초등학생 1명당 연간 교육예산이 평균 약 100달러였는데, XO 노트북컴퓨터의 실제 가격은 188달러로 관련 설비, 유지보수비용 등을 모두 고려하면 너무나 큰 비용의 교육프로그램이었다. 한편 2006년 저가시장 점유율에 대한 우려로 인텔(Intel)은 저가의 개인용 컴퓨터인 '클래스메이트(Classmate PC)'를 출시하고 멕시코 등에서 최저 200달러에 판매했다. 이에 각국 정부에서는 좋은 대안을 갖게 되어 시장 입지는 더욱 줄어들었다.

OLPC 이니셔티브의 실패원인과는 별개로 문화이식 문제가 제기되었다. 저개발국가에 제공된 컴퓨터는 수혜국의 문화와 사회 등에 대한 이해 없이 개발을 추진한 기업이 위치한 국가의 관점과 이상을 바탕으로 설계·생산되어 전 세계의 모든 곳에 획일적인 대안을 제공하는 결과를 초래할 수 있다.[4] 즉 XO 노트북컴퓨터의 경우 미국의 어린이와 가나의 어린이, 미국의 어린이와 르완다의 어린이가 느끼는 필요에는 차이가 존재하지만 미국 등 선진국가들의 어린이의 취향과 관심에 더 잘 맞는 제품이라 할 수 있다. 가나와 르완다의 어린이에겐 컴퓨터의 화면을 통해 전달되는 서구사회의 문화보다 아프리카의 공동체 사회에 대한 이해가 앞서할 수도 있으며, 첨단기술보다 HIV 바이러스에 대한 이해가 우선되는 것이 더 적절했을 수도 있다. 하지만 OLPC는 아프리카 공동체에 대한 이해 없이 아프리카 공동체에 가장 좋은 것을 제공하고자 했던 원조방식 접근의 또 다른 예이다. 하지만 그럼에도 불구하고 OLPC의 시도는 저가형 노트북컴퓨터 시장 개척과 합리적 가격경쟁의 마중물이 될 수 있다.

XO 시리즈의 실패경험은 추후 현지에 대한 충분한 이해를 동반한 ICT 기술 교육의 새로운 프로그램의 기반이 될 수 있다.

↑ **태양열 패널로 충전 중인 XO 노트북컴퓨터** [사진 ©OLPC]

↑ **아프리카 가나의 한 초등학교 교사인 오우라 크와둬(Owura Kwadwo)**가 ICT 수업에서 학생들에게 컴퓨터를 이해시키기 위해 워드 프로그램 화면을 칠판에 그리고 있는 모습 [사진 ©Owura Kwadwo]

사례 3: 퍼마넷(PermaNet)

말라리아 예방 모기장 퍼마넷(PermaNet)은 탁월한 품질의 제품으로 평가되며 지속적으로 생산·판매되고 있다. 하지만 이 지속성 속에 간과된 것은 무엇일까? '적정'의 관점에서 무엇이 보완되어야 하는 것일까?

대표적 적정기술·디자인으로 유명한 제품인 '라이프스트로우(Lifestraw)'의 성공으로 유명해진 '베스터가드(Vestergaard)'에 의해 2000년 처음 개발된 '퍼마넷(PermaNet)'은 일반 모기장과 다르게 살충제인 델타메트린(Deltamethrin)을 함유하고 있어서 모기의 접근을 막는 동시에 제거할 수 있는 기능을 갖고 있다. 또한 세탁을 해도 최대 4년간 살충제 성분이 없어지지 않아 계속 쓸 수 있는 장기

↑ **말라리아 모기 퇴치 모기장**: 퍼마넷 [출처: https://vestergaard.com]

살충망(LLIN)이다. 계속된 제품성능의 연구·개발을 통해 2.0 버전을 거쳐 현재는 3.0 버전까지 출시되었다. 특히 'PermaNet 3.0'은 2009년 7월 세계보건기구로부터 그 우수성을 인정받아 말라리아 예방제품으로 추천되었고, 현재 아프리카의 국가들을 비롯해 북한, 인도네시아, 베트남, 필리핀, 아이티, 에콰도르 등에 보급되고 있다. 한편 약 9억 개가 생산된 퍼마넷은 말라리아 발병 국가에서 약 16억 명의 생명을 보호하는 성과를 거두었다.[5]

하지만 말라리아 퇴치 모기장의 성능 및 효과의 탁월함에도 불구하고 현지 적용과정에 문제를 제기하는 의견이 있다. 모기장이 무료로 공급되면서 결과적으로 현지의 관련 점포와 소매상들이 모기장 유통을 중단하게 되고, 현지에 이미 구축된 모기장 유통 체계를 교란시키는 결과를 초래한다는 것이다. 따라서 보급된 모기장이 수명을 다하고 추가적 무료보급이 이루어지지 않을 경우 현지인들은 유통이 중단된 모기장으로 어려움에 빠질 수 있다는 것이다. 때문에 모기장을 보급할 경우 외부에서 모기장을 전달하는 것이 아니라 현지 생산업체가 생산하게 돕는 등의 방안의 구축이 더 적절할 수 있다.

Design Story

지속가능한 적정기술 · 디자인 접근

탐스 아이웨어 VS. 와비파커

2006년 설립된 탐스(TOMS)는 판매된 신발 수만큼 제3국 어린이들에게 신발을 기부하는 '원포원(One for One)' 정책을 통해 '착한 소비'를 이끄는 기업으로 유명하다. 이 기부정책은 맨발로 다니는 아이들에게 신발을 전달해 상처 등에 의한 질병예방과 건강하고 안전한 보행을 제공하자는 취지에서 출발했다. 이에 공감한 할리우드 스타들이 탐스 신발을 신으면서 입소문이 났다. 출시 6개월 만에 1만 켤레, 4년 만에 100만 켤레를 돌파하며, 2018년 기준으로 총 8,800만 켤레 이상의 탐스 신발이 70여 개국 어린이들에게 전달되었다. 이 같은 성공을 바탕으로 인턴 직원 3명으로 시작했던 탐스는 창업 10년 만에 전 세계 100여 곳에 매장을 가진 기업으로 성장했다.

탐스는 신발사업의 성공 이후 안경, 커피, 가방으로 사업영역을 확장하고, 동시에 안과 질환자 지원, 식수 기부, 빈곤국 산모 출산 지원 등으로 기부 영역도 넓히고 있다. 탐스슈즈(TOMS Shoes)의 '안경' 버전인 탐스 아이웨어(TOMS' Eyewear)는 탐스의 '원포원' 정책을 발전시켰다. 시력 재건 프로그램을 진행해온 세바 재단(Seva Foundation)과 손을 잡고, 지정된 빈곤국, 저개발국의 도움이 필요한 누군가에게 안경 제공을 넘어 대상자의 필요와 상황에 따라 백내장 등의 수술·치료지원이나 감염 등 눈 질환의 의학적 처치를 제공하는 시스템이다. 이러한 탐스 아이웨어의 원포원 정책을 통해 2011년부터 약 150,000명의 사람들이 혜택을 받았다.

탐스 아이웨어의 접근은 빈곤국, 저개발국 등에 시력저하로 고민하는 사람들의 문제를 해결하고, 누군가에게 미래의 비전을 선사하는 일이다. 또한 기존의 제품만을 기부, 공급하던 기존 '원포원' 시스템보다는 안과진료와 수술 등도 제공함으로써 더 구체적인 도움을 줄 수 있다. 하지만 현지 산업 생태계의 관점에서는 심각한 오류가 보인다. 제품의 단순 공급, 서비스 원조 시스템은 장기적으론 현지에 악영향을 초래할 수 있다. 현지의 시장 질서를 왜곡하거나, 외부의 자원과 일회성 행사 의존을 심화시켜 자립을 방해할 수 있기 때문이다. 설명을 덧붙이면, 탐스 아이웨어의 도움을 받은 사람이 늘어나고, 사업영역이 확장될수록 수혜국의 원조국에 대한 경제적 의존도는 더욱 높아진다. 현지 안경 매장의 매출에 영향을 줄 수도 있고 반복적 원조로 자립적 성장이 어려워질 수도 있다. 때문에 열악한 상황에 놓여있는 수혜국의 현실을 구제하는 동시에 장기적 관점에서 수혜국 스스로 가치를 창출할 수 있게 해야 한다. 예를 들어, 안경 생산 공장설립과 함께 생산 관련 교육시설의 현지 구축·운영, 안과 질환 치료 및 수술용 의료 장비 지원과 질병 대응 교육실시 등을 생각할 수 있다.

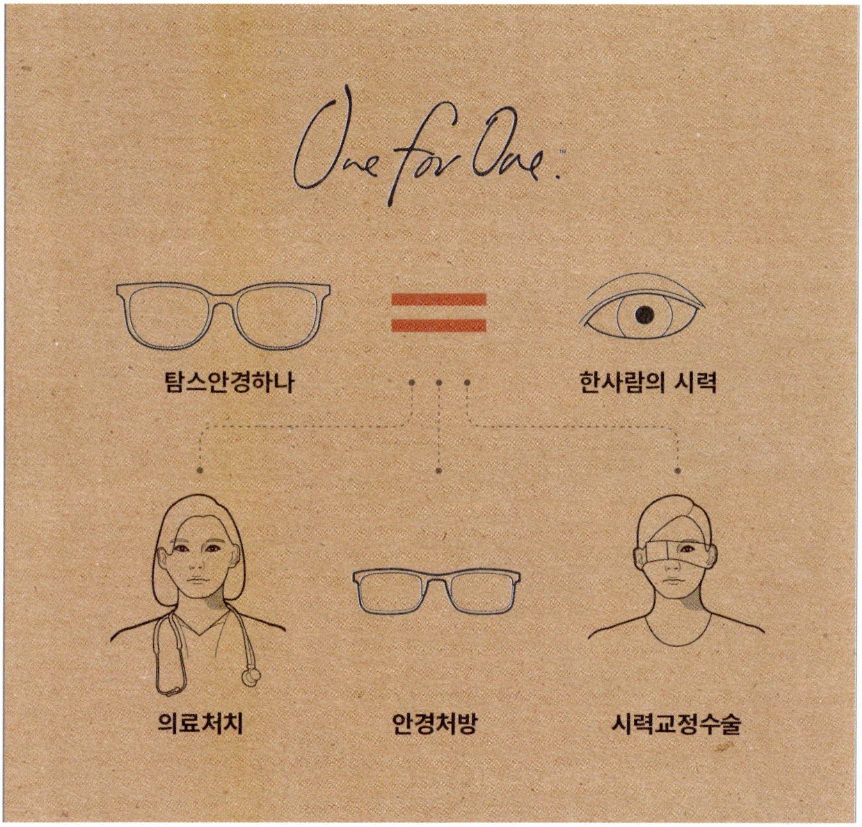

↑ **'탐스 아이웨어(TOMS Eyewear)'의 'One for One' 기부 모델**: 탐스 안경 하나를 구매하면 안과 진료 또는 안경이 필요한 저개발 국가의 누군가에게 도움을 주는 선한 영향력의 원조 기반 접근이다.

↑ **탐스의 신발사업**: 탐스의 성공에는 단순하고 편한 디자인도 한몫을 한다. 첫 제품인 '알파르가타'는 아르헨티나의 전통신발에서 영감을 얻어 짚으로 된 밑창을 고무로 바꾸고, 캔버스천에 다양한 색을 입혔다. [출처: https://www.asiae.co.kr]

반면 미국 안경 시장을 뒤흔든 와비파커(Warby Parker)의 사례는 종래의 원조방식과는 다른 새로운 가능성을 보여주었다. 와비파커의 적정디자인 방식은 고유한 사업전략과 연결되어 있다. 2010년 설립된 와비파커는 안경(및 썬글라스)의 온라인 직접 판매로 유통단계를 줄여 안경 가격을 기존 1/5 수준인 95달러로 낮췄다. 와비파커는 안경과 썬글라스를 직접 써볼 수 없는 온라인 매장의 한계 극복을 위해 '홈 트라이온(Home Try On)' 서비스를 도입했다. 소비자가 와비파커 홈페이지에서 착용해보고 싶은 안경을(최대 5개까지) 선택하면 와비파커는 이 안경을 상자에 넣어 해당 고객에게 배송한다. 소비자는 배송된 안경을 3~5일간 착용해보고 와비파커로 반송한다. 이후 가장 마음에 들었던 안경정보와 신체정보(시력과 눈 사이 거리)를 와비파커 홈페이지에 입력한다. 이때 시력 등은 알고 있던 정보를 입력하거나, 아니면 직접 안과 의사를 만나야만 했던 시력검사를 집에서 와비파커 앱을 통해 측정할 수 있다. 그러면 2주 뒤, 맞춤 제작된 안경이 택배로 배송되고 주문과정에서의 택배비는 모두 와비파커가 부담한다. 이처럼 누구도 생각하지 못한 '안경의 온라인 주문'으로 창립 첫해 2만 개, 2013년 25만 개, 2015년 100만 개를 판매하며 연매출 1억 달러를 넘겼다. 이런 서비스로 와비파커는 2015년 애플과 구글을 제치고 미국 패스트컴퍼니가 선정한 '가장 혁신적인 기업' 1위에 올랐고, 미국 패션잡지 GQ로부터 '안경업계의 넷플릭스'로 소개되었다. 그리고 이제 와비파커는 직접 매장에 가지 않고 가상으로 안경을 착용해볼 수 있는 AR 착용 서비스까지 제공한다.

참고: 미국의 안경가격은 아이폰보다 비싸다. 의료보험 없이 안경을 구매하면 평균 576달러(약 68만 원)가 든다. 이처럼 비싼 이유는 30여 개 안경브랜드를 거느린 글로벌 안경기업 에실러 룩소티카(Essilor Luxottica)가 오랜 기간 독점을 통해 높은 가격을 유지해왔기 때문이다.

이러한 사업전략이 와비파커의 적정디자인 정책에 반영되었다. 와비파커도 탐스 아이웨어처럼 '1개의 안경을 구매하면 다른 1개의 안경은 기부(Buy a Pair, Give a Pair)'가 되는 시스템을 운영한다. 하지만 그 기부가 집행되는 과정과 방법은 완전히 다르다. 와비파커는 고객이 구매한 만큼의 안경을 현지에 직접 전달하지 않고 비전스프링(VisionSpring)이라는 안경 전문 적정기술 사회적 기업에 기부한다.

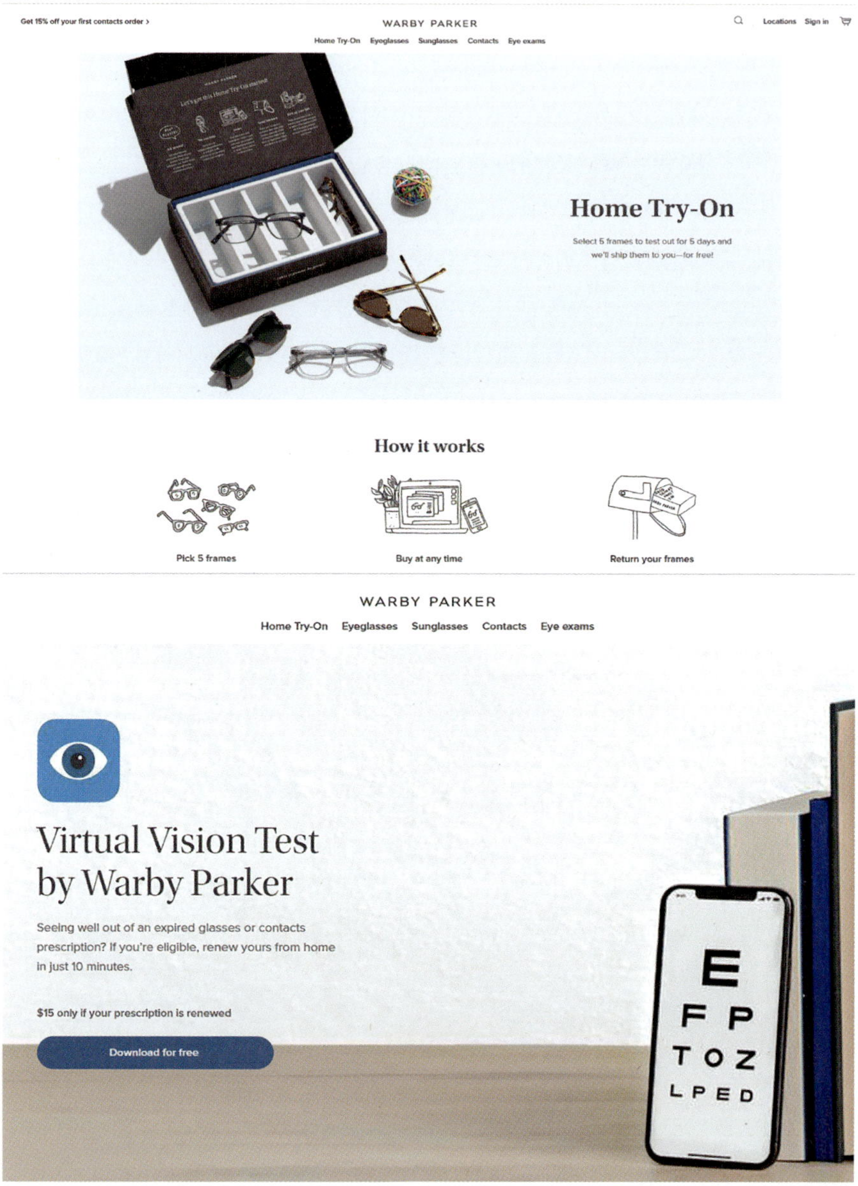

↑ **(상) 와비파커의 홈 트라이온 서비스**를 통해 소비자는 비교적 오랜 시간 동안 자신에게 맞는 안경이 무엇이지 경험해볼 기회를 가질 수 있어 심사숙고 뒤 구매결정을 할 수 있다. **(하) 와비파커의 버추얼 시력측정 앱** [출처: https://www.warbyparker.com]

↑ **와비파커의 'Buy a Pair, Give a Pair' 정책을 소개하는 홈페이지**
[출처: https://www.warbyparker.com]

'와비파커×비전스프링'의 프로세스는 쇼핑-기부-교육-운영의 4단계로 구성, 운영된다. 와비파커에서 사람들이 안경을 구매하면, 와비파커는 월별 판매 안경 개수에 비례해 비영리기관인 비전스프링에 기부한다. 이후 비전스프링의 '비전기업가(VE: Vision Entrepreneur)'로 명명되는 직원들은 기부받은 안경을 여러 마을 곳곳을 방문하며 약 3~5달러의 가격으로 판매한다. 와비파커의 안경은 이미 도수가 맞추어진 상태로 출고되고, 현지의 사람들은 여러 도수의 안경을 써보면서 자신에게 가장 잘 맞는 안경을 선택할 수 있다. 한편 비전기업가들은 현지의 청년들과 여성으로, 이들은 기본적인 시력검사방법 등에 관한 직무교육을 통해 '비전기업가'로 활동하게 되며, 업무 수행과 관리 훈련을 받으면서 소득을 갖게 된다. 또한 이들은 시력, 안과질환, 안경 등에 대한 인식개선과 지역사회에 안과 관련 지식을 제공할 수도 있으며 지역경제 차원에서는 자본이 순환되는 지속가능한 모델의 출발점이라 할 수 있다.

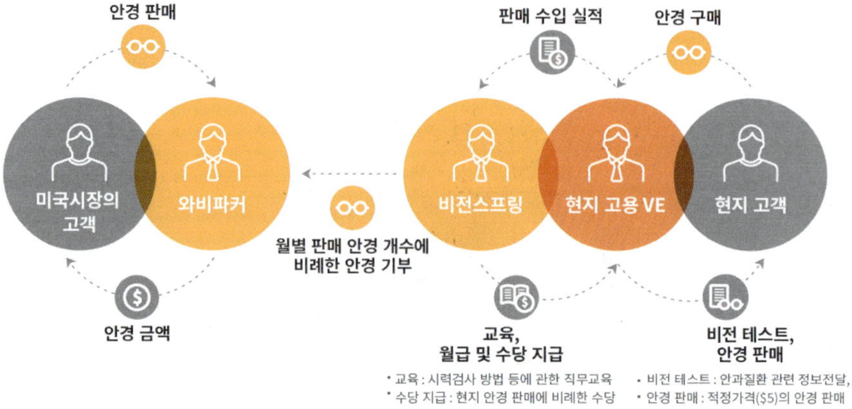

↑ **'와비파커×비전스프링'의 프로세스(쇼핑－기부－교육－운영의 4단계)**: 안경을 기부받은 비전스프링은 현지인을 고용해 직무교육을 실시하고, 이들을 통해 안경을 무상 공급하는 것이 아니라 적정가격에 판매한다.

그렇다면 과연 현지에서 5달러나 하는 안경을 사람들은 구매했을까? 결과적으로 비전스프링은 100만 개 이상의 안경을 판매했다. 비전기업가(VE)들은 자신의 판매량에 비례해 수당을 받기 때문에 안경을 필요로 하는 사람들을 찾아 적극적으로 이동했고, 비전스프링은 현지에서 수천 명의 소기업가(Micro Entrepreneur)들을 탄생시켰다. 이 같은 와비파커의 접근전략은 현지시장을 왜곡하지 않고, 현지에 이미 존재하는 인적자본과 기업가정신에 초점을 둠으로써 현지가 주도할 수 있는 모델을 만들었다.

단계	탐스 아이웨어	와비파커
STEP 1	• 미국의 고객에게 상품을 판매	• 미국의 고객에게 상품을 판매
STEP 2	• 탐스 아이웨어는 빈민국의 어린이에게 안경을 직접 기부	• 와비파커는 비전스프링에 기부
STEP 3	• 현지의 안경체인, 기업들이 어려움을 마주함	• 비전스프링은 현지인들에게 시력측정, 안과질환, 안경판매에 대한 직무교육을 실시하고 기업가로 훈련시킴
STEP 4	• 안경을 받은 사람들이 시간이 지나 시력이 변화지게 되면 탐스 아이웨어를 다시 요청함	• 현지의 새로운 사업들 생겨나고 현지 커뮤니티이의 자활 기반이 됨

↑ **탐스 아이웨어와 와비파커의 접근방식 비교**

↑ (상) 비전기업가들의 시력관련 설명을 들은 후 시력검사를 받고 있는 노인
(하) 안경을 쓴 후 명확한 시력을 갖게 된 노인
[출처: https://motolouda.com]

한편 현지 구매자 관점에선 어떤 이익을 기대할 수 있을까? 사하라 사막 이남 아프리카 지역에 거주하는 5세에서 93세 사이의 안경처방이 필요한 사람들 중 80% 이상은 시력 검사를 받은 적이 없다. 시력은 단순히 잘 보이느냐 아니냐의 문제가 아닌 노동과 학습의 생산성 문제로 연결된다. 안경착용 하나만으로 생산성은 35%, 월소득은 20%가 높아질 수 있다[6]는 점을 생각하면 와비파커와 비전스프링의 안경을 구매한 150,000명의 사람들의 삶에 미친 영향력은 150,000명이라는 숫자 이상의 의미를 지닌다.

함께 생각해볼까요

1. 탐스 아이웨어의 원포원 정책은 이후 와비파커의 정책처럼 현지에 보다 적합한 방식으로 변화했습니다. 변화된 탐스 아이웨어의 정책과 상황을 조사해봅시다.
2. 본장에서 살펴본 사례 이외의 다른 적정기술 사례를 찾아보고, 그 사례 가운데 공적 원조 방식을 가진 사례를 현지의 수요와 시장 등을 고려한 방식으로 변화시키기 위한 아이디어를 만들어봅시다.

Reference

Chapter 1

1 Cook, Hussey. "Assistive Technologies; Principles and Practice 2nd Ed.". Mosby. ISBN 0-323-00643-4.
2 Keates, S. (2005). Design management systems. Managing inclusive design. Guide. Briti. sh Standards Institution, London, UK.
3 김태선 (2015). 포용적 디자인의 특성과 미래사회에서의 의미 디자인학연구
4 Nygaard, K. M. (2017). What is Universal Design–Theories, terms and trends.
5 Prensky, M. (2001). Digital natives, digital immigrants. NCB University Press, 9(5), 1–6.
6 Prensky, M. (2004). The emerging online life of the digital native. Retrieved August, 7(2008), 253–263.
7 https://www.joongang.co.kr/article/15363374#home

Chapter 2

1 World Commission on Environment and development(WCED), Bruntland Report. "Our Common Future", United Nations, 1987.
2 https://www.un.org/sustainabledevelopment/(검색일: 2022년 1월 3일)
3 Papanek Victor, 조영식 외 2인 공역 (1998). 녹색위기. 서울하우스.
4 Tracy Bhamra and Vicky Lofthouse, Design for Sustainability, Ashagate Publishing Company, 2007, p.39에 근거하여 재구성
5 슈마허, E. F. (1973), 이상호 역 (2002). 작은 것이 아름답다. 서울: 문예출판사
6 Walker, S. (2012). Sustainable by design: Explorations in theory and practice. Routledge.
7 Charter, M., & Tischner, U. (Eds.). (2017). Sustainable solutions: developing products and services for the future. Routledge.
8 Braungart, M., & McDonough, W. (2009). Cradle to cradle. Random House.

Chapter 3

1 Jacobs, Jane (2016). The death and life of great American cities. Vintage, 2016.
2 Jeffery, Clarence Ray (1997). Crime prevention through environmental design. Vol. 524. California: Sage Publications.
3 Newman, Oscar (1973). Defensible space: Crime prevention through urban design. New York: Collier Books.
4 Wilson, J. Q., & Kelling, G. L. (1982). Broken Windows. Atlantic monthly, 249(3), 29–38.
5 Brantingham, Paul J., and Patricia L. Brantingham, eds (1981). Environmental criminology. Beverly Hills, CA: Sage Publications.
6 Saville, Gregory and Cleveland, Gerry (1997). 2nd Generation CPTED: An Antidote to the Social Y2K Virus of Urban Design.
7 Crowe, Timothy (2000). Crime prevention through environmental design. Butterworth–Heinemann.
8 Ekblom, P. (2006). Crime prevention through environmental design – time for an upgrade? Paper presented at 17th Annual Conference on Problem–Oriented Policing, Madison, USA Cozens, Paul. Think crime! Using evidence, theory and crime prevention through

environmental design (CPTED) for planning safer cities. Praxis education, 2016.
9 Cozens, Paul (2016). Think crime! Using evidence, theory and crime prevention through environmental design (CPTED) for planning safer cities. Praxis education.
10 Mihinjac, Mateja, and Gregory Saville. "Third-generation crime prevention through environmental design (CPTED)." Social Sciences 8.6 (2019): 182.
11 Cozens, Paul, and Terence Love. "A review and current status of crime prevention through environmental design (CPTED)." Journal of Planning Literature 30.4 (2015): 393-412.
12 조성제. "안전도시, 여성친화도시, CPTED, 도시재생 등 도시 안전 4축의 공통 자치입법을 위한 제안." 법학연구 27.1 (2019): 279-298.

Chapter 4

1 김상우, 이동연 (2012). 개도국을 위한 적정기술을 활용한 적정디자인 진흥에 관한 연구. Archives of Design Research, 25(2), 169-180.
2 김정태 (2012). 국제개발협력 분야에서의 적정기술의 의미와 활용 및 사례연구: 수요 중심과 시장 중심의 개선방안을 중심으로. Journal of International Development Cooperation, 7(4), 63-85.
3 https://ppss.kr/archives/68852
4 Shah, N. (2010). A blurry vision: reconsidering the failure of the one laptop per child initiative. WR: Journal of the Arts & Sciences Writing Program, (3), 89-98.
5 PermaNet (2015). Effective coverage with PermaNet® 3.0
6 Reddy, P. A., Congdon, N., MacKenzie, G., Gogate, P., Wen, Q., Jan, C., ... & Ali, R. (2018). Effect of providing near glasses on productivity among rural Indian tea workers with presbyopia (PROSPER): a randomised trial. The Lancet Global Health, 6(9), e1019-e1027.

PART

03

더 멋진 세상을 위한
TECH 변화에 의한 디자인

Chapter 1 인공지능과의 파트너십: 생성적 디자인
Chapter 2 대량생산말고 대량맞춤: 디지털 패브리케이션
Chapter 3 실재처럼 생생한: 가상현실 활용 디자인
Chapter 4 Hello, 로봇: 로봇디자인

Chapter 1

인공지능과의 파트너십: 생성적 디자인

인공지능은 2016년 다보스포럼(WEF: World Economic Forum)에서 4차 산업혁명을 리드할 미래 핵심기술 중 하나로 논의되었다. 이후 신약개발, 민원처리, 건강관리, 범죄예방과 보이스피싱 차단까지 우리의 실생활에 인공지능 서비스가 함께하고 있다. 최근 몇 년 사이에 획기적이라 할 수 있는 인공지능의 발전과 함께 디자인 분야에서도 패션, 제품, 웹디자인 등 다양한 디자인 분야에 인공지능이 활용되고 있다. 그렇다면 인공지능의 개념과 원리 그리고 인공지능을 활용한 디자인 사례는 무엇이 있는지 알아보자.

인공지능에 대해 알아야 할 것?

인간 고유의 영역으로 여겨왔던 음악, 문학, 미술, 디자인 등의 창의성이 중요하다고 여겨지던 분야에서도 인공지능 예술가들이 두각을 나타내고 있다. 그렇다면 차세대 과학기술을 이끈다는 인공지능은 무엇일까? 인공지능은 단어 그대로 인간의 지적인 활동을 모방하여 만든 인공적인 지능이라고 할 수 있다. 컴퓨터를 기반으로 인간의 두뇌 활동을 카피하도록 프로그래밍된 것이라고 볼 수 있다.

인공지능이라는 용어는 1956년 다트머스대학교의 워크숍에서 존 맥카시(John

McCarthy)가 인간처럼 사고하는 컴퓨터 프로그램을 인공지능이라고 발표하면서부터 쓰이게 되었다. 인공지능의 주요 기술 중에서 디자인교육에서 다루어야 할 것은 인공지능 기술의 기본개념과 머신러닝(Machine Learning)과 딥러닝(Deep Learning) 그리고 이미지 생성과 관련된 생성적 적대 신경망(GAN: Generative Adversarial Network 이후 GAN) 알고리즘이다.

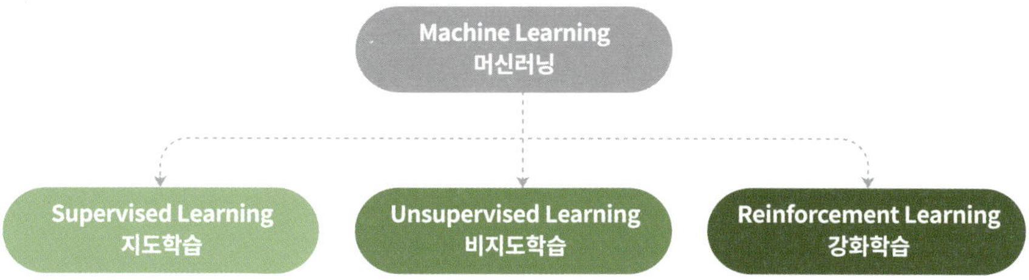

↑ 러신머닝의 분류

머신러닝은 인공지능의 기본개념으로 빅데이터에서 발전한 기술이라고 할 수 있으며 기계가 사람처럼 학습하는 것을 말한다. 머신러닝을 통해 컴퓨터가 스스로 데이터를 수집하고 분석한다. 머신러닝은 그림으로 보이는 것처럼 지도학습과 비지도학습 그리고 강화학습으로 분류할 수 있다. 지도학습은 정답이 있는 상태에서 학습하는 알고리즘이며, 비지도학습은 정답이 없는 상태에서 학습하는 것이다. 지도학습에서는 정답 데이터를 사용하기 때문에 한정된 데이터를 사용한다. 반면 정답이 없이 진행되는 비지도학습은 다양한 결과를 낼 수 있기 때문에 더 발전 가능성이 있는 방향이라고 할 수 있다. 강화학습은 앞서 언급한 지도학습과 비슷하지만 답을 제공하지는 않는다. 주로 게임이나 로봇을 학습시키는 방법으로 잘하면 보상을 해주고 잘못하는 패널티를 주는 방식으로 기계를 학습시킨다.

딥러닝은 컴퓨터가 사람의 뇌처럼 데이터를 분류할 수 있게끔 하는 머신러닝의 한 방법이다. 딥러닝과 머신러닝과의 차이는 머신러닝의 기준은 사람이 정하지만 딥러닝에서는 컴퓨터 스스로 분류하게 한다는 점이다.

디자인 분야인 시각적 구현과 관련된 기술은 GAN 알고리즘이다. 이미지를 생성해주는 알고리즘인 GAN은 쌍둥이처럼 원본과 비슷한 가짜의 이미지나 음성을 만들어내는 알고리즘이다. GAN 알고리즘은 최근 연구가 활발하게 진행되고 있는 비지도학습의 대표적인 기술이다. GAN은 원데이터의 확률분포를 계산하여 인공신경망이 분포를 만들고 수학적으로 확률분포의 원데이터 값을 계산하여 학습이 종료된 후에도 원데이터의 확률분포에 따라 실제데이터, 새로운 데이터와 유사한 가상데이터를 생성하게 한다.[1] 이는 원본과 유사한 이미지를 만드는 생성자(Generator)와 진짜와 가짜를 감별하는 감별자(Discriminator)를 경쟁시키는 적대적 학습(Advesarial Training)을 통해 최대한 원본과 비슷한 이미지를 생성(Generative)하는 비지도학습 기반 생성모델이다. 생성자와 감별자를 함께 학습시키면 생성자는 실제 데이터와 비슷한 데이터를 만드는 학습을 하기 때문에 진품과 최대한 유사한 이미지를 만들게 되고, 감별자는 실제 데이터와 생성자가 생성한 가짜 데이터를 구별하는 학습을 하기 때문에 진짜와 가짜 이미지를 구별하게 된다. 이러한 과정이 반복되면서 점점 원본 이미지에 가까워질 수 있는 것이다. GAN 알고리즘은 생성자와 판별자의 두 신경망 모델의 경쟁을 통해 결과물을 만드는 알고리즘으로 정리할 수 있으며, 디자인을 비롯한 시각예술영역에서 많이 활용되는 기술이라 할 수 있다. GAN 알고리즘은 최근에 개발된 인공지능의 시각화 관련 기술로 디자인 수업시간에 인공지능 기본개념과 함께 학생들에게 설명해주어야 하는 인공지능 핵심개념이라고 할 수 있다.

인공지능과 생성적 디자인?

인공지능이라는 첨단기술을 활용하는 디자인 관련 개념과 용어가 생겨나고 있다. 최근 인공지능을 활용한 디자인에 대해서 '생성적 디자인(Generative Design)'이란 개념이 쓰이고 있다. 생성적 디자인은 영어로 제너레이티브 디자인이라고도 쓰인다. 생성적 디자인은 알고리즘에 기반한 컴퓨터 프로그래밍으로 빠르고 편리하게 다양한 디자인 결과물을 내는 것을 말한다. 인공지능을 활용해 디자인 결과물을 생성하므로 디자이너가 이 규칙을 만드는 알고리즘을 만들 수 있어야 하며 또한 어떻게 알고리즘을 설계할지에 대한 아이디어가 중요하다. 기존의 전통적인 디자인 프로세스에 있어서 인간 디자이너가 아이디어를 내는 과정을 인공지능이 대신해 자동적으로 많은 양의 디자인 시안을 낼 수 있게 된 것이다. 디자이너가 디자인 전 과정에 직접 참여하는 것이 아니므로 예측하지 못한 결과물을 얻을 수 있다. 생성적 디자인은 첨단기술의 발달로 인간의 사고를 기반으로 한 디자인 아이디어의 과정을 인공지능이 대체하게 된 것이다.

생성적 디자인이란 용어는 앞서 설명한 GAN 알고리즘과 연관지어 생각해볼 수 있다. 이러한 기술로 우리가 앞서 보았던 패션디자인이나 광고디자인 사례 등에서 볼 수 있는 시각적인 이미지를 정교하게 생성해주며 제품디자인의 정교한 구현과 게임디자인의 생생한 3D 구현을 하며 가상공간에서 사실적 이미지를 재현해낸다. 인공지능은 생성적 적대 신경망(Generative Adversarial Network) 알고리즘으로 단시간에 방대한 시각물을 창작하는 것을 생성적 디자인이라고 한다.

생성적 디자인에서는 디자이너가 창작의 과정을 통한 결과물을 내기보다는 디자이너가 입력한 데이터와 알고리즘을 기반으로 한 컴퓨터 프로그램에 의해 디자인이 진행된다. 그러므로 생성적 디자인은 알고리즘에 기반한 컴퓨터 프로그래밍에 의한 디자인이라고도 볼 수 있다. 생성적 디자인 과정에 있어서 디자이너는 디자인 과정에서 필요한 디자인 컨셉, 재질, 컬러, 규격 등의 요소 선정을 위한 규칙화된 알고리즘으로 만든 프로그래밍을 작동시키면 자동적으로 디자인이 생성된다. 이러한 생성적 디자인 과정에 있어서 인공지능을 활용하는 디자이너의 역할은 창작의 고뇌의 작업이 아닌 목적에 맞게 디자인 요소를 선정하는 일이다.[2]

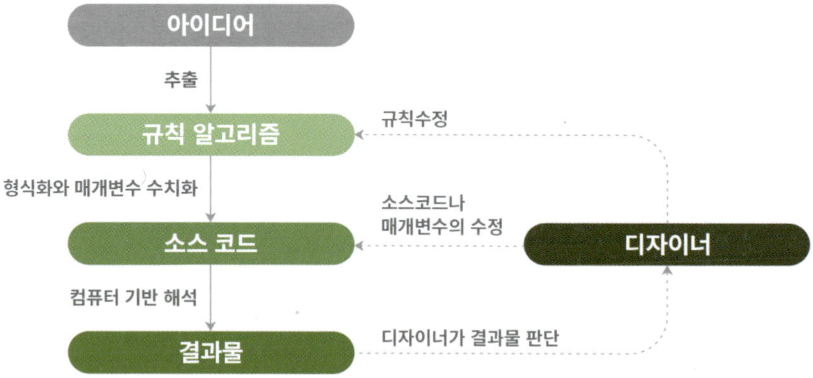

↑ 생성적 디자인 프로세스

생성적 디자인의 프로세스는 위의 다이어그램으로 설명될 수 있다.[3] 규칙화한 알고리즘을 활용한 디자인의 장점을 구체화시켜 과정을 정리한 것이다. 다이어그램의 생성적 디자인 프로세스의 내용은 디자인 아이디어를 추출하기 위해 규칙에 기초한 알고리즘을 설계하여 적용한다. 그리고 매개변수를 수치화하는 소스코드를 작동시켜 컴퓨터로 해석하게 해서 디자인 결과물을 내게 한다. 이 디자인 결과물은 디자이너의 판단에 따라 다시 소스코드를 수정하거나 매개변수를 수치화할 수도 있고 아니면 규칙을 수정하여 다시 알고리즘을 설계할 수도 있다.

> **생성적 디자인의 제품개발 단계에서 제품크기, 재질, 생산방법 등의 매개변수를 생성적 디자인의 프로그램에 입력한 뒤 결과를 탐색하여 다양한 제품 설계와 제조의 방법에 대한 해결방안을 제시하며 디자이너의 요구에 합당하게 결과물을 선택할 수 있다.**
>
> - 라비(Ravi) -

인공지능을 활용한 디자인은 인간이 고유의 영역으로 여겨지던 창의적인 창작의 과정을 인공지능에게 침범당한다는 유려의 시각도 있다. 그러나 생성적 디자인 방법론의 장점은, 첫째 인공지능은 디자인 창작의 한계를 극복할 수 있게 해준다는 것이다. 인간 디자이너의 시간과 노력의 투자와 대조되게 효율적인 인공지능의 활용으로 창작의 시간과 노력을 줄일 수 있다. 둘째, 전통적인 디자인 방법에 비해 다양한 디자인 결과물을 창출할 수 있다. 알고리즘에 기초한 빠른 디자인 프로세스를 통해 다양한 디자인 결과물을 낼 수 있다. 디자인의 예측과 결과물의 창출 그리고 다시 수정 등의 프로세스의 유연하고 빠른 이동이 전통적인 디자인에 비해 효율적이다. 셋째, 소비자 개인 맞춤형 디자인에 도움을 줄 수 있다. 인공지능을 활용해 소비자 맞춤형 색상, 재질, 패턴 등의 요구에 빠르게 대응하며 소비자의 개인 취향에 맞는 디자인을 구현할 수 있다.

사례 1: AI 아티스트의 '금성에 핀 꽃'

↑ [사진 ©LG AI연구원]

세계시장의 인공지능이 차지하는 산업이 빠르게 성장하고 있으며 디자인 분야에서도 인공지능이 큰 활약을 하고 있다. 2022년 세계 4대 패션쇼 중 하나인 뉴욕패션위크 행사의 메인 무대에 '금성에 핀 꽃' 주제 의상은 틸다(Tilda)라는 AI 아티스트의 작품이다. '금성에 핀 꽃'은 기후변화 위기에 대한 경각심을 알리기 위해 잡은 디자인 모티브로 패션쇼에서 세계 패션계의 주목을 받았다. 금성은 태양계 중 아름다운 행성이지만 이산화탄소로 인한 온실효과로 생명체가 살 수 없는 뜨거운 행성이다. 지구도 환경문제를 해결하지 못하면 미래에는 금성처럼 될 수 있다는 경각심과 함께 꽃을 통해 희망의 메시지를 담고 있다. 틸다는 LG AI연구원이 제작한 AI 아티스트이며, 스스로 학습하고 생각하고 판단할 수 있으며 인간 디자이너와 소통할 수 있다. 금성에 꽃이 핀다면 어떤 꽃이 필지 디자인해볼까? 등의 디자인 모티브에 대한 질문을 AI 아티스트에게 하면 틸다는 사진에서 보이는 것처럼 수많은 이미지를 뽑아낸다. 이를 토대로 인간 디자이너가 선별하여 디자인을 발전시키며 AI 아티스트와 협업을 진행한 것이다. 본 사례는 AI 아티스트인 틸다와 인간 디자이너의 협업을 통해 디자인을 진행했다는 점과 패션디자인 주제 또한 환경문제에 대한 유의미한 메시지를 담고 있다는 점에서 유의미하다.

사례 2: 'BAC Mono' 슈퍼카 휠디자인

영국 슈퍼카 제조사 브릭스 오토모티브 컴퍼니가 오토데스크와 함께 디자인한 'BAC Mono'라는 슈퍼카가 출시되었다. 슈퍼카의 휠디자인은 오토데스크의 인공지능과 클라우드 컴퓨팅 기술을 기반으로 내구성, 유연성 및 무게 등의 다양한 옵션을 설계 솔루션 토대로 디자인되었다. 양사는 설계 솔루션을 활용해서 다양한 휠 제조 공법과 소재 테스트를 진행하여 슈퍼카에 최적화된 알루미늄 소재와 가공법으로 휠을 제작했다. 무게를 줄이면서도 맞춤형 제품을 생산하는 소규모 자동차 회사의 커스터마이제이션도 고려해야 했다. 오토데스크팀과 BAC 디자인팀은 협업을 통해 인공지능 기술을 기반한 설계 솔루션을 활용하여 BAC 브랜드의 디자인의 특징을 살리면서 세련된 유기적인 휠디자인을 진행할 수 있었다. 인공지능의 진화된 활용으로 자동차 디자인에 혁신적인 미래의 자동차의 방향을 제시한 사례라고 할 수 있다.

↑ [출처: http://www.epnc.co.kr/news/articleView.html?idxno=95125]

사례 3: 누텔라의 'Nutella Unica' 캠페인

↑ [출처: https://www.retaildetail.eu/news/food/algorithm-creates-new-label-designs-nutella/]

↑ [출처: https://theculturetrip.com/europe/italy/articles/nutella-designs-millions-of-unique-limited-edition-jars/]

누텔라는 알고리즘을 활용하여 새로운 디자인을 판매하는 'Nutella Unica' 캠페인을 진행했다. 각각 다른 누텔라 디자인을 적용하여 소비자들은 세상에 하

나뿐이 없는 누텔라디자인을 소유하는 것이다. 이 캠페인의 목표는 누텔라의 라벨디자인을 이탈리아를 상징하는 독특한 디자인을 하는 것이었다. 디자인을 위해서 아이덴티티를 무한대로 생성할 수 있는 인공지능 알고리즘을 사용했다. 알고리즘은 핵심이 되는 이미지 수십 개를 템플릿 파일 혹은 벡터 PDF 파일로 입력받아 크기 조절, 이동, 회전을 통해 무한대의 서로 다른 이미지를 생성한다. 본 캠페인은 한 달 만에 제품이 매진될 정도로 성공했다. 본 인공지능을 활용한 뉴텔라의 라벨디자인 사례는 알고리즘을 활용하여 디자인의 다양성을 효율성 있게 확장시킨 사례라고 할 수 있다.

사례 4: 인공지능을 활용한 나만의 스니커즈 디자인

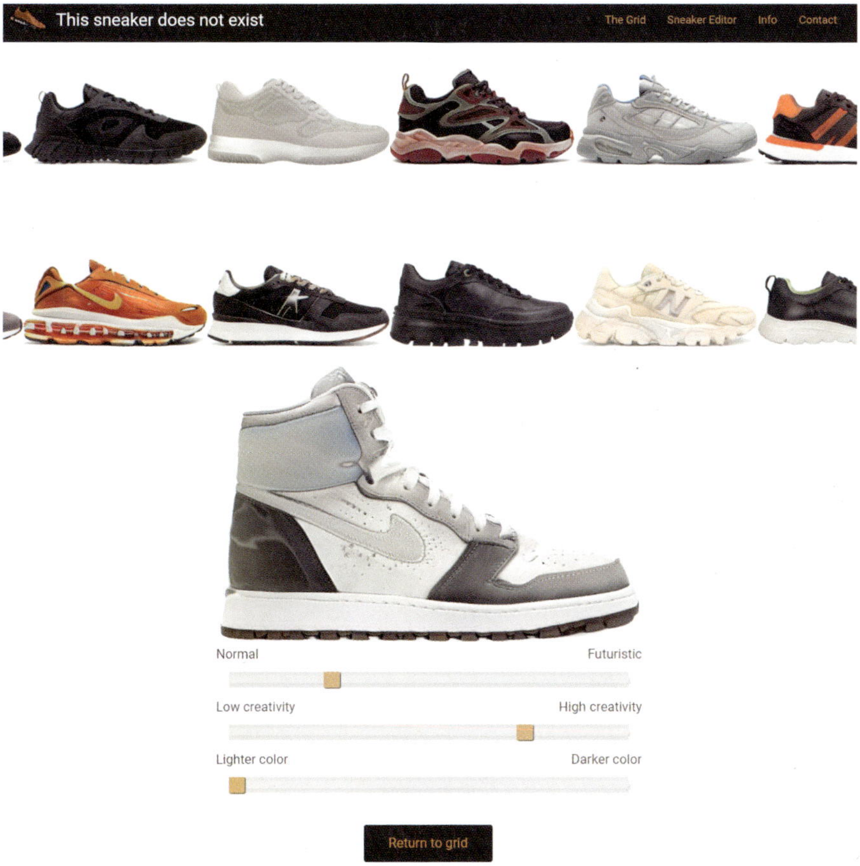

↑ [사진 ©This Sneaker Does Not Exist]

인공지능 개발자가 만든 'This Sneaker Does Not Exist'라는 웹사이트는 인공지능을 활용한 나만의 스니커즈 디자인을 할 수 있게 해준다. 이 사이트에 들어가서 마음에 드는 스니커즈 디자인을 클릭하고, 사진처럼 3개의 바 형태의 옵션을 조정하면서 나만의 스니커즈 디자인을 선정할 수 있다. 이러한 시스템을 구축하기 위해 인공지능 개발자는 약 50,000개의 스니커즈 이미지로 머신러닝을 통해 인공지능을 훈련시켰다. 본 나만의 스니커즈 디자인 사례는 인공지능을 활용하여 소비자에게 커스터마이징할 수 있는 디자인 방향을 제시해준다는 점이 유의미하다.

사례 5: 인공지능 그림책 디자인 엔진

↑ **인공지능 그림책 디자인 엔진** [사진 ⓒ작가의 탄생]

'작가의 탄생'은 그림책 전문 출판기획 및 디자인 플랫폼으로 인공지능을 활용한 그림책 디자인 엔진이다. 기존의 수작업을 통한 그림책 제작은 시간과 비용의 소비가 많기 때문에 이러한 과정을 간소화하기 위해서 인공지능을 활용한 디자인 엔진이 필요했다. 딥러닝을 기반 기술을 활용했으며 원본 이미지를 토대로 그림책을 디자인해주는 과정을 자동화해주는 디자인 엔진을 개발했다. 주요 기능을 살펴보면 그림에서 보이는 것처럼 입력된 이미지를 그림책 페이지에 배치시키면 어울리는 배경 이미지를 생성해주는 배경 외삽기능이 있다. 출판을 하기 위한 이미지는 고해상도여야 하므로 디자인 엔진을 통해서 저화질의 이미지도 고화질로 변환시켜준다. 그림책 디자인을 위한 이미지를 입력할 때 자동으로 사이즈를 조정하고 배치해준다. 이러한 다양하고 편리한 기술을 탑재한 그림책 디자인 엔진을 사용하면 기존의 그림책 디자인을 하는 데 들인 시간과 비용이 십분의 일로 줄어든다. 본 사례는 '인공지능의 딥러닝 기반의 영상 생성 및 변환 기술'을 활용해 그림책 디자인의 제작 시간과 비용을 줄이면서 세상에서 하나인 맞춤형 그림책을 디자인을 할 수 있게 했다는 데 의미가 있다.

Design Story

소비자의 낙서를 맞춤형 가구로 디자인해주는

Naya Studio

나야 스튜디오(Naya Studio)는 가구 스타트업 회사로 소비자가 생각하는 가구에 대한 아이디어만으로 가구를 제작해준다. 이를 위해 디자인에 도움을 주는 인공지능 기반 가구디자인 플랫폼을 개발했다. 이 플랫폼에 소비자가 원하는 가구디자인에 대해서 형태나 도면 등에 대해 설명하는 글이나 이미지로 제시하면 서비스가 진행된다. 인공지능 기반 가구디자인 플랫폼에서 고객이 원하는 디자인을 분석한 뒤 예상 비용을 알려주고 제작까지 연결해준다.

↑ **나야 스튜디오** [출처: https://www.glamattech.com/naya-studio-custom-furniture-ai-tool/]

스케치 이미지와 사진처럼 고객이 자신이 원하는 가구 스케치를 설명과 함께 제시하면 사진처럼 맞춤형 가구를 제작해준다. 고객이 원하는 디자인을 구현하기 위해서 디자이너와 엔지니어, 건축가 등과 직접 연락해서 원하는 가구디자인을 제작할 수 있도록 도움도 준다. 가구제작 과정 가운데서도 가구제작자와 직접 소통할 수도 있다. 원하는 가구디자인 제작을 위해 함께 일하고 싶은 전문가를 선택하면 편리한 인터페이스로 쉽게 협업할 수 있도록 서비스한다.

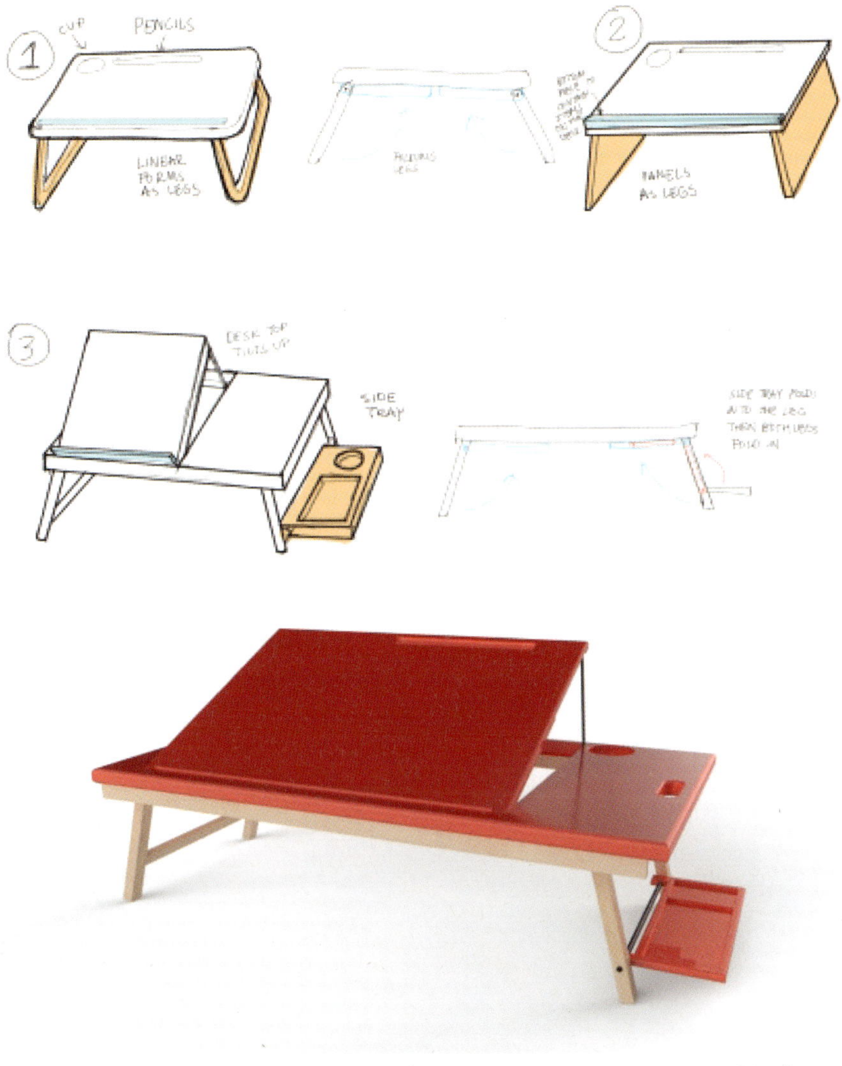

↑ [출처: https://medium.com/naya-studio/from-idea-to-furniture-47eae0c5397a]

나야 스튜디오는 가구디자인 관련 전문가를 주축으로 한 인적 네트워크 구성뿐 아니라 가구제작을 위한 시스템도 마련했다. 이들은 디자인과 제작의 질을 유지하기 위한 심사체계를 위해서 나야 스튜디오의 표준과 재료와 구조를 관리하는 독점 품질관리 시스템을 만들었다. 전문가들의 가구디자인 과정에서 나야 스튜디오의 표준을 충족하는지 심사를 거치며 최종 제품디자인 품질 심사도 진행한다.

전통적인 맞춤형 가구제작 과정은 가구 관련 개인 업체와 미팅하고 디자인에 대해서 논의하며 제작의 전 과정에서 전문가 섭외부터 진행까지 노력과 비용이 많이 드는 일이다. 미국과 유럽의 선진국 시장에서는 상대적으로 비용이 더 많이 든다. 그러나 나야 스튜디오는 이러한 가구디자인의 과정을 합리적인 프로세스로 정리한 것이다. 소비자 관점에서 기성품과 비용 차이가 많이 나지 않으면서도 맞춤형 가구디자인이 가능하도록 시스템을 갖춘 것이다. 나야 스튜디오는 소비자에게 진입장벽이 높았던 개인 맞춤형 가구디자인 서비스를 인공지능을 활용한 플랫폼으로 구현한 것이다.

↑ [출처: https://www.fastcompany.com/90584520/these-harvard-grads-want-to-turn-your-doodles-into-gorgeous-custom-furniture]

함께 생각해볼까요

1. 인공지능을 활용한 디자인 사례를 찾아봅시다. 디자인 사례에서 활용한 인공지능 프로그램이 어떤 알고리즘으로 만들어졌는지 탐색해봅시다.
2. 디자인에 활용할 수 있는 인공지능 프로그램을 찾아봅시다. 아이디어 스케치, 렌더링, 영상제작 등 어떤 디자인 과정에 활용할 수 있는 프로그램인지 체험해봅시다. 4장의 인공지능 기반 디자인교육 내용과도 연결해서 살펴봅시다.

Chapter 2

대량생산말고 대량맞춤: 디지털 패브리케이션

'디지털 패브리케이션(Digital Fabrication)'을 직역하면 '디지털 제조'다. 대량생산을 위한 산업 시대의 제조방식은 디지털 시대에 어떻게 변화해야 할까? 3D 프린팅 기술로 대변되는 디지털 패브리케이션은 누구나 제품의 생산, 조립을 주도할 수 있는 권한을 부여했다. 또한 3D 프린팅의 적층 제조 기술은 형상의 표현 자유도를 높였다. 디지털 전환(Digital Transformation) 환경은 디지털 제조의 확산을 가속화할 것이다. 디지털 시대, 새로운 기술 세트로 부상하고 있는 디지털 패브리케이션이 가져올 미래사회의 모습을 다양한 사례를 통해 생각해보자.

디지털 패브리케이션이란 무엇일까?

디지털 패브리케이션은 기존의 제조업을 디지털화하는 기술로써, 컴퓨터로 제어되는 기계와 컴퓨터상의 디자인 데이터로 실재 공간에 물리적 대상을 만드는 과정이다. 디지털 제조의 개념, 원리와 기술은 이미 오래전에 여러 산업으로 확산되었지만 지금까지는 제조용 시제품을 저렴하고 빠르게 만들기 위한 목적으로 주로 사용되어 왔다. 다양한 디지털 제작 기술 가운데 대표적으로 레이저 컷팅, CNC 가공, 3D 프린팅을 생각할 수 있는데, 레이저 컷팅과 CNC 가공이 큰 재료를 잘라내는 절삭하는 방식인 데 반해, 3D 프린팅은 아래에서 위로 한 층씩 적층하는 방식에서 차이가 있다.[1]

레이저 컷팅은 레이저 광선으로 재료의 일부를 녹이거나 증발시켜 절단하는 레이저 절단기(Laser Cutter)를 사용하는 가공기술이다. 정확성이 높아 가공 결과물에 흠집이 거의 없고, 섬유의 경우엔 끝단 봉합 효과로 올 풀림 현상이 없는 등 후처리가 필요 없는 장점이 있다. 또한 기기의 마모발생이 없어 운영·유지비용을 절감할 수 있고 아크릴 시트, 마분지, 목재 보드 및 매트 보드 등 다양한 재료의 가공이 가능하다.

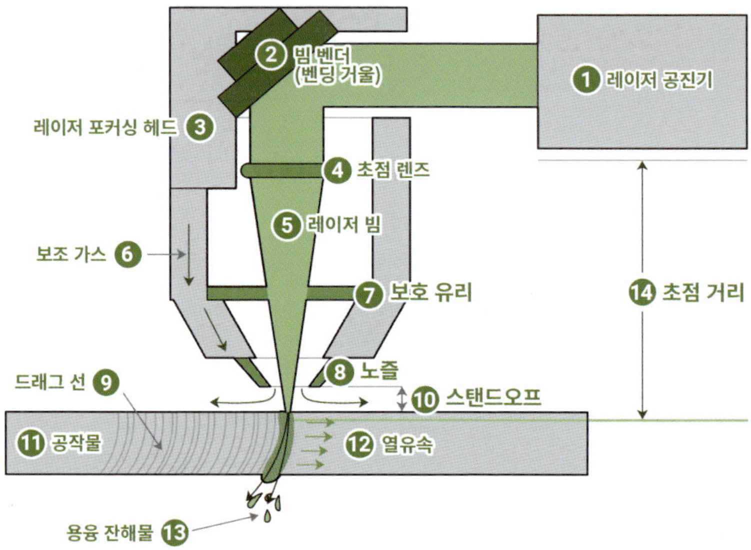

↑ 레이저 커터 노즐구조

CNC(Computerized Numerical Control)는 '컴퓨터 수치제어'라는 의미로, 컴퓨터 제어를 통해 가공물을 맞춤형으로 절삭하는 제조방식이다. CNC 밀링머신(CNC Milling Machine)을 사용하는데, 이 기계는 대상물을 원하는 형상으로 절삭하는 일반 밀링머신에 수치 자동제어 기술이 탑재된 자동 가공 장비이다. 수치 자동제어는 공작 기계가 언제, 어디서, 어떻게 움직여야 하는가에 대한 디지털 정보를 기반으로 컴퓨터가 제어하는 것을 의미한다. 이 가공법으로 폼 보드, 플라스틱 및 특정 목재 등 다양한 재료의 가공이 가능하다.

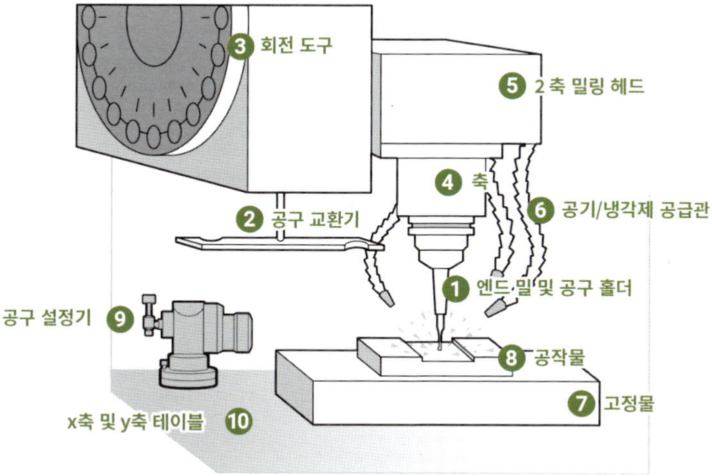

↑ CNC 밀링머신 구성

3D 프린팅은 모델링→프린팅→후처리 등의 3개 과정으로 진행된다. 우선 인쇄할 디지털 파일을 만드는 모델링을 마치면 프린터에 디지털 자료(CAD 파일 등)를 전송해 프린팅 작업을 하고, 프린팅된 가공물의 표면을 고르게 만드는 샌딩작업 등 후처리 과정을 거치게 된다. 3D 프린팅은 적층 제조라는 점에서 앞서 설명한 디지털 제조와 가장 큰 차이를 보인다. 전통적 제작방식이 조각가가 찰흙을 잘라내듯이 재료를 깎아서 물건을 만든다면, 3D 프린팅은 재료를 한 층 한 층 쌓아 3차원의 물체를 생성한다.

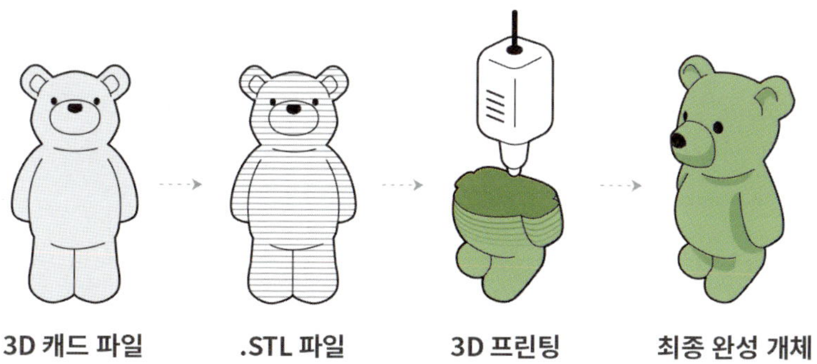

↑ 3D 프린팅 단계

적층 방식에 따라 융합증착모델(FDM: Fused Deposition Modeling), 분말베드융합*, 광경화조형방식(SLA: Setero Lithography Appartus) 등이 있다. 이 중 FDM은 열가소성 플라스틱 소재(예: PLA, ABS 필라멘트)를 가열해 녹인 후, 노즐을 통해 플랫폼으로 압출해 실처럼 가늘게 뽑아서 쌓는 방식으로 가장 일반적인 3D 프린팅 기술이다. 3D 프린팅에 가장 자주 사용되는 재료는 열가소성 플라스틱이지만 에폭시 레진, 금속 등을 사용할 수도 있으며, 최근에는 초콜릿 같은 식용 재료나 인간의 세포와 젤라틴을 혼합해 사용하는 최첨단 바이오잉크 등도 사용된다.

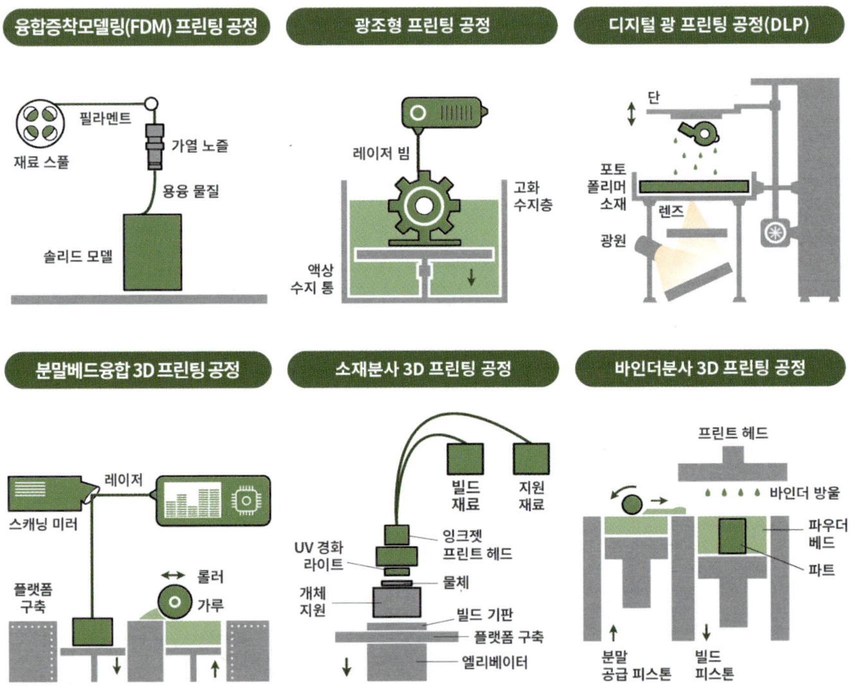

↑ 다양한 3D 프린팅 공정

분말베드융합은 폴리머나 금속 분말을 열로 경화시켜 물체를 생성. 이 방식에는 레이저 소결(SLS: Selective Laser Sintering)과 선택적 레이저 용융(SLM: Selective Laser Melting)이 있음. SLS는 플라스틱 파우더를 레이저로 선택적인 부분만 소결*해 적층하는 방식이고, SLM은 고르게 퍼진 분말 상태의 재료를 레이저로 녹혀 굳히는 방식임. SLA 방식은 액체형 재료를 사용한 것으로, 빛을 받으면 고체로 변하는 광경화성수지*가 들어있는 수조에 레이저를 쏘아서 필요한 부분만을 고체화하는 방식임.

- **소결**: 가루를 어떤 형상으로 압축한 것을 녹는점 이하의 온도로 가열하였을 때 가루가 녹으면서 서로 밀착하여 응집되는 현상
- **광경화성수지(Photopolyme)**: 평상시에는 액체 상태이나 레이저 등 특수한 빛을 받으면 고체처럼 단단하게 굳는 성질의 플라스틱

다른 제작 방식들과 마찬가지로 디지털 제조 또한 장점과 단점을 갖고 있지만, 제조기업과 소비자 모두에게 많은 이점을 제공한다. 디지털 제조는 전반적으로 더 빠르고 저렴한 프로세스이기 때문에 기업 입장에서는 시간과 생산비를 절약할 수 있고 이렇게 절약된 비용은 소비자에게 이익으로 돌아갈 수 있다. 한편 디지털 제조는 창의적이고 독창적인 형상의 제품을 만드는 데 가격 인상요소가 없고 맞춤화된 생산이 가능하지만, 대량생산에는 유리하지 않다. 디지털 제작방식으로는 오류 없이 동일한 제품을 반복적으로 생산할 수 있지만, 한 번에 하나의 재료로, 한 개의 제품만 생산할 수 있다. 그래서 규모의 경제(Economies of Scales) 효과를 기대할 수 없다. 즉 첫 번째 제품 생산비용과 1,000번째 제품 생산비용이 동일하다.

장점	단점
• 오류없이 동일한 제품을 반복적으로 생산할 수 있다.	• 규모의 경제가 없어 첫 번째 제품과 1,000번째 제품 비용이 동일하다.
• 제품의 형상 변경이 프로그래밍 변경만큼 쉽다.	• 대량생산에 유리하지 않다.
• 개인화, 맞춤화 제품 제작이 쉽다.	• 3D 프린팅은 제품제작 시간이 더 길다.
• 제품을 현지, 현장에서 생산할 수 있기 때문에 운송비용이 절감된다.	• 기계는 한 번에 하나의 재료로 한 개의 제품만 생산할 수 있다.
• 컴퓨터가 제조 과정을 파악해 시간을 절약할 수 있다.	
• 컴퓨터가 가능한 적은 재료로 만들게 기계를 프로그래밍해 낭비를 줄인다.	
• 복잡한 제품제작에 더 많은 비용이 들지 않는다.	
• CNC 가공과 레이저 컷팅은 일반 제조 방법보다 빠르다.	

↑ **디지털 제조의 장점과 단점**

디지털 제조 방식이 활성화·상용화되면 상품생산·제조에 있어서 사람의 개입이 대폭 줄고, 과정이 간소화되고, 시간이 단축되는 등 여러 이점이 생긴다. 그리고 상품의 '생산-유통-소비' 과정에서 유통 과정의 생략이 가능하다. 재료와 기기, 디자인만 있으면 소비자가 장소에 구애받지 않고 필요에 따라 어떤 제품이든 생산할 수 있어, 제조업은 '유통' 과정이 빠진 생산-소비의 형태를 갖추게 된다. 그리고 생산 자체보다 디자인이 더 중요해짐에 따라 기업의 활동도 제품의 제조가 아닌 디자인을 만들어 파는 방향으로 흘러가면서 소비자의 수요에 맞는 온디맨드(On-demand) 제작으로 바뀌게 된다. 그러면 고객이 머무는 지역에서 제품이 온디맨드로 만들어지기 때문에, 개별 소비자의 취향에 최적화된 제품 생성이 가능해지고 제조 과정에서의 환경파괴도 대폭 줄일 수 있다.

3D 프린팅 활용분야

적층 제조를 특징으로 하는 3D 프린팅은 1980년대에 등장했지만 관심은 최근 몇 년 사이에 급증했다. 현재 3D 프린팅 기술이 활용되는 분야는 제조업 이외에도 건축, 헬스케어, 패션 등으로 다양하다.

분야 1: 마이크로팩토리에서 제작되는 슈퍼카

3D 프린팅 기술의 활용은 거의 모든 제조업에서 가능하다. 자동차 분야도 그 중 하나로, 세계의 자동차 기업들은 기존의 제조 과정을 3D 프린터를 활용한 디지털 제조로 빠르게 전환 중이다. 독일의 BMW는 미국의 3D 프린터 업체에 투자해 자사의 차세대 차량에 도입되는 상당수의 금속 부품을 3D 프린터로 제작하고 있고, 일본의 혼다는 전기 콘셉트카의 제작에서 섀시를 제외한 모든 외장 부품을 카부쿠(Kabuku)의 3D 프린터로 제작했다.

한편 3D 프린팅으로 일부 부품이 아닌 차량 전반을 제작하기도 한다. 미국의 로컬 모터스(Local Motors)는 지난 2014년 3D 프린터로 외형을 만든 전기 자동차 '스트라티(Strati)'를 공개하며, "세계 최초의 3D 프린팅 전기 자동차"라고 소개했다. 3D 프린팅 기술의 활용으로 자동차를 소량으로 생산할 수 있게 되면서 '소규모 공장(Micro-factory)'을 통한 생산이라는 자동차 산업의 새로운 세계를 열었다.

↑ **세계 최초의 3D 프린팅 전기 자동차 스트라티(Strati)** [사진 ©Local Motors]

이후 로스앤젤레스 기반의 신생 기업 다이버전트(Divergent)는 2016년 3D 프린터로 '블레이드(Blade)'라는 이름의 슈퍼카를 만들었다. 블레이드는 도로주행이 가능한 4륜구동 자동차로 3D 프린팅으로 탄소섬유와 알루미늄으로 차의 뼈대인 섀시를 만들어 무게가 46kg에 불과하다. 무게가 가벼워 정지 상태에서 2초 만에 100km/h의 속도로 달릴 수 있다. 블레이드의 복합패널 등 일부 파트를 제외한 약 70개의 알루미늄 합금 노드와 각 노드를 연결하는 탄소섬유 연결구조물은 3D 프린팅으로 만들어졌다. 블레이드의 가장 큰 구조물의 프린팅에는 약 4시간이 소요되고, 조립은 몇 분 안에 완료할 수 있어, 전통적인 자동차 생산공정과 비교해 생산시간 단축과 재료 등의 비용 절감과 환경오염 발생 또한 감소시켰다.[2]

↑ 사진 ©Czinger Vehicles

↑ **Divergent 3D, 블레이드** [출처: https://www.designboom.com]

다이버전트 마이크로팩토리(Divergent Microfactories)의 자회사인 징거자동차(Czinger Vehicles)는 2019년 고성능 3D 프린팅 하이퍼 자동차 '21C'를 만들었다. 21세기 최고의 엔지니어가 개발했다는 의미를 담은 '21C'는 약 80개의 파트로 구성된다. 차체의 복합 부품은 금형에서 제작되었지만, 알루미늄, 티타늄 및 인코넬(원래 항공우주 산업에서 사용하기 위해 개발된 내열성 재료)과 같은 거의 모든 금속 구성 요소는 3D 프린팅되었다. 제작에는 약 3,000시간이 소요되고 가격은 170만 달러이다.[3]

분야 2: 효율적인 집짓기

주택공급 부족은 세계 여러 지역의 공통적 문제로 주택건설에 필요한 절대적 시간은 주택공급의 장기 지연과 주택 위기를 초래할 수 있다. 기존 건설방식의 맹점에 대한 실행 가능한 대안으로 3D 프린팅이 거론된다. 최근 조사에서 밀레니얼 세대의 75%, 전 연령대의 66%가 3D 프린터로 지은 집에 사는 것에 긍정적으로 답해 사람들이 거부감이 보이지 않음을 보여준다.

인도의 마드라스 공과대학교(IIT-Madras)의 졸업생들이 설립한 신생 기업인 Tvasta Manufacturing Solutions은 인도 최초의 3D 프린팅 주택을 제작했다. 이 단층 주택 제작에 소요된 시간은 단 5일에 기존 건축방법 대비 30%의 비용 절감과 폐기물 발생을 줄였다. 이 시간은 일반적인 주택건축에 소요되는 시간의 1/8, 폐기물 발생량의 1/3에 불과하다. 주택 및 여러 관련 시설을 포함한 이 프로젝트는 2020년 완료되었다.[4] 비영리단체 해비타트(Habitat for Humanity)도 3D 프린팅 주택제조 방식을 도입했다. 미국 아리조나주 템피에 3D 프린팅을 이용한 해비타트의 첫 번째 주택 프로토타입이 완성되었다. 허리케인과 토네이도를 견딜 수 있도록 설계된 이 콘크리트 주택은 침실 3개, 욕실 2개의 구조로 3D 프린터를 사용해 단 28시간 만에 외관을 완성했다.[5]

↑ **해비타트의 첫 번째 3D 프린팅 주택** [출처: https://redshift.autodesk.co.kr]

분야 3: 맞춤형 약과 보형물에서 바이오프린팅까지

의료 분야에서 3D 프린팅은 생체 혼합재료를 사용해 합성 장기를 만드는 바이오프린팅에서부터 보철물, 의료도구 제작에 이르기까지 다양하게 활용된다. 3D 프린팅 제작은 측정된 모델링을 활용해 보철물의 제작·변경이 상대적으로 용이하고 빠른 시간 안에, 상당히 저렴한 가격으로 제품 제공을 가능케 한다. 3D 프린팅 기술을 활용하면 인공관절의 경우 전통적 방식 대비 월등히 저렴한 제작비로 환자들의 부담을 덜어 줄 수 있고, 치료제의 경우엔 '맞춤형 약' 제조로 알약을 삼키기 어려운 환자들의 복용을 도와줄 수 있다.

일례로, 아프레시아 제약사(Aprecia Pharmaceuticals Company)가 생산한 간질 발작 경구 치료제인 SPRITAM이 있다. 2015년 미국 식품의약국(FDA)은 3D 프린팅 기술로 제조된 이 알약을 처음 승인했다. 이 약은 소량의 액체로도 빠르게

분해되어 체내로 흡수되는 다공성 제제로 알약을 삼키는 데 어려움을 겪는 수백만 명의 사람들의 약복용에 도움을 줄 수 있다. 또한 기업에겐 생산 단계를 줄이고 처리량을 개선하며, 제조공간을 줄여 전반적인 제조비용을 감소시킬 수 있다. 이외에도 2014년 페킹대학교 제3병원(Peking University Third Hospital) 의료진은 3D 프린팅된 맞춤형 척추뼈를 12세 골암 환자에게 이식해 최초의 3D 프린팅 보형물 이식 수술을 성공적으로 완료했다. 의료진은 3D 프린팅 임플란트 이식을 통해 회복시간의 단축과 이식 후 환자의 불편함도 낮출 수 있을 것으로 평가했다.

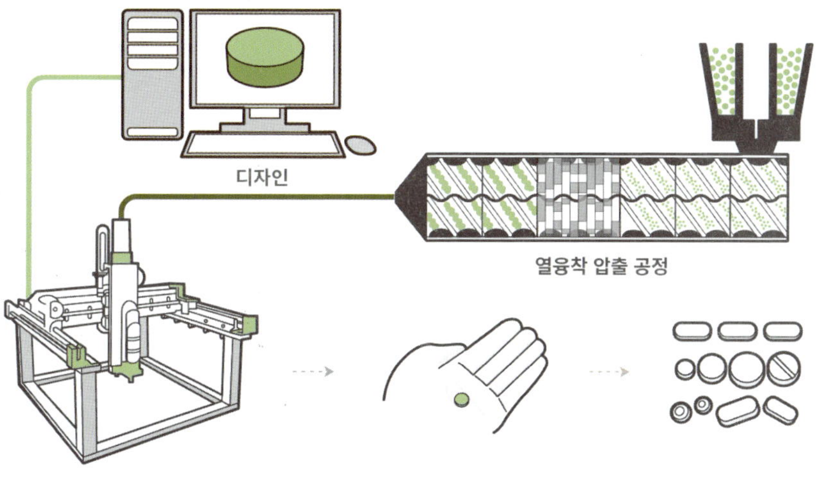

↑ 3D 프린팅을 활용한 알약 제조과정

바이오프린팅은 생체 잉크로 알려진 세포 및 기타 생체 적합성 재료를 층별로 인쇄해 살아있는 조직을 제작하는 과정을 말한다. 손실되거나 손상된 장기나 조직을 주문형 인쇄·제작할 수 있다면 환자들에게 엄청난 삶의 기회를 선물해주는 것이라 할 수 있다. 바이오프린팅의 필수적인 부분을 차지하는 것이 바이오잉크로 세포가 생존하고 성장하고 기능적인 3D 조직을 만드는 데 필요한 것을 제공한다. 바이오프린트에 사용되는 세포를 감싸는 이 추가 물질은 인쇄 과정에서 세포를 보호하고 보존하는 역할을 한다. 아직 대부분의 인공장기의 바이오프린팅은 연구·개발 중이지만 외형에서 나아가 뼈, 피부 등을 출력할 수 있게 불의의 사고나 선천적 기형으로 정상적인 모습을 갖지 못한 사람들에게는 단비와 같은 기술이다. 최근 사례로는 이스라엘 연구팀의 심장제조를 살펴볼 수 있다. 2019년 텔아비브대학교의 연구원들은 혈관이 있는 작은 크기의 심장을 3D 프린터로 인쇄했다. 실제 심장크기의 3D 프린팅 심장을 만들기 위해서 아직 갈 길이 멀지만 연구팀은 낙관적으로 보고 있다.[6] 의료 전문가는 가까운 장래에 3D 바이오프린팅을 통해 몇 시간 안에 장기이식을 위해 환자별 장기를 엔지니어링하고 3D 인쇄할 수 있을 것으로 보고 있다.

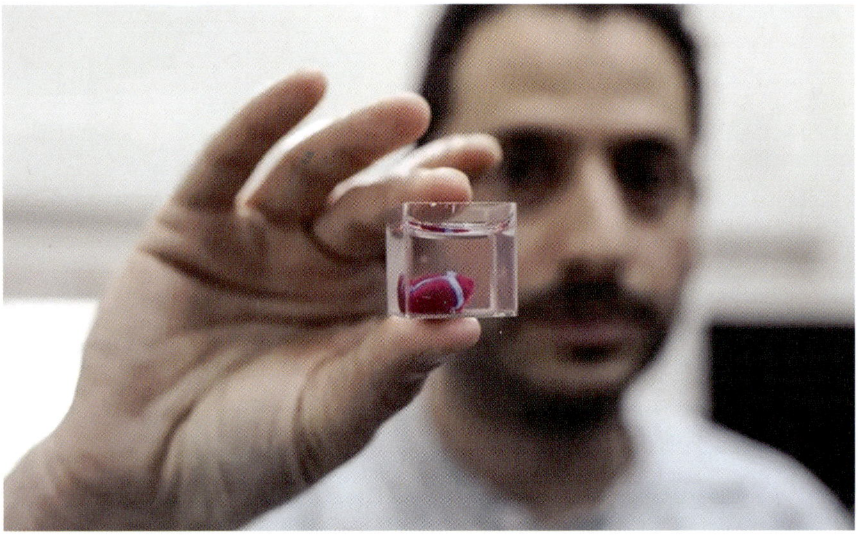

↑ **이스라엘 연구원들이 만든 최초의 3D 프린팅 심장** [출처: https://www.wevolver.com]

분야 4: 쇼핑 말고 다운로딩해서 내 몸에 꼭 맞는 의류·신발 제작

2000년대 초만 해도 디지털 기술의 패션 접목은 미래 세대의 일로 간주되었다. 하지만 3D 프린팅의 맞춤 제작의 가능성은 개인별 치수는 물론 신체 움직임에 최적화된 의복, 신발, 액세서리의 탄생을 예고한다.

패션 분야에서 3D 프린팅 기술의 예술적 승화라는 평가를 받는 아이리스 반 헤르펜(Iris van Herpen)은 2007년 자신의 브랜드로 암스테르담 패션위크에 데

뷔했다. 하이테크 '알렉산더 맥퀸'이라는 수식어가 따라다니는 그녀의 작품은 SF영화에 나올 법한 미래적인 시각적 형상을 지닌다. 3D 프린팅으로 만든 소재를 활용하지만 굴곡이 있는 신체 적용을 위해 수작업을 병행한다. 한편 이스라엘 출신의 패션 디자이너 다니트 펠레그(Danit Peleg)의 작업은 패션산업의 생산과정을 바꿀 3D 프린팅의 가능성을 보여준다. 2014년 대학 졸업 패션쇼에서 3D 프린팅 기술을 적용한 작품들을 처음 선보였다. 산업용 대형 프린터가 아닌 보급형 소형 3D 프린터를 사용해 집에서 전체 컬렉션을 만든 최초의 디자이너로 국제적인 헤드라인을 장식했다. 이후 2017년 개인 소비자가 3D 프린팅 의류를 주문하고 개인화할 수 있는 플랫폼을 만들었고, 2020년에는 3D 프린팅 의류파일을 내려받아 3D 프린터에서 인쇄할 수 있게 했다. 이러한 시도는 3D 프린팅 패션에 있어서 iTunes 스토어 같은 새로운 생태계로의 확장 가능성을 보여준다.

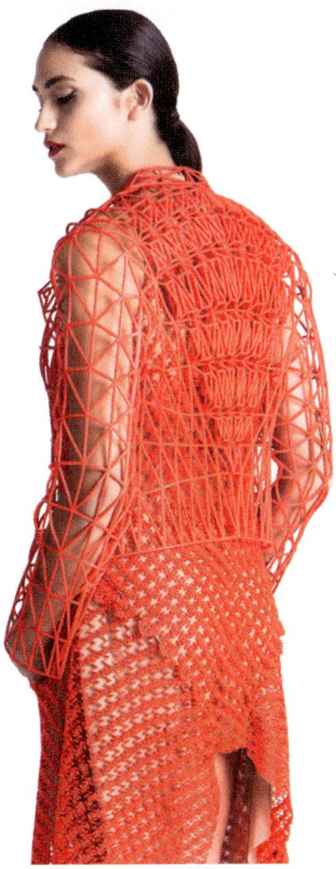

↑ **들라크루아에서 영감을 얻은**
다니트 펠레그의 3D 프린팅 의상
[사진 ⓒDanit Peleg]

↑ **아이리스 반 헤르펜의 2021 Earthrise Collection** [사진 ©Iris van Herpen]

독일 스포츠웨어 브랜드 아디다스가 3D 소프트웨어 개발사인 머티리얼라이즈(Materialise)와 함께 FutureCraft 기술을 발표한지 1년 후, 2016년 아디다스는 3D 프린팅으로 탄생한 한정판 아디다스 러너를 발매했다. 퍼포먼스 런닝화인 이 제품은 당시 뉴욕, 런던, 도쿄에서 구입할 수 있었고, 가격은 333달러였다. 3D 프린팅 기술로 개발된 이 러닝화의 중창(mid-sole)은(압출성형 등의 방식으로 대량생산을 했던 기존 방식과는 다르게) 개인에게 최적화된 제품 경험 제공에 목표를 두었다. 그 이후 아디다스는 실리콘밸리의 스타트업이자 3D 프린터 제조기업인 카본(Carbon)과 함께 DLS(Digital Light Synthesis) 3D 프린팅 기술로 중창 부분을 제작했다. 무엇보다 제품 생산시간을 90분에서 20분으로 단축해 3D 프린팅의 난제인 대량생산 문제를 해결하고 2018년 Futurecraft 4D로 판매를 시작했다.

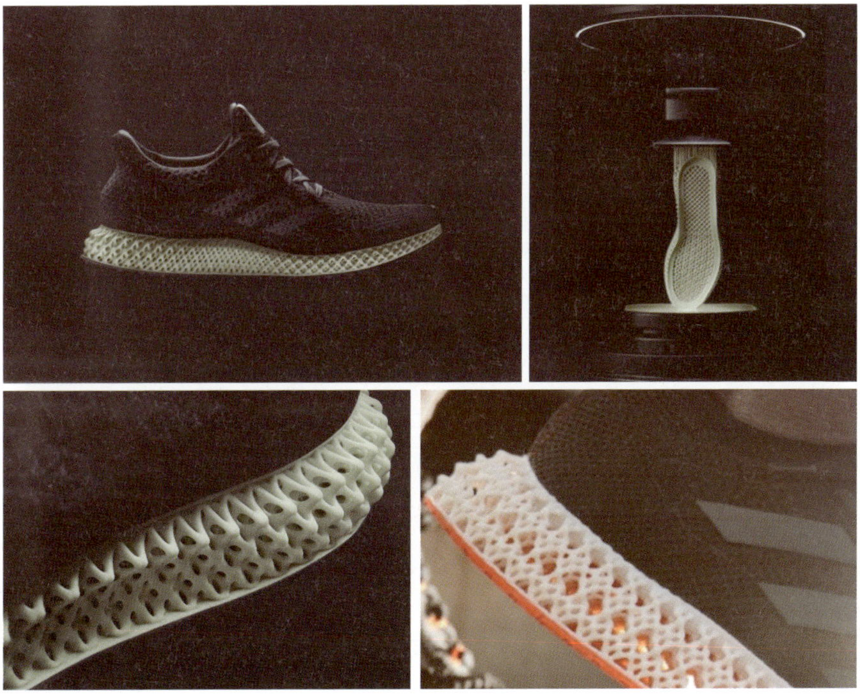

↑ **(좌) 예전모델 FuterCraft4D, (우) 신모델 4DFWD** [사진 ©adidas]

FuterCraft4D 신발 출시 3년 후 아디다스는 새로운 4DFWD라는 신제품을 출시했다. 이전 모델인 FuterCraft4D의 중창과 비교할 때 4DFWD은 격자 중창에 차별점이 있다. 5백만 개의 예비 격자구조에서 선택된 구조로 나비넥타이 모양의 FWD 단위 조직은 수직 충격 시 앞으로 압축되도록 디자인 되었으며, 40%는 바이이오 기반 재료로 만들어졌다. 한편 갑피에는 최소 50% 이상의 재생 원료가 함유되어 플라스틱 폐기물을 없앨 수 있는 친환경 솔루션이라 할 수 있다.

2030년의 3D 프린팅

미래에는 3D 프린터가 가정이나 기업은 물론 재난 현장 등에서도 사용될 수 있을 것이다. 3D 프린팅의 적층 제조를 위한 디자인은 새로운 기술 세트로 부상하고 있으며, 누구나 제품의 생산·조립을 할 수 있는 가능성을 높였다. 하지만 기존의 생산공정 기술은 신기술이 극복해야 할 장애물이 될 수 있다. 그렇다면 향후 3D 프린팅은 어떻게 발전할 것인가? 어디로 향하고 있는 것일까? 미시간공과대학교의 조슈아 피어스(Joshua Pearce) 박사는 "물론 누군가 3D 프린팅 기술을 이용해 총이나 기타 무기 등을 만들 가능성도 있다. … 그렇다 해도 이 기술이 가진 장점이 단점보다는 훨씬 크다. 예를 들면 개도국이나 후진국에서 모자라는 의료 장비를 3D 프린터로 만들어 수많은 인명을 구하는 도구로 사용될 수도 있기 때문"이라고 설명했다.[7]

Design **Story**

산업 · 예술의 경계를 허무는 3D 프린팅

요리스 라만 랩

JORIS LAARMAN LAB®

네덜란드 출신 디자이너 요리스 라만(Joris Laarman)은 1979년생으로 2003년에 에인트호번 아카데미를 수석 졸업하고 2004년에 '월페이퍼(Wallpaper)' 매거진에서 주관하는 '올해의 젊은 디자이너' 상을 수상하며 전 세계에 이름을 알리기 시작했다. 2011년 월스트리트 저널이 선정한 '올해의 혁신가 상'을 받았다. 그의 작품은 파리 퐁피두센터, 뉴욕 현대미술관, 암스테르담 국립미술관 등 유수의 기관에 소장되어 있다.

↑ **(좌) 요리스 라만** [사진 ⓒJoris Laarman Lab]
(우) 요리스 라만의 Maze Maker Chair [사진 ⓒJoris Laarman Lab]

↑ **요리스 라만의 Maze Maker Chairs (2014)** [사진 ©Joris Laarman Lab]

그가 2004년 설립한 요리스 라만 랩(Joris Laarman Lab)은 디자이너, 과학자, 공학자, 프로그래머, 공예가 등으로 구성된 스튜디오로, 미래의 기술과 디자인을 예측을 목표로 새로운 디자인 도구와 기술을 실험하고 연구한다. 요리스 라만 랩은 한때 인원이 60명에 육박할 때도 있었지만 현재는 규모를 줄여 20여 명 정도 된다. 현재 7명의 직원, 15명의 프리랜서와 함께 일하며 가구, 조명 업체(플로스, 비트라, 스와로브스키 등)들과 함께 디지털 패브리케이션을 예술적으로 활용한 성공적 사례를 보여준다.

요리스 라만 랩은 최근 혁신적인 3D 프린터인 'MX3D'를 개발했는데, '다축 금속 프린팅 기술(Multi Axis Metal Printing)'이 구현된 'MX3D 프린터'로 이전에는 실현할 수 없었던 복잡한 곡선과 곡면을 공중에 구현해 독특한 형상을 구현할 수 있다. MX3D 프린터는 강철은 물론 스테인리스 스틸이나 알루미늄 등 다양한 금속 소재를 출력할 수 있으며, 대규모의 제품, 시설물의 제작이 가능하다. MX3D 프린터 개발 당시 많은 기술자, 전문가들이 안전성을 고려할 때 실현이 불가능하다는 이유로 개발을 반대했지만 이 랩의 구성원들은 안전 수칙을 조금씩 어겨가며 실험을 이어갔고 결국 새로운 차원의 프린터를 만들어냈다. 이러한 실험정신을 통해 요리스 라만 랩의 결과물들은 3D 프린팅이라는 신기술과 디자인에 의한 극치를 보여준다. 요리스 라만 랩은 2019년 암스테르담 레드라이트 지역의 운하에 MX3D로 제작한 세계 최초의 금속 3D 프린팅 다리를 제작·설치했다. 길이 12.5m, 폭 6.3m의 이 다리는 이음새 없는 금속 단일체로 만들어졌다. 설계 등의 시간을 제외한 제작시간은 총 6개월에, 스테인리스 스틸 4.5톤이 사용되었다. 이 프린팅 기술을 통해 상당한 형태적 자유와 자원을 절감할 수 있었다.

↑ [사진 ©Joris Laarman Lab]

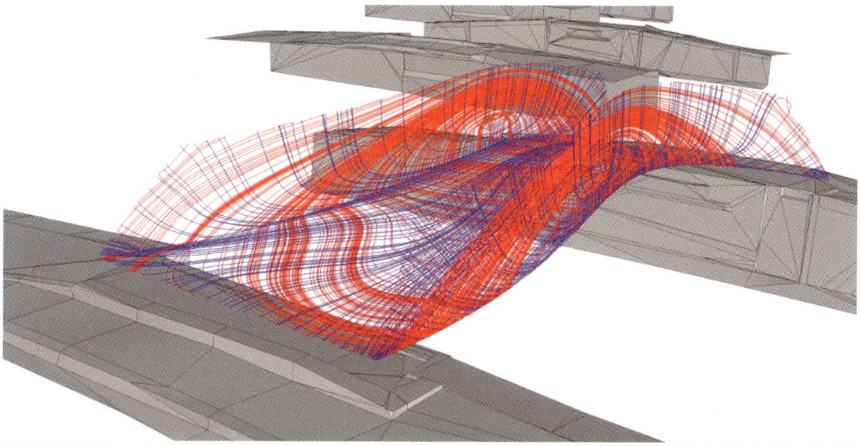

↑ [사진 ©Joris Laarman Lab]

[사진 ©Joris Laarman Lab]

함께 생각해볼까요

1. 인터넷을 찾아보면 기관, 기업 등에서 무료로 제공하는 3D 프린팅을 위한 디지털 파일을 찾을 수 있습니다. 그리고 박물관 등에서는 무료로 3D 프린터를 사용할 수 있습니다. 인터넷에서 무료 제공되는 3D 프린팅 파일을 찾아서 실제로 3D 프린팅을 해봅시다.
2. 일반 개인이 일상생활에서 반드시 3D 프린터로 제조할 수 있도록 되어야 하는 첫 번째 물건, 사물이 있다면 그것은 무엇일까요?

Chapter 3

실재처럼 생생한: 가상현실 활용 디자인

최근의 학생들은 가상현실(VR: Virtual Reality) 게임을 즐기고, 메타버스(Metaverse)에서 수업을 듣고, NFT(Non-Fungible Token) 시장에서 상품을 구매하고 가상시장에서 창업도 할 수 있다. 마이크로소프트, 애플과 구글 등의 글로벌 테크기업을 비롯한 국내외 기업들이 앞다투어 메타버스 산업에 투자하고 있으며 관련 주식들도 주목받고 있다. 가상세계를 구현하는 메타버스 플랫폼 운영의 소비자 접점은 디자인을 통해서 구현되기 때문에 디자인 역량이 중요하다. 가상시대의 주요기술인 증강현실(AR: Augmentated Reality), 가상현실, 혼합현실(MR: Mixed Reality), 메타버스, NFT를 활용한 디자인에 대해서 알아보자.

지금은 가상시대

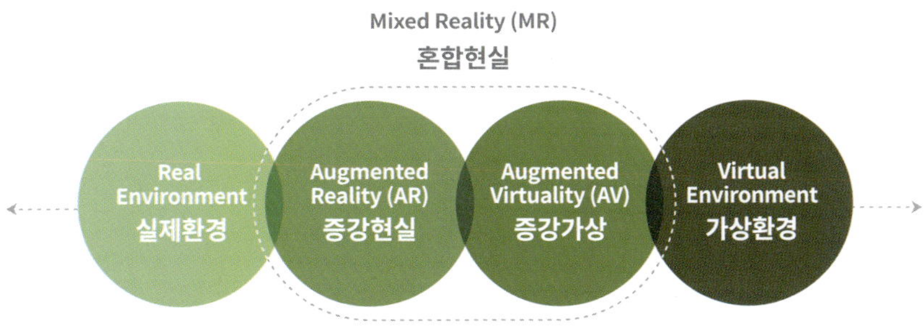

↑ 가상연속성

가상현실 개념은 폴 밀그램과 후미오 코시노(Milgram, Paul, and Fumio Kishino)가 제안한 '가상연속성(Virtual Continuum)'[1]을 통해 설명하고 있다. '가상연속성'은 혼합현실의 개념을 설명하기 위한 목적으로 제시되었으며, 현실부터 가상까지 4단계로 구성되어 있다. 다이어그램의 실제환경이 현실에 가까운 것이며 가상환경이 가상에 근접한 것이다. 그 사이에 존재하는 증강현실과 증강가상(AV: Augmented Virtuality)이 혼합현실의 범주에 속한다는 것이다. 혼합현실의 범위 중 현실에 가장 가까운 것은 증강현실이며, 가상에 가까운 것은 증강가상이라는 것이다. 그렇다면 증강현실, 가상현실, 혼합현실은 무엇일까?

증강현실이란 현실세계와 가상세계를 실시간으로 혼합 연결해서 사용자에게 제공함으로써 사용자에게 향상된 몰입감과 현실감을 제공하는 기술이다.[2] 위 정의에서 볼 수 있듯이 증강현실은 현실의 기반 위에 가상의 이미지를 실시간 결합해서 현실세계만으로는 부족한 정보를 보강하여 제공하는 기술이라고 할 수 있겠다.

가상현실이 궁금해요

가상현실의 개념에 대해서 프레드릭 브룩스(Frederick P. Brooks)는 사용자가 반응하는 가상세계에 효과적으로 몰입하는 모든 것이라고 정의했다.[3] 브르디 그리고래와 필립 코이펫(Burdea, Grigore C., and Philippe Coiffet)은 가상현실을 시각, 청각, 촉각, 후각, 미각의 다양한 감각을 통한 실시간 시뮬레이션 및 상호작용을 통한 사용자 인터페이스라고 정의했다.[4] 이렇듯 가상현실에 대해 학자마다 다양한 정의가 존재한다. 가상현실에 대해 정리해보면 컴퓨터를 사용하여 사람이 실제 상황에 있는 것처럼 오감을 통해 느끼게 해주는 인간과 기계의 상호작용에 기초한 인터페이스라고 할 수 있다.

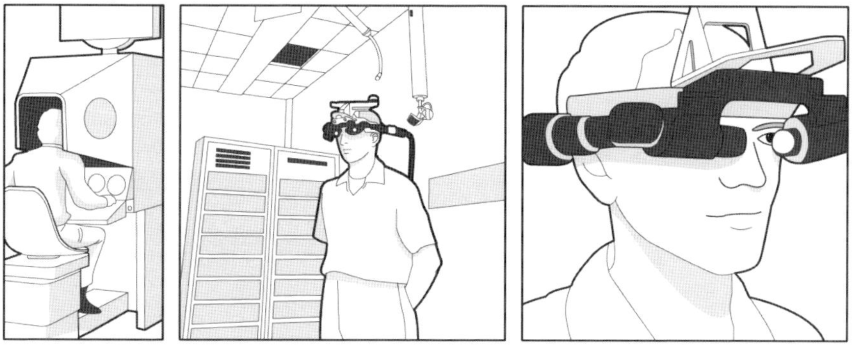

↑ 센서라마와 텔레스피어 마스크

초기 가상현실 관련 도구의 발달과정을 현재의 가상현실 첨단매체와 비교하여 탐색해보는 것도 기술의 변화를 살펴보는 데 유의미할 것이다.[5] 과거의 대표적인 가상현실 기기들 중 1957년 모튼 하일리그(Morton Heilig)가 고안한 가상현실 기기의 일종인 영화감상용 장비 센서라마(Sensorama)가 있다. 1960년대 최초의 HMD 기기인 텔레스피어 마스크(Telephere Mask)가 개발됐다.

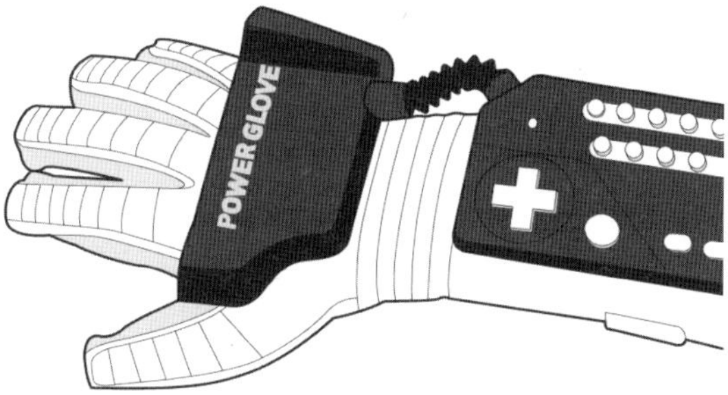

↑ 데이터 장갑

가상현실이라는 용어의 시초에 대해서는 학자마다 이견이 있으나 1980년대 재론 래니어(Jaron Lanier)가 처음 사용했다고 볼 수 있다. 그는 VPL 연구소를 설립한 뒤 사진의 손의 움직임을 통해 가상현실 공간에서 상호작용할 수 있는 가상현실 인터페이스 장치인 데이터 장갑을 개발했다. 그 뒤 HMD(Head Mounted Display) 역할을 하는 아이폰(Eyephone)을 상품화하여 지금의 가상현실 초기 단계에 해당되는 제품을 상용화시키면서 대중들에게 가상현실이 알려지게 되었다. 사용자들은 최신기기를 통해 첨단기술을 경험하지만 이러한 기술 발전의 단계를 살펴보는 것도 교육적으로 유의미하다.

가상현실의 개념적 접근은 기술적인 관점과 심리적인 관점으로 나누어 생각해볼 수 있다.[6] 기술적 관점에서의 가상현실은 상호작용을 할 수 있는 다양한 기술들의 통합이라고 할 수 있다. 즉 가상현실은 컴퓨터를 기반으로 여러 기술적인 요소를 합쳐놓은 3차원의 환경으로 보는 것이다.[7] 가상현실의 심리적 관점은 기술을 강조하기보다 사용자의 심리적 경험을 강조하는 것이다. 가상환경과 가상 캐릭터의 인터랙션을 통한 소통이 가능한 공간으로 가상현실을 보는 것이다.[8]

↑ 가상현실의 유형

가상현실의 유형분류에 있어서 시스템의 종류와 인터페이스의 몰입에 따라 몰입형(Immersive), 준몰입형(Semi-immersive), 비몰입형(Non-immersive) 가상현실로 나눌 수 있다.[9] 몰입형 가상현실은 높은 몰입감을 제공하는 가상현실로, 컴퓨터에 기반하며 HMD와 몰입형 특수장비를 활용해 사용자에게 가상현실 환경에 있는 것 같은 경험을 제공한다. 준몰입형 가상현실은 몰입형과 비몰입형의 중간 단계로 그림처럼 사방이 프로젝트 스크린으로 되어 있는 가상환경을 제공한다. 이러한 환경에서는 다수의 사용자가 가상현실 특수장비를 착용하고 함께 참여할 수 있다. 비몰입형 가상현실은 일반적으로 데스크탑 형태로 복잡하지 않은 구성요소로 이루어지며, 사용자가 다른 두 형태에 비교하여 몰입감을 가장 적게 느끼게 되는 형태라고 할 수 있다.

혼합현실에 더해서 확장현실까지

실감형 콘텐츠로 분류되는 가상현실은 비슷한 개념의 혼합현실과 혼재되어 개념의 구분이 모호한 면이 있다. 밀그램은 앞서 혼합현실은 현실과 가상영역의 사이 증강을 통해서 현실에서 가상환경으로 확장되어가는 증강현실의 연속체라고 정의했다. 혼합현실은 증강현실과 가상현실을 포함하는 기술로 현실의 환경에 가상 정보를 부가하는 증강현실과 가상환경에 현실 정보를 부가하는 증강가상의 의미를 포함하면서 사용자의 인터랙션을 강화한 기술이라고 할 수 있다. 현실과 가상이 자연스럽게 연결된 가상환경에서 현실의 물리적 환경과 가상이 융합되도록 환경을 제공하는 기술이다.

↑ [출처: https://jmagazine.joins.com/forbes/view/330160]

혼합현실 기술은 실재처럼 재현되어 몰입감을 제공한다. 별도의 장비 없이 실제 눈앞에 현실처럼 체육관 바닥을 뚫고 고래가 올라가는 위의 화제의 영상을 기억할 것이다. 이것이 혼합현실이다. 최근 혼합현실과 증강현실, 가상현실 기술을 통틀어서 확장현실(XR: eXtended Reality)이라고 한다.

신박한 메타버스 세상 속으로

1992년 닐 스티븐슨(Neal Stephenson)의 SF소설인 『스노우 크래쉬(Snow Crash)』에서 다른 차원의 온라인 환경인 메타버스 사회라는 개념을 대중에게 소개했다.[10] 이후 캐릭터, 패션, 미술, 음악, 부동산 등의 다양한 산업 분야에서 메타버스 기술활용이 활발하며 관련 신종직업들이 창출되고 있다.

> **메타버스란 가성적으로 향상된 물리적 현실과 물리적으로 지속가능한 가상공간의 융합으로, 사용자들이 둘 다 경험하게 하는 동시에 두 가지를 융합한 것**
>
> **- 미국미래학협회(ASF: Acceleration Studied Foundation, 2007) -**

메타버스는 초월을 의미하는 메타(Meta)와 특정한 경험을 뜻하는 유니버스(Universe)의 합성어로 디지털 세계를 뜻한다.[11] 메타버스는 현재 세상과는 다른 현실의 세상과 가상세계가 실재감 있게 함께 공존하여 현실과 가상의 경험을 동시에 할 수 있는 현실과는 다른 차원의 세상이다.

메타버스의 특징은 사용자가 몰입할 수 있는 현실감, 디지털 장치를 활용하여 시스템에 언제나 접속할 수 있다는 점, 아바타를 만들어 시스템에서 활동할 수 있는 점 그리고 사용자들이 동시에 경험한다는 점이다.[12]

ASF 메타버스 로드맵 보고서[13]에서는 메타버스 공간과 정보의 종류에 따라 4가지 유형으로 메타버스를 분류하고 있다. 메타버스에서 구현되는 공간이 현실세계인지 가상세계인지 그리고 그 안에서 구현되는 정보가 외부환경에 대한 정보인지 개인이나 특정 사물 중심인지에 따라서 증강현실, 라이프 로깅(Life Logging), 거울세계(Mirror Worlds), 가상세계(Virtual Worlds)의 4가지 유형으로 제시된다.

↑ **메타버스의 네 가지 범주**

증강현실은 현실에 다른 정보를 증강시켜서 이루어진다. 현실에 컴퓨터그래픽 같은 가상세계를 겹쳐서 실재 공간 위에 가상의 정보를 겹쳐서 확장시키는 것이다. 라이프 로깅은 개인과 특정 사물의 현실의 정보를 기반으로 구축된다. 그래서 개인이 현실의 활동 정보가 가상세계에 통합되는 형태가 된다. 거울세계는 외부환경을 기반으로 이루어진다. 즉 가상공간에 외부의 환경정보가 통합되어 현실세계가 가상세계에서 거울처럼 투영되어 작동되는 것이다. 가상세계는 현실세계와 유사하게 만들어져 쇼핑 등의 개인 활동을 할 수 있는 환경을 말한다.

최근 NFT 시장이 형성되어 게임, 실물자산, 예술품 시장이 형성되고 있다. 현재 유통되는 NFT는 이더리움을 기반하고 있으며, 시장거래는 거래할 콘텐츠를 민팅(Minting; NFT화 하는 작업)을 한 뒤 경매를 통해 판매하는 형태로 진행되고 있다. 이러한 민팅의 과정 가운데 스마트 계약을 하는데 이때 작품의 정보, 소유권, 저작권 정보가 블록체인에 기록된다.

스마트 계약을 통해 소유권을 보장하게 되고, 블록체인 기록에 입력되어 저작권 입증이 가능해지는 것이다. 토큰 형태로 되어 표준화되고 분할판매가 가능하다. 이렇게 NFT 시장이 활성화되어 다양한 디자인 상품개발이 가능하다. NFT 기반 디자인 활동의 과정은 뒤에 디자인교육장에서 살펴보자.

사례 1: 트라이 온(Try-on)

↑ [출처: http://www.aitimes.com/news/articleView.html?idxno=144254]

최근 패션업계에 증강현실을 활용한 가상피팅 기술이 대중화되고 있다. 사진은 구찌의 증강현실을 활용한 스니커즈 피팅앱인 '트라이 온(Try-on)' 서비스이다. 소비자가 원하는 운동화 스타일을 고른 뒤 스마트폰 카메라에 발을 비추면 선택한 신발을 착용한 모습이 화면에 나오며, 발의 움직임에 따라 신발을 신은 모습을 보여주며 옷과 매치해본 뒤 스냅샷을 찍어 SNS에 공유할 수도 있다.[14] 이러한 가상공간에서의 매칭은 패션뿐 아니라 전시, 가구, 화장품을 비롯한 뷰티산업 등 다양한 분야에서 활성화되고 있다.

사례 2: 자라(ZARA)의 증강현실 패션쇼

↑ [출처: https://www.chosun.com/site/data/html_dir/2018/04/13/2018041300460.html]

스페인 패션 브랜드 자라(ZARA)가 2022년에 국내 매장에서 선보인 증강현실 패션쇼이다. 스마트폰의 자라앱을 통해 매장 내 장소를 찍으면 패션쇼를 감상할 수 있으며 사용자가 모델과 함께 사진을 찍어 소셜미디어에 공유할 수도 있다.

사례 3: Nespresso의 'Gifts of the Forest'

커피 브랜드 네스프레소(Nespresso)의 '숲의 선물(Gifts of the Forest)'이라는 증강현실을 활용한 디자인 사례이다. 전 세계 네스프레소를 방문하는 고객들이 매장 쇼윈도우에 있는 QR코드를 스캔하면 해당 디자인을 경험할 수 있다.[15] 디자인 컨셉은 열대우림의 생물 다양성으로 쇼윈도우에 새가 날아가고 나무가 울창하게 우거지는 숲을 보며 커피를 수확하는 자연환경의 중요성을 느끼게 한다. 이러한 증강현실을 활용한 쇼케이스 디자인은 음향 기술을 활용하여 감각적으로 커뮤니케이션할 수 있다. 브랜드 광고를 통해 자연환경의 중요성을 공유하고자 했다는 점에서 유의미한 사례라고 할 수 있다.

↑ [출처: https://www.dezeen.com/2021/12/21/gifts-of-the-forest-ar-nespresso/]

사례 4: 엔씨소프트 'NC PLAY' 캠페인

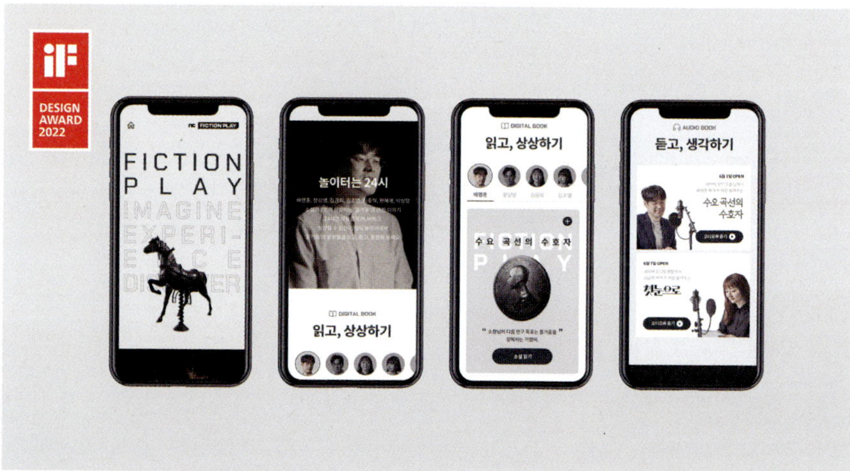

↑ **NC PLAY** [사진 ⓒ엔씨소프트]

엔씨소프트 'NC PLAY'는 가상현실을 활용한 디자인 사례로 미디어아트, 폰트, 소설, 웹툰 등 다양한 예술 장르와 게임의 다양한 분야가 융합되어 있다. 'iF 디자인 어워드 2022'에서 수상하여 디자인에 대해 인정을 받았다. 인스타그램에서 증강현실로 표현된 가상공간에서 소설 속 문장들을 찾아보고 재해석하는 새로운 독서 경험을 제공한다.[16] 증강현실이라는 기술뿐 아니라 다양한 분야와 기술의 융합을 통해 디자인 경험을 제공했다는 점에서 창의적인 시도라고 할 수 있다. 지금까지 증강현실에 대해서 살펴보았고 이제는 가상현실에 대해서 알아보도록 하겠다.

사례 5: 로지텍의 'VR Ink Pilot Edition'

↑ **VR 잉크 파일럿 에디션** [출처: https://kbench.com/?q=node/199574]

로지텍이 공개한 '가상현실 잉크 파일럿 에디션(VR Ink Pilot Edition)'은 가상현실 헤드셋을 착용하고 가상의 공간에서 디자인을 할 수 있는 도구이다. 이 기기를 통해 2D와 3D 스케치를 통한 디자인이 가능하다. 이러한 기능으로 실물모형 제작기간을 단축시킬 수 있다.

사례 6: 메타콩즈

메타콩즈는 NFT 거래소의 암호화폐 클레이튼에서 국내 프로젝트 중 가장 성공한 사례 중 하나이다. 스토리는 서커스장에 있는 지루해하고 있던 고릴라들이 파라다이스에 가기 위해 하수구에 들어가 엔진을 개발한다는 이야기로 구성되어 있다. 소비자가 고릴라 캐릭터를 구매하는 것에서 더 나아가 자체 코인을 채굴해서 새로운 NFT 아이템인 베이콩즈도 소유할 수 있는데, 이런 과

↑ [출처: https://m.newsen.com/news_view.php?uid=202204161706527720
http://it.chosun.com/site/data/html_dir/2021/12/21/2021122101218.html]

정에서 코인을 현금화할 수 있다. 현재 현대자동차, 신세계 등 다양한 기업과 콜라보를 진행하여 다양한 시장을 이끌고 있다.

사례 7: The Fabricant

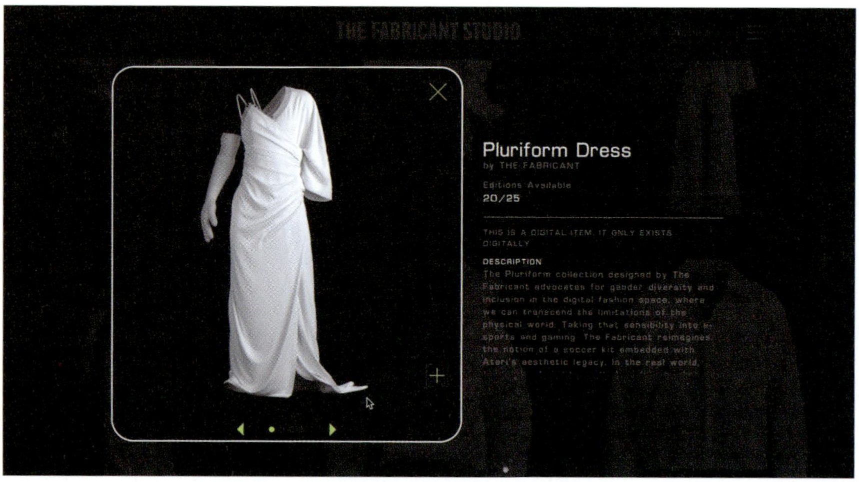

↑ [사진 ©The Fabricant]

The Fabricant의 메타버스 NFT 의류 라인에서 디지털 패션을 디자인하고 판매할 수 있게 된다. 디자이너가 만든 패션을 선택할 수 있고 가상 NFT 의류 라인을 디자인할 수 있다. The Fabricant는 디자이너가 디자인한 패션제품과 한정판 NFT 디지털 패션제품을 판매할 수 있다.

Design Story

가상현실로 광장공포증을 치료하는 gameChange

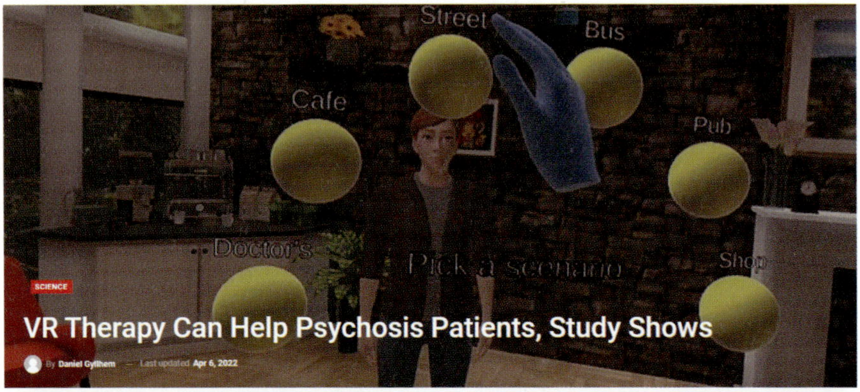

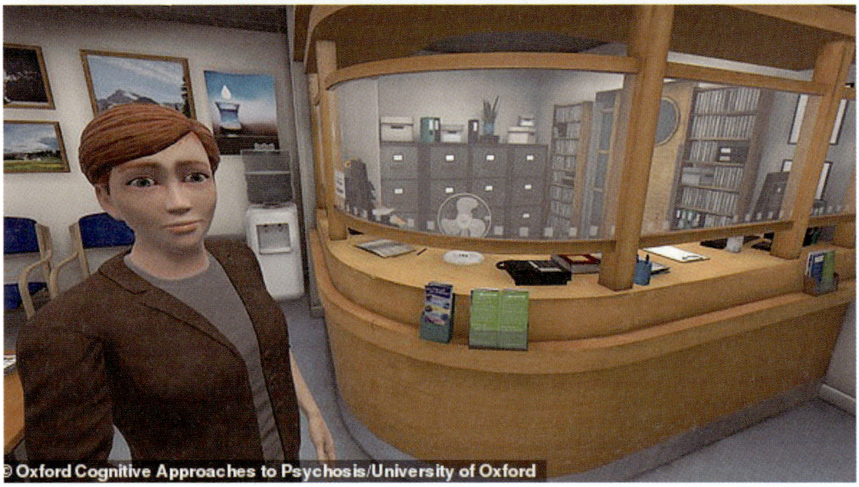

↑ [출처: https://vigourtimes.com/vr-therapy-can-help-psychosis-patients-study-shows/]

가상현실 활용 디자인 사례로 영국 옥스퍼드대학교 정신의학과 대니얼 프리먼(Daniel Freeman) 교수와 연구진은 광장공포증을 개선할 수 있는 가상현실 기반의 '게임체인지(gameChange)'를 개발했다. 게임체인지는 가상 치료사의 사무실에서 시작하여 커피숍, 대중교통 사용 등 6개의 다양한 환경을 토대로 시나리오가 구성되어 있다. 이미지에서 보이는 것처럼 가상현실에서 광장공포증 환자가 커피숍에서 음료를 주문하거나 대중교통을 이용하는 등 각자의 상황에 맞는 난이도의 미션을 수행하게 설계되어 있다. 본 연구진은 가상현실 프로그램을 활용하여 외출이 힘들고 특정 환경과 상황에 극심한 두려움과 고통이 있는 광장공포증 환자들에게 일반치료와 함께 '게임체인지' 치료를 병행하여 병이 호전된 결과를 국제학술지에 게재했다. 가상현실을 활용하여 환자가 치료과정에 몰입해서 참여하게 하여 안전함을 느끼면서 자신감을 되찾아가는 마음의 병을 치료한 사례이다.[17] 이렇듯 가상현실 기술은 최근 정신질환 치료와 뇌졸중 재활 치료 등의 개선 효과가 증명되면서 의학 분야에서의 활용도가 높아지고 있다. 그 외 게임, 영화, 여행, 엔터테인먼트 등 다양한 산업 현장에서 활용되고 있으며, 교육 분야에서도 생생한 학습체험을 제공하고 있다.

함께 생각해볼까요

1. 본장의 내용을 토대로 증강현실, 가상현실, 혼합현실, 확장현실, 메타버스, NFT의 개념에 대해서 정리해봅시다.
2. '1번'에서 언급한 기술을 활용한 디자인 사례가 우리 주변에 어떤 게 있는지 탐색해봅시다.

Chapter 4

Hello, 로봇: 로봇디자인

살면서 다양한 로봇을 만나왔다. 태권V, 아톰, 터미네이터, 트랜스포머 옵티머 등등, 영화나 애니메이션 또는 장난감 가게의 진열장에서 본 것들이다. 그런데 커피를 내리고, 청소를 하고, 음식을 날라주는 등 로봇은 이미 우리의 생활에 들어와 있다. 로봇이란 무엇일까? 일종의 센서, 지능, 구동장치가 있어서 외부상황을 파악하고, 관련 정보를 처리해, 알고리즘에 따라 특정한 작업을 독립적으로 수행할 수 있게 만들어진 기계를 우리는 '로봇'이라 부른다. 공상 과학의 산물 정도로 여겨지던 로봇은 어느덧 인공지능 기술 등의 발달로 사람과 로봇이 함께하는 시대를 열고 있다.

로봇이란?

'로봇(Robot)'의 어원은 체코어에서 강제노동을 의미하는 단어 'robota'에서 유래하고 있는데, '로봇(Robot)'이라는 용어 자체는 1921년 체코슬로바키아의 극작가 카렐 차페크(Karel Capek)의 SF 연극 '로숨의 유니버설 로봇(R.U.R.: Rossum's Universal Robots)'에 처음 사용되었다. 이 연극에서 차페크가 만들어낸 로봇은 일할 수 있는 능력은 있어도 생각하는 능력은 없는 인간을 닮은 것으로 인간적 '감정'이나 '혼'을 가지고 있지 않은 존재로 등장한다. 한편 로봇과 비슷한 용어로 '로보틱스(Robotics)'가 있다. 로봇(Robot)과 테크닉스(Technics)의 합성어로,

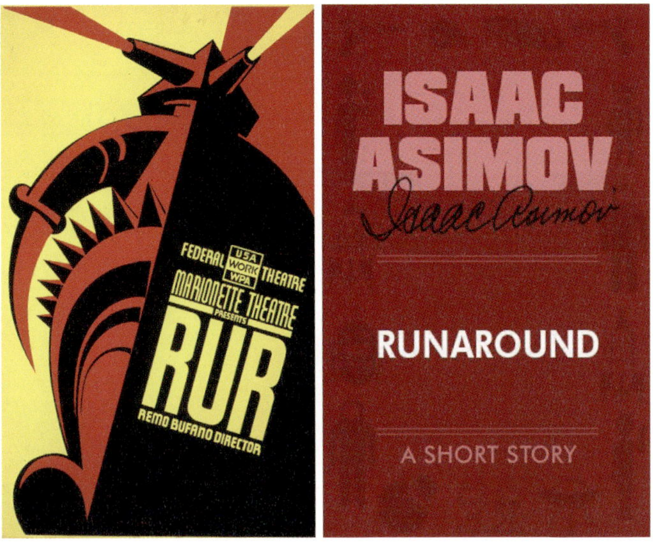

↑ **(좌) RUR 포스터** [사진 ©Public domain], **(우) 런어라운드 표지** [사진 ©goodreads]

로봇공학을 통해 편리한 생활을 위한 기술을 의미하며 아이작 아시모프(Issac Asimov)가 1942년에 발간한 단편 『런어라운드(Runaround)』에서 처음 사용되었다.

이밖에 로봇 관련 용어로 안드로이드, 휴머노이드, 사이보그 등이 있다. 우선 안드로이드(Android)는 모습과 움직임이 사람과 꼭 닮은 로봇을 말하며, 인조인간 정도로 번역된다. 영화 〈터미네이터〉의 아놀드 슈워제네거가 연기한 '시스템 모델 101' 과 영화 〈A.I.〉에 헤일리 조엘 오스먼트가 연기한 로봇 '데이빗' 이 바로 전형적인 '안드로이드'의 모습을 보여준다. 영어 단어인 안드로이드(Android)는 '인간 같은' 이라는 의미를 가진 그리스어 'androeides'를 어원으로 한다. 이 그리스어는 '남자, 사람'을 뜻하는 고대 그리스어 명사 aner(m., ανηρ)의 속격(Genetive) 변화형인 andros(ανδρος)와 '모양, 이미지'를 뜻하는 고대 그리스어 명사 eidos(n., ειδος)가 결합된 단어이다. 모습과 움직임만이 아니라 엄밀하게 모든 면에서 인간을 닮은 로봇이 안드로이드의 이상적 모습이다.

반면 휴머노이드(Humanoid)는 '인간의'라는 뜻의 라틴어 형용사 Humanus와 고대 그리스어 eidos(n., ειδος)의 결합으로 만들어진 단어로, 어원적 의미만으로는 android와 동일하다. 하지만 '휴머노이드'는 안드로이드와 달리 인간과 비슷하지 않아도 된다. 인간이 할 수 있는 역할을 대신할 수 있는 정도면 충분하다. 피부 등 신체 조직이나 표정, 동작까지 사람과 구별이 안될 정도로 비슷하게 만든 인간형 로봇은 안드로이드로 분류되고, 외형만 사람과 비슷하게 만든 로봇은 휴머노이드로 구분된다. 대표적인 휴머노이드 로봇 사례로는 일본 혼다(Honda)에서 개발한 아시모(ASIMO)나 우리나라 카이스트(KAIST)에서 개발한 휴보(HUBO) 등이 있다.

↑ **아시모(ASIMO)** [출처: https://www.muycomputer.com]

한편 테슬라(Tesla)의 최고경영자인 일론 머스크(Elon Musk)는 2021년 8월 테슬라의 'AI데이'에서 휴머노이드 로봇인 '테슬라 봇(Tesla Bot)'의 개발을 밝혔다. 테슬라 봇은 키 172cm, 몸무게 57kg으로 사람과 유사한데, 최고 속도는 8km/h, 운반 가능한 최대 무게는 20kg이다. 일론 머스크는 이 로봇이 위험하거나 반복적인 노동을 대신할 것이며 2022년에 시제품을 공개할 것이라고 했다.[1] 그간 테슬라의 신제품 개발 일정을 볼 때 테슬라 봇의 개발단계는 '현실화'보다는 기획에 가까울 수 있고, AI 규제에 대한 논의도 아직 갈 길이 멀다. 테슬라 봇과 같은 AI 휴머노이드 로봇은 이제 출발선상에 있지만, 가까운 미래에 로봇과 함께하는 일상은 불가피해 보인다.

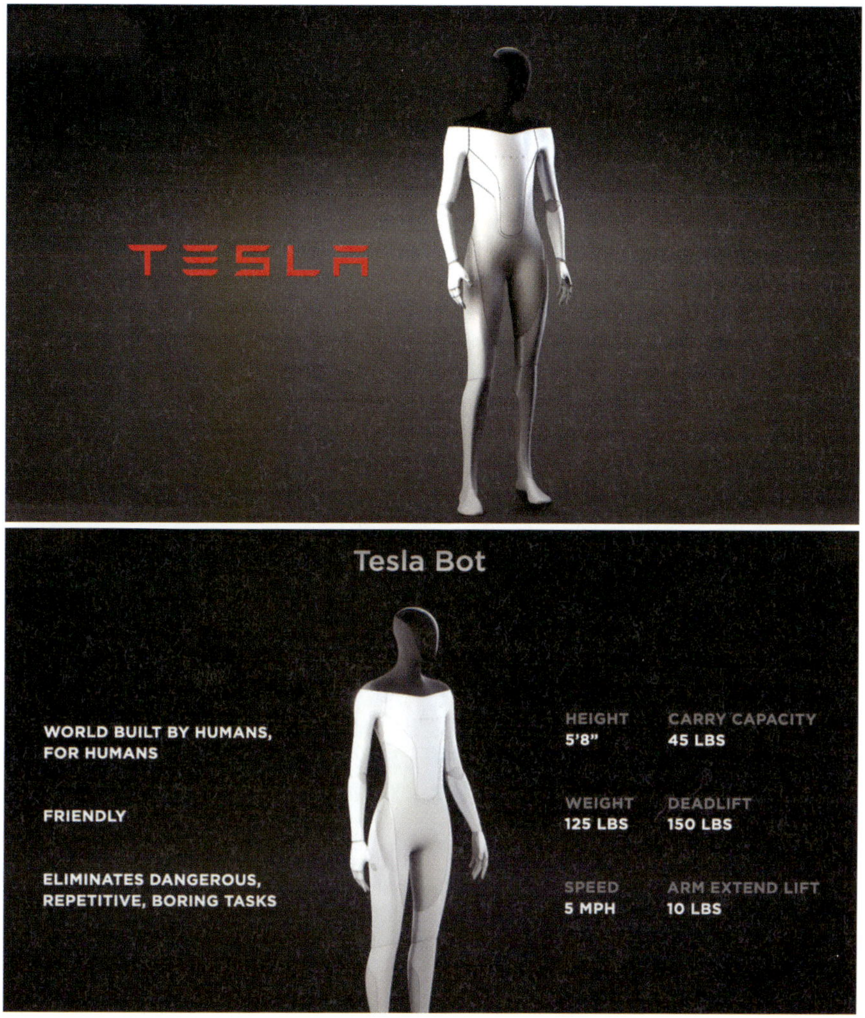

↑ **테슬라 봇 개요** [출처: http://www.aitimes.kr]

마지막으로 사이보그(Cyborg)는 '인간'이라는 점이 안드로이드나 휴머노이드와 다르다. 사이보그는 인간의 '신체 일부에 기계(로봇)를 결합한 인간'이다. 대표적인 예로는 영화 '로보캅'에 나오는 주인공 로보캅이나 영화 아이언맨(Iron Man) 시리즈의 주인공 토니 스타크(Tony Stark) 등을 생각할 수 있다. 영어 단어인 cyborg(사이보그)는 인공두뇌학이라는 뜻의 사이버네틱스(Cybernetics)와 유기물, 유기체라는 뜻의 오가니즘(Organism)을 결합한 단어이다. 한편 사이보그의 의미를 보다 명확히 이해하기 위해 두 단어의 어원을 살펴볼 필요가 있다. 사이버네틱스(Cybernetics)는 '조종하다, 안내하다'를 뜻하는 고대 그리스어의 동사 kubernáō(κῠβερνᾰ́ω)에서, organism은 '도구, 수단' 등의 뜻을 갖는 고대 그리스어의 명사 organon(n., οργανον)에서 각각 파생되었다. 이 같은 언어적 의미를 종합하면 사이보그는 활동을 위한 조종 도구로써 신체의 일부를 기계화한 것으로 생각할 수 있다.

로봇에는 어떤 종류가 있을까?

로봇은 우선 크게 그 용도에 따라 산업·제조용 로봇(Industrial Robot)과 서비스 로봇(Service Robot)으로 분류될 수 있다. 그리고 산업·제조용 로봇은 다시 로봇 플랫폼, 로봇용 제어기, 로봇용 센서로 나누어지고, 서비스용 로봇은 개인 서비스 로봇과 전문 서비스 로봇으로 나눠진 후 아래 표와 같이 상세 용도별로 세분화된다.

구분			용도
제조 로봇	로봇용 제어기		각 산업현장에서 생산과 출하를 위한 작업을 수행
	로봇용 센서		
	로봇 플랫폼	매니퓰레이터 로봇 플랫폼	
		이동용 플랫폼	
서비스 로봇	개인 서비스 로봇	가사지원 로봇	건강과 교육, 가사도우미 등 실생활의 보조수단으로써 작업수행
		교육용 로봇	
		개인 엔터테인먼트	
		실버케어	
	전문 서비스 로봇	필드 로봇	국방, 의료 분야 등에서 전문적인 작업 수행
		전문 청소 로봇	
		검사 및 유지보수 로봇	
		건설 및 철거 로봇	
		유통물류 로봇	
		의료 로봇	
		구조 및 보안 로봇	
		국방 로봇	

↑ **로봇의 분류** [출처: 중소기업청, 중소기업 기술로드맵·로봇응용 분야 2015]

산업·제조용 로봇은 무엇일까?

산업·제조용 로봇은 산업자동화 분야에 사용되며 자동 제어와 재프로그래밍이 가능한 다목적 다축(3축 이상) 자동조정 장치로 정의된다.[2] 이 로봇 유형은 공장 등 산업현장에서 사용되는 로봇으로 생산 경쟁력을 높이고 제조 강국으로서의 입지 강화를 위한 인더스트리 4.0, 스마트 팩토리 등 국가 차원의 제조업 발전 전략과 관련이 깊다.

우리나라는 산업·제조용 로봇을 가장 많이 활용하는 국가이다. 산업군에서 사용되는 로봇비율 지수를 나타내는 로봇밀도 통계에서, 2020년 산업인력 1만 명당 로봇설치 대수 기준을 보면 한국(932), 싱가포르(605), 일본(390)으로 우리나라는 세계 1위의 활용도를 보인다.[3] 하지만 로봇 활용도와 달리 세계 로봇 시장에서 우리나라 로봇 기업의 시장 입지는 작다. 수년 동안 세계 로봇 산업은 '빅 4(Big 4)'로 불리는 기업들이 시장의 약 75%를 차지하며 주도해 왔다. 이들 4개 기업은 스위스 ABB, 일본 화낙(Fanuc), 중국(독일) 쿠카(KUKA), 일본 야스카와(Yaskawa)이며, 그 다음으로는 이탈리아의 코마우(Comau), 일본의 엡손(Epson), 카와사키(Kawasaki) 등이 있다.[4] 한편 국내 최대 산업용 로봇 기업인 현대중공업의 세계 시장 점유율은 3%로 아직 세계 시장과의 격차가 큰 상황이다. 쿠카 로보틱스(Kuka Robotics)의 경우 원래 독일의 로봇 제조 선도 기업이었으나 2016년 중국 기업으로 인수되었다.

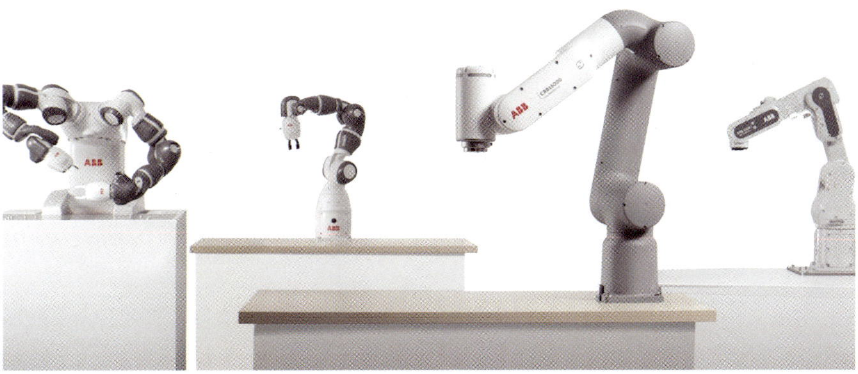

↑ **스위스 ABB의 산업·제조용 로봇** [출처: https://new.abb.com]

한편 최근에는 산업·제조 로봇 분야에서 협동 로봇(Collaboration Robot, Cobot) 시장이 커지고 있다. 협동 로봇은 사람과 같은 공간에서 작업하면서 사람과 물리적으로 상호작용할 수 있는 로봇으로 기존의 산업·제조용 로봇이 사람과 분리, 독립된 공간에서 작동하도록 설계된 것과 다른 점이다. 협동 로봇은 인간과 동일 공간에서 공존하며 활동하는 로봇이다. 산업용 로봇 시장은 2019년 487억 달러(약 54조 5,000억 원) 규모였으며, 2024년 756억 달러(약 84조 6,000억 원)로 폭발적 성장이 전망된다.[5]

서비스 로봇에는 어떤 것들이 있을까?

서비스 로봇은 가정, 의료, 교육 및 국방 등 산업·제조현장 이외의 분야에서 사람을 대신해 유용한 서비스를 제공한다. 서비스 로봇은 화재진압 로봇, 인

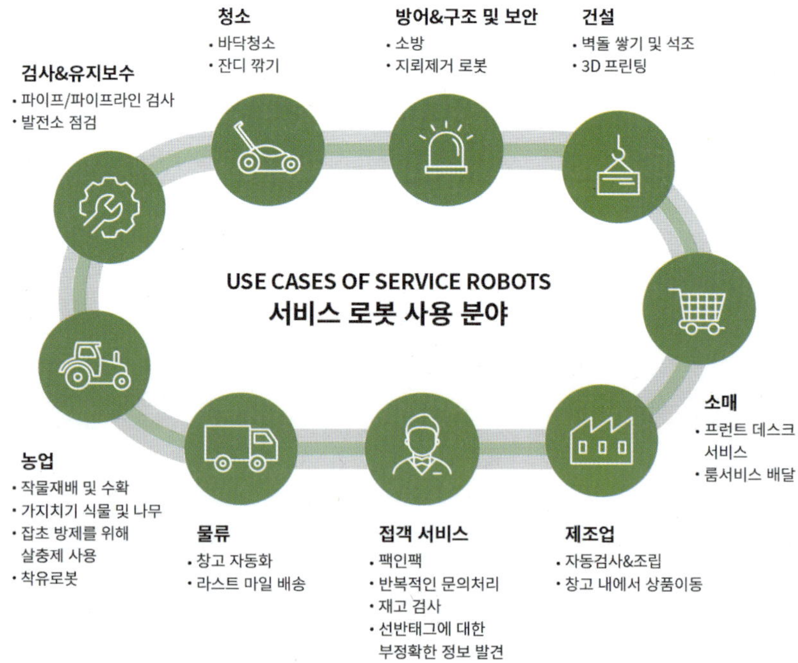

↑ 서비스 로봇의 사용·활용 분야

명구조 로봇, 수술용 로봇 및 무인운반차 등 전문서비스 로봇과 로봇 청소기, 노인 보조 로봇, 교육 서비스 로봇 등 개인 서비스 로봇으로 분류된다.

세계적으로 서비스 로봇 산업 규모와 중요성이 높아지면서 산업용 로봇이 주도하는 우리나라 로봇 시장의 지형도 변화하고 있다. 2025년이 되면 국내 로봇 산업에서 서비스 로봇산업이 산업·제조 로봇의 규모를 넘어설 것으로 전망된다.[6] 세계 서비스 로봇 시장의 지역별 점유율은 2021년 기준, 북미(39.7%, 144억 달러), 아시아(28.4%, 103억 달러), 유럽(22.3%, 81억 달러) 순이다. 북미 시장은 연평균 22.9% 성장을 통해 가장 큰 규모를 차지하고 있는 반면, 아시아 시장은 24.9%의 가장 높은 성장률을 보인다. 각 지역별 성장이 지속됨에 따라 각 시장 규모의 격차는 더욱 커질 것으로 전망된다. 이는 북미 시장의 경우 많은 수의 서비스 로봇 제조사와 스타트업들이 위치하고, 아시아 시장의 경우 일본과 한국 등 로봇의 적극적 활용에 기인한다.[7]

서비스 로봇의 가능성은 여러 새로운 응용분야에서 확인되는 가운데 이미 성공적으로 시장을 형성한 서비스 로봇 분야가 있다. 바로 청소 로봇이다. 로봇 청소기 또는 로봇 진공청소기(Robotic Vacuum Cleaner, Robovac)는 자동으로 움직이며 청소를 하는 로봇이다. 스스로 움직이는 로봇이라는 점에서 진공청소기와 다르다. 세계 최초의 가정용 청소로봇은 2001년 스웨덴 가전기업 일렉트

↑ **일렉트로룩스의 청소 로봇 트릴로바이트** [출처: https://usermanual.wiki/Electrolux]

로룩스(Electrolux)에서 개발한 '트릴로바이트(Trilobite)'이다. 혁신적인 제품이었지만 흡인력이 약하고 가격도 300만 원 대로 수요는 제한적이었었다.

하지만 이후 매사추세츠공과대학교(MIT)의 로봇 공학자 로드니 브룩스(Rodney Brooks) 교수는 수십만 원대의 저가형 청소용 로봇 '룸바(Roomba)'를 개발했다. 이후 제자들과 함께 벤처기업 아이로봇(irobot)을 만들고 룸바를 출시했다. 룸바가 시장에서 인기를 끌자 많은 기업들이 청소 로봇 시장에 뛰어들었고, 현재는 일렉트로룩스를 비롯해 삼성전자, LG전자, 샤오미 등 여러 가전 기업에서 만들고 있다. 국제로봇연맹(IFR)에 따르면 2018년 전 세계에서 판매된 가정용 서비스 로봇은 총 1,630만 대이며, 그 중 70%가 넘는 1,160만 대는 청소용 로봇이었다.[8]

↑ **아이로봇 룸바 로봇 청소기** [출처: https://www.amazon.com]

로봇의 새로운 응용 분야로 자율주행 배달 로봇을 살펴볼 수 있다. 이 분야에서 가장 선두에 있는 스타십 테크놀로지(Starship Technologies)는 2015년 영국을 시작으로 미국의 캘리포니아, 실리콘밸리, 워싱턴 D.C. 등 여러 지역에서 배달 로봇 서비스 상용화에 성공했고, 2019년에는 100개 이상의 도시에서 총 100,000개의 배달 건수를 달성했다.[9] 스타십의 배달 로봇은 아이스박스가 포함된 차체에 달린 6개의 바퀴로 평균 시속 6.4km로 움직인다. 내장된 지도와 GPS, 자이로스코프, 9대의 카메라 등 센서를 이용해서 물건을 싣고 장애물을 피해 목적지까지 스스로 이동이 가능하고, 위치 추적과 야간 주행도 가능하다. 약 9kg까지의 물건을 실을 수 있어 배달 음식이나 의약품, 가벼운 생필품 배달에 적합하다. 한편 고객은 전용 앱을 통해 실시간으로 배송 여부를 추적할 수 있고, 주문자에게만 전송되는 PIN 코드를 통해 물건을 찾을 수 있다. 배송비는 1.99달러로 저렴하게 이용할 수 있다.[10] 이 외에도 '아마존 스카우트' 배달 로봇 서비스, 누로(Nuro) 서비스 등이 있다.

↑ **스타십 테크놀로지의 배달 로봇** [사진 ⓒstarship technologies]

한편, 국내에서도 배달 로봇 상용화를 위한 움직임이 시작되었다. 음식 배달 애플리케이션 '배달의 민족'을 운영하는 '우아한 형제들'은 2021년 제한 지역에서 실내외 자율주행 배달 로봇 서비스의 운영을 시작했다. 이 서비스를 위해 배달의 민족은 2020년 ICT 규제 샌드박스의 실증특례 승인을 받아 일정 범위 내의 도로·인도에서 운행 테스트를 거쳤다. 그리고 일부 아파트·오피스텔에서 실내 배달 로봇 서비스의 운영을 시작했다.[11] 배달 라이더가 해당 아파트 1층에 음식을 가져다주면 실내 배달 로봇인 딜리타워 로봇이 받아서 해당 아파트에 거주하는 고객의 문 앞까지 배달하는 시스템이다.[12]

↑ **우아한 형제들의 배달 로봇** [사진 ©우아한 형제들]

아직 법적 논란이 있지만, 미국과 유럽을 중심으로 배달 로봇은 그 영역을 점차 확대하고 있다. 특히, COVID-19로 비대면 환경이 요구되면서 소비자에게 물품 등을 전달하는 택배 배송, 식당에서 식음료 전달, 공공장소에서의 방역과 안내 등 인간을 대신한 로봇의 서비스 수행 영역이 확장되고 있다.

전문 서비스 영역에서도 로봇의 활용사례가 증가하고 있다. 특히 의료 분야에서 외과용 수술 로봇이나 재활 로봇을 도입하는 움직임이 두드러진다. 이미 상용화된 수술 로봇은 미국 인튜이티브 서지컬(Intuitive Surgical)에서 개발한 '다빈치', 큐렉소의 인공관절 수술 로봇 '큐비스-조인트' 등이 있다. 재활 로봇의 경우 근골격계 질환·손상을 가진 사람들의 치료를 위해 시작되었다. 미국 FDA 승인을 받은 로봇은 이스라엘 리워크(ReWalk)의 퍼스널 6.0 시스템(Personal 6.0 System), 미국 버클리 바이오닉스(Berkeley Bionics)의 이레그스(eLegs) 등이 있다.

↑ **리워크 퍼스널 시스템 6.0** [출처: https://rewalk.com]

우리나라의 현대자동차는 노동환경 및 일상생활 보조의 기능을 수행할 수 있는 로봇 등으로 개발영역을 넓히고 있다. 현대자동차의 로봇 개발은 로보틱스랩에서 진행하며, 재활을 돕는 의료용 로봇, 작업자의 힘을 보조하기 위한 외골격 로봇 등을 개발하고 있다. 현대자동차의 로보틱스랩은 현대로템과의 협업으로 착용형 로봇(Wearable Robot)을 개발했다. 다리 보조 체어리스 엑소 슈트인 첵스(CEX: Chairless Exoskeleton)와 팔 보조 조끼형 엑소 슈트인 벡스(VEX: Vest Exoskeleton), 들기 보조 무동력 엑소 슈트인 에이치프레임(H-Frame) 등과 의료용 재활 로봇으로 멕스(MEX: Medical Exoskeleton)를 개발했다. 이 착용형 로봇들의 주요 특징과 기능은 다음과 같다. 앉아서 작업할 때 다리를 보조하는 첵스(CEX)는 몸을 숙이거나 무릎을 굽힐 때 하체 근육의 피로도를 50%까지 줄여주고, 조끼처럼 착용하는 벡스(VEX)는 작업 높이에 따라 4~6kg까지 지지가 가능하며, 에이치프레임(H-Frame)은 허리를 숙여 무거운 물건을 들어 올리거나 이동할 때 어깨와 팔의 피로도를 30%까지 경감시켜준다. 의료용으로 개발된 멕스는 미국 FDA 승인을 위해 준비단계에 들어갔으며, 제조 공장 작업용으로 개발된 첵스, 벡스 등은 자동차 공장 생산 라인에 시범 투입된 상태이다.

한편 우리나라에도 개인 맞춤형 소셜 로봇이 등장했다. 2021년 ㈜원더풀플랫폼은 고독사 등 고령자의 위기상황 대응을 위해 인공지능 소셜 로봇 '다솜이'를 개발했다. '다솜이'는 탁상형 로봇으로 음성과 영상인식, 능동적 상호작용, 생활패턴 분석 등의 기능을 갖추었다. 약 복용이나 식사시간 알림 등 일상활동 지원과 게임, 퀴즈 놀이, 체조 동영상 콘텐츠 등의 제공과 선호음악·가요 목록을 생성·제공하는 두뇌·신체 활동 지원을 통해 고령자의 집중력, 기억력, 인지력을 강화함으로써 치매예방 효과를 거둘 수 있다. 특히 '말벗' 기능을 통해 친구·자녀 등을 대신해 대화를 주고받으며 고령자가 고립감과 우울감에서 벗어날 수 있게 도울 수 있다. 노인돌봄이 개인·가정의 문제를 넘어 사회적 과제로 인식되면서 인공지능 기술을 탑재한 소셜 로봇에 대한 관심이 높아지고 있다.

↑ **원더풀플랫폼의 소셜 로봇 다솜이** [사진 ©원더풀플랫폼]

소셜 로봇디자인 = 제품디자인?

로봇이 사람들의 일상으로 들어왔다. 로봇은 더 이상 별도의 공간에서 홀로 작업을 수행하는 기계장치가 아니다. 인간과 능동적인 상호작용이 가능하고, 인간의 일상적인 생활을 보조하며, 다양한 기능을 갖추고 인간과의 소통·교감에 초점을 둔 소셜 로봇이 늘어나고 있다.

그런데 제품으로 분류되는 로봇은 종래의 전자제품처럼 디자인하면 되는 것일까? 제품디자인은 정지상태의 인공물을 대상으로 한다. 선풍기, 자동문, 회전 온풍기 등은 움직임이 있지만, 이 움직임은 특정 기능의 구현일 뿐 어떤 의미나 역할이 있는 것은 아니다. 이와 달리 로봇은 움직임을 가지며 이 움직임은 알고리즘을 기반으로 자율적으로 판단한 업무수행과 직접적으로 관련된다. 이러한 차이는 제품디자인과 로봇디자인의 근본적 차이를 만든다.

일반적인 제품디자인 작업은 (정지된)외형과 기능구현을 위한 조작행위와 관계된 인터페이스를 주요 대상으로 한다. 물론 디자인의 범위를 제품 자체로 제한하지 않는다면 관련된 디자인 영역은 더 넓게 확장될 수 있다. 제품의 외형에 영향을 줄 수 있는 제조사의 브랜드 아이덴티티 디자인(또는 브랜딩 디자인), 제품과 연동되는 앱디자인(그래픽 인터페이스 디자인, UI디자인 등 포함) 등 다양한 디자인 영역과도 관련된다. 반면, 소셜 로봇디자인은 로봇의 특성 디자인(Character Design), 외형 디자인(Appearance Design), 인터랙션 디자인(Interaction Design)의 세 영역으로 나뉜다.[13] 특성 디자인 영역은 로봇의 역할과 쓰임을 참고해 시나리오 등을 개발하고 로봇의 특성을 정의하는 과정이다. 외형 디자인 영역은 로봇의 형태, 스타일, 구조, 메커니즘, 모양, 소재, 색상 등과 관련된 작업이다. 상호작용 디자인 영역에서는 로봇의 적절한 행동·동작 방식 및 시각, 청각, 촉각 상호작용이 구체화된다. 이 영역에서 디자이너에겐 하드웨어 및 소프트웨어에 대한 폭넓은 이해가 요구된다. 왜냐하면 버튼, 터치 패널, 카메라, 스피커 및 마이크 등에서 발생하는 사용자와의 상호작용이 사용 시나리오에서 어떻게 작동되는지 예측·평가하고, 그에 따라 시스템에 반영해야 하기 때문이다. 그래서 디자이너에겐 상호작용 프로토타이핑 등 다양한 시뮬레이션을 통해 평가·검증할 수 있는 능력이 요구된다. 디자인 과정에서 이 같은 작업의 목적은 로봇 시스템의 사양 및 기술 개발이 아닌 사용자를 위한 자연스럽고 필요한 '상호작용의 설계'에 있다.

특성 디자인	외형 디자인	상호작용 디자인
· 역할 분류/구분 · 시나리오 디자인 · MSO 기술	· 구성요소분석 · 시각적 이미지 · (양산을 고려한)동시병형설계	· 요소분석 · 프로토타이핑 · 사용성평가

↑ **소셜 로봇디자인 3영역**

소셜 로봇디자인, 무엇을 고민해야 할까?

종래의 로봇 개발은 로봇 내부 메커니즘의 기술적 완성도에 초점이 맞춰져 있었다. 최근 인공지능 기술의 급속한 발전으로 다양한 가정용 소셜 로봇이 개발되면서 지보(Jibo), 벡터(Vector) 등 기술적 완성도가 높고 시장에서 인기도 높은 스타 로봇이 등장했다. 하지만 기술적으로 우수한 소셜 로봇의 시장 철수[14]와 실패는 로봇 개발자들에게 과제를 남겼다.

↑ **(상) 지보** [출처: https://www.amazon.com]
(하) 벡터 [출처: https://www.robot-advance.com]

시장에서의 실패 원인으로 소비자의 높은 기대 대비 높은 가격, 특화 서비스·

기능 부족 등도 거론되지만,[15] 근본적 문제해결을 위해선 '새로운 관계 맺기'가 필요하다. 종래의 엔지니어들은 로봇의 메커니즘 개선 차원에서 로봇에게 인간을 어떻게 잘 인식시킬 것인가의 문제에 초점을 두었다. 그러나 로봇기술이 급속히 발전하고, 로봇이 사람과 공간을 공유하면서 상황이 달라졌다. 이 변화는 로봇디자인에 있어 새로운 가치를 필요로 한다. 이제는 로봇 중심이 아닌 로봇을 사용하는 인간을 중심에 둔 접근이 요구된다.[16, 17]

로봇에 대한 인간 반응은 1970년 일본의 공학자 모리 마사히로(森政弘)가 발표한 '불쾌한 골짜기(Uncanny Valley)'에서부터 살펴볼 수 있다. 이 이론은 로봇의 외형과 관련된 것으로, 로봇이 인간을 어설프게 닮을수록 오히려 불쾌함이 증가한다고 한다. 로봇의 형태가 동물이나 사람의 형태를 닮을수록 로봇에 대한 호감도가 점점 올라가다가 애매한 정도로 유사하면 오히려 호감이 '비호감'으로 전환되는 '불쾌한 골짜기'에 빠지고, 이후 더 완벽하게 사람이나 동물의 형태가 되면 다시 급호감으로 전환된다.[18]

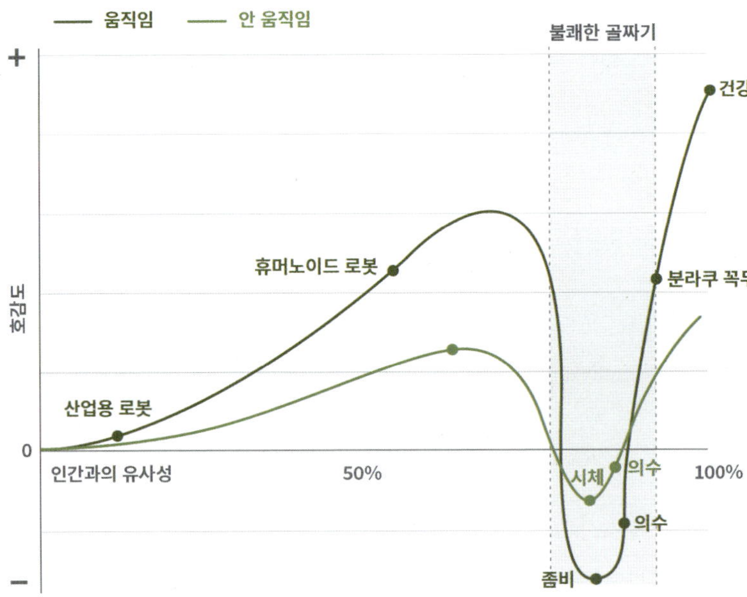

↑ 마사히로의 불쾌한 골짜기[19]

그 실증적인 사례로 인공지능(AI) 로봇 소피아를 살펴볼 수 있다. 소피아는 홍콩의 핸슨 로보틱스(Hanson Robotics)가 개발한 휴머노이드 로봇이다. 오드리 헵번(Audrey Hepburn)의 표정을 참고해 얼굴이 형상화되었고, 60여 개의 감정을 담은 얼굴로 표현과 대화가 가능하다. 2018년 소피아가 우리나라를 방문했을 때 사람과 자연스럽게 대화하는 모습이 큰 이슈가 되었지만 소피아의 그 모습 자체가 섬뜩하다고 느끼는 사람도 많았다.

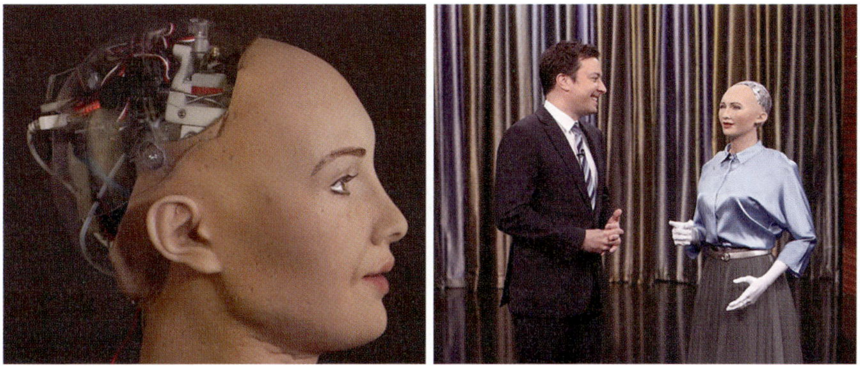

↑ **소피아의 미국 NBC 더 투나잇 쇼 출연 모습** [출처: hansonrobotics.com]

이처럼 로봇 외형에 대한 사람들의 반응과 불쾌한 골짜기 이론이 어느 정도 일치하면서 이 이론은 큰 이의 없이 받아들여져 왔다. 하지만 모리 마사히로의 주장에는 과학적 근거가 없다. 이 이론에 대한 그의 연구는 과학연구라기보다는 로봇 공학자로서의 상상을 담은 에세이에 가깝다. 불쾌한 골짜기의 그래프도 실험결과가 아닌 모리 개인의 생각에 근거를 둔다. 때문에 불쾌한 골짜기라는 개념 자체를 유사과학으로 배격하는 경우도 있고 일반화를 위한 과학적 검증과정이 필요하다는 의견도 있다.

한편 로봇을 사용하면서 나타나는 인간의 반응은 외형 이외의 다른 요소들, 예를 들면 로봇의 (대응)동작, 소리, 말소리 등에도 영향을 받는다. 이러한 요소들은 사용자의 경험이 만들어지는 장소로 로봇의 기능(서비스)과 인간 사이에 존재하는 경계, 즉 인터페이스(Interface)이다. 따라서 사람들의 경험을 바꾸기 위해선 사람들의 행위와 반응을 연구하고, 관련된 인터페이스 디자인을 살펴봐야 한다. 인간의 행위를 정보처리 측면에서 보면 외부로부터 자극·정보를 받아들여(지각, Perception), 상황을 이해하고(인지, Cognition), 생각한 내용을 실행(행동, Action)하는 것으로 볼 수 있다.

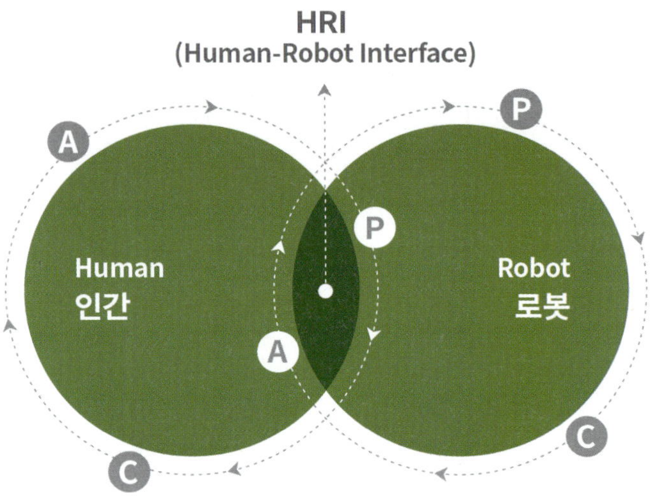

↑ 인간과 로봇의 PCA 사이클

이를 독립적·자율적 판단과 실행이 가능한 지능형 로봇에 대응하면, 외부·환경에 대한 인식기술을 지각(Perception), 상황판단을 위한 인공지능 기술을 인지(Cognition), 로봇의 움직임을 발생시킬 액추에이터 기술을 행동(Action)이라 볼 수 있다. 인간과 로봇은 각자의 PCA 사이클을 돌며 독립적으로 활동하지만 서로의 PCA 사이클이 겹치면 인간과 로봇 간의 상호작용 이벤트가 발생하고, 이 이벤트가 발생하는 장소·영역이 인간–로봇 상호작용의 인터페이스가 된다.

인간–로봇 상호작용 디자인에는 로봇 중심 접근, 시스템 중심 접근, 인간 중심 접근이 있다. 우선 로봇 중심 접근은 로봇 엔지니어가 HRI를 보는 방식으로 종래의 HRI 디자인을 주도해온 접근이다. 이 로봇 중심 접근은 로봇에게 인간을 '어떻게 인식시킬 것인가'의 관점에서 로봇의 제어·구현 기술에 중점을 둔다.[20] 반면 인간 중심 접근은 로봇의 행위·반응 등에 대해 '사람들은 어떻게 생각하는가'의 측면을 살펴본다. 사람들이 로봇을 사용하며 갖게 되는 경험(생각, 느낌, 애착 등)에 대한 분석을 통해 상호작용을 디자인한다. 사람을 중심에 두면서 사용자에게 예측된 해석이 아닌 다른 의미로 전달되지 않도록 하는 데 초점을 둔다. 일반 전자제품, 웹·모바일 서비스 등과 비교해 로봇은 인간과 복잡한 상호작용이 가능한데, 이 복잡성은 역설적이게도 디자인 의도와는 다른 상호작용 결과를 유발할 수 있다. 그러므로 디자이너는 인간(사용자)의 경험에 대한 정확한 이해를 기초로 로봇의 상호작용을 디자인할 필요가 있다.

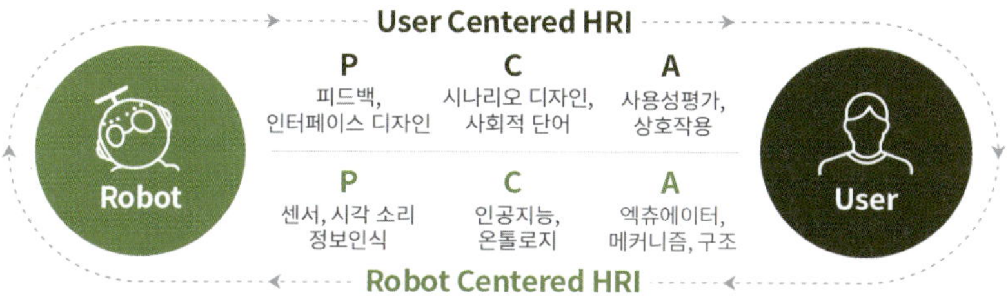

↑ 사용자 중심 HRI와 로봇 중심 HRI

한편 일본의 한 연구팀의 인간-로봇 상호작용(HRI) 사례는 로봇의 움직임이 사용자의 사용의도, 행동에 영향을 줄 수 있음을 보여준다. 이 연구팀은 해당 팀에서 개발한 쓰레기통 로봇을 활용해 어린이들이 로봇의 '쓰레기를 담아달라는' 의도를 어떤 조건에서 파악하게 되는지 알아보았다. 연구팀은 '쓰레기통'이 갖는 '쓰레기는 쓰레기통에'라는 행동 유도성을 바탕으로 어린이들이 '흔들거리는 쓰레기통 모습'에서 '쓰레기를 쓰레기통에 담아주세요'라는 의도를 읽어 낼 수 있는지를 살펴봤다. 실험결과, 어린이들은 쓰레기통 로봇이 '어린이들을 향해' 이동했을 때가 아닌 '쓰레기를 향해 흔들거리며' 이동했을 때 쓰레기를 담아달라는 행동이라고 생각했다. 이 결과는 로봇의 움직임 통해 행동의도를 직관적으로 알아 볼 수 있는 방향으로 상호작용이 디자인되어야 함을 보여준다.

↑ 쓰레기통 로봇에 대한 어린이의 사용의도 디자인[21]

얼마 전까지 로봇은 기계공학자나 정보기술 전문가들의 영역으로 여겨졌다. 하지만 일상생활에 로봇이 들어오고 점차 더 많은 활용이 예상되면서 인간과 로봇을 자연스럽게 연결할 설계자이면서 중재자로서의 디자이너의 역할이 부각되고 있다. 로봇 기술의 수준이 어느 정도 궤도에 올라선 지금 쓸모 있는 로봇 개발은 고도의 로봇 기술이 아닌 사람과 로봇의 의도와 행동을 일치시킬 수 있는 요소를 찾고 구축하는 것에 초점이 맞춰져야 한다. 이를 통해 사용자가 직관적으로 로봇의 행동을 이해할 수 있고, 사용자와 로봇과 간의 자연스러운 상호작용의 구축이 가능하다. 인간의 로봇 사용으로 발생하는 인간-로봇 상호작용은 로봇을 사용하는 사람의 행동을 긍정적으로도 부정적으로도 변화시킬 수 있는 힘을 갖는다. 때문에 사람에 대한 로봇의 반응, 로봇에 대한 사람의 반응을 다루는 상호작용 디자인은 더욱 체계적인 접근이 필요하다.

Design
Story

미국 조지아공과대학교의
어린이 재활치료와 로봇친구

미국 조지아공과대학교(Georgia Institute of Technology)의 연구팀은 인지 또는 운동기능 장애가 있는 어린이를 위한 미래지향적인 재활 도구로써 로봇을 생각했다. 손 협응 동작 등 미세 운동기능을 위한 근육 운동 재활동작은 컴퓨터 게임을 조작하는 동작과 유사하기 때문이다. 이 치료 프로그램에 참여한 장애 아동은 로봇에게 앵그리 버드(Angry Birds) 게임을 가르쳐야 하는데, 이 과정 자체가 재활치료 프로그램이 된다.

예를 들어, 운동 재활치료의 경우 어린이가 게임 운용을 위해 화면 속 버튼 등을 조작하려고 손가락을 움직이는 것이 재활운동인 것이다. 그리고 로봇은 이런 행위의 순간순간을 사진 정보로 기록하면서 게임 운용을 학습한다. 좀 더 정확하게 말하면, 로봇은 어린이의 손가락 움직임의 시작·종료위치 등을 추적하고, 그에 따른 게임화면 속 게임개체의 움직임과 반응방식 등을 확인하고 점수획득 양상을 보면서 작업의 실패·성공 정도를 파악한다.

이렇게 게임 방법을 학습한 로봇은 어린이 옆에서 어린이가 게임 속 도전과제를 성공·실패하는 상황에 따라 새를 날리거나 노래를 부르기도 하고, 춤을 추는 등 다양한 반응을 보인다. 이러한 반응은 어린이의 입장에선 응원이지만, 치료의 관점에선 재활운동의 참여 동기를 높여주는 장치가 된다.

한편 로봇을 활용한 재활치료의 장점 중 하나는 로봇은 지치거나 지루해하지 않는다는 것이다. 게임이 재미있는 활동이긴 하지만, 게임 속 개체나 화면 속 버튼을 반복적으로 만지고 조작하는 행위가 부모에겐 지루하고 단조로운 작업일 수 있다. 하지만 로봇 친구에겐 이러한 활동이 지겹지 않다. 덕분에 아이들이 게임을 하면서 즐겁게 재활할 수 있다.

↑ [사진 ©Georgia Tech]

앞으로 우리는 어떤 방식으로든 디지털화된 기계와 살아가게 될 것이다. 어떤 로봇을 디자인할 것인가? 어떻게 하면 낯설고 무섭게 느낄 수 있는 로봇과의 만남을 자연스럽고 친근하게 느끼도록 유도할 수 있을까? 디자이너는 인간과 기계, 인간과 로봇 사이를 자연스럽게 이어줄 중재역할을 수행할 수 있다. 현대와 미래의 인류에 필요할 로봇의 형태와 기능을 디자인하는 것이 로봇디자이너의 책임일 것이다.

함께 생각해볼까요

1. 여러분이 일상에서 만난 로봇에는 어떤 것들이 있나요? 사람들의 일상 속에 들어온 로봇이 있는 카페, 공항 등의 장소를 방문해 체험해보면서 로봇이 하는 일, 역할 등을 조사해봅시다.
2. 여러분이 조사한 로봇 중 여러분에게 가장 마음에 드는 로봇과 가장 마음에 들지 않는 로봇은 각각 무엇인가요? 그 이유는 무엇이었는지 비교해서 생각해봅시다.

Reference

Chapter 1

1 장준혁 (2018). "새로운 인공지능 기술 GAN① – 스스로 학습하는 인공지능". SAMSUNG SDS.

2 Autodesk. (2018). Generative Design. Autodesk. https://www.autodesk.com/solutions/generative-design(검색일: 2022년 5월 24일)

3 Bohnacker, H., Groß, B., Laub, J., Lazzeroni, C., Gross, B., Laub, J., & Lazzeroni, C. (2009). Generative Gestaltung: entwerfen, programmieren, visualisieren. Mainz: Schmidt.

Chapter 2

1 http://www.epnc.co.kr/news/articleView.html?idxno=103498

2 https://www.designboom.com/technology/divergent-the-blade-3d-printed-hypercar-05-16-2019

3 https://www.motorauthority.com/news/1127356_deep-dive-czinger-21c-3d-printed-hypercar-changes-how-cars-are-built

4 https://www.thebetterindia.com/253602/chennai-iit-madras-3d-printing-construction-home-affordable-housing-industry-tvasta-manufacturing-solutions-innovation-india-nor41

5 https://redshift.autodesk.co.kr/3d-printing-affordable-homes

6 https://www.wevolver.com/article/3d-bioprinting-gives-researchers-the-power-to-create-artificial-organs

7 https://www.sciencetimes.co.kr/news/3d-%ED%94%84%EB%A6%B0%ED%84%B0%EB%8F%84%84-%EC%9D%B4%EC%A0%9C%EB%8A%94-%EA%B8%88%EC%86%8D%EC%9D%B4-%EB%8C%80%EC%84%B8

Chapter 3

1 Milgram, P., & Kishino, F. (1994). A taxonomy of mixed reality visual displays. IEICE TRANSACTIONS on Information and Systems, 77(12), 1321-1329.

2 Azuma, R. T. (1997). A survey of augmented reality. Presence: teleoperators & virtual environments, 6(4), 355-385.

3 Brooks, F. P. (1999). What's real about virtual reality?. IEEE Computer graphics and applications, 19(6), 16-27.

4 Burdea, G. C., & Coiffet, P. (2003). Virtual reality technology. John Wiley & Sons.

5 http://m.segye.com/view/20170519002422(검색일: 2022년 4월 28일)

6 Boud, A. C., Haniff, D. J., Baber, C., & Steiner, S. J. (1999). Virtual reality and augmented reality as a training tool for assembly tasks. In Information Visualization, 1999. In Proceedings of IEEE International Conference on (pp. 32-36). IEEE.

7 Boud, A. C., Haniff, D. J., Baber, C., & Steiner, S. J. (1999). Virtual reality and augmented reality as a training tool for assembly tasks. In Information Visualization, 1999. In Proceedings of IEEE International Conference on (pp. 32-36). IEEE.

8 Nagy, P., & Koles, B. (2014). The digital transformation of human identity: Towards a conceptual model of virtual identity in virtual worlds. Convergence, 20(3), 276-292.

9 Bamodu, O., & Ye, X. M. (2013). Virtual reality and virtual reality system components. Paper presented at the Advanced Materials Research.

10 Ondrejka, C. (2004). Escaping the gilded cage: User created content and building the metaverse. NYL Sch. L. Rev., 49, 81.
11 Dionisio, J. D. N., III, W. G. B., & Gilbert, R. (2013). 3D virtual worlds and the metaverse: Current status and future possibilities. ACM Computing Surveys (CSUR), 45(3), 1-38.
12 Dionisio, J. D. N., III, W. G. B., & Gilbert, R. (2013). 3D virtual worlds and the metaverse: Current status and future possibilities. ACM Computing Surveys (CSUR), 45(3), 1-38.
13 ASF (2007). Metarverse Roadmap Overview.
14 http://www.aitimes.com/news/articleView.html?idxno=144254(검색일: 2022년 4월 28일)
15 https://www.dezeen.com/2021/12/21/gifts-of-the-forest-ar-nespresso/(검색일: 2022년 4월 28일)
16 https://news.kmib.co.kr/article/view.asp?arcid=0017023247&code=61151111&sid1=eco (검색일: 2022년 4월 28일)
17 https://www.sciencefocus.com/future-technology/prof-daniel-freeman-on-using-virtual-reality-to-treat-mental-health-problems/(검색일: 2022년 4월 22일)
https://vigourtimes.com/vr-therapy-can-help-psychosis-patients-study-shows/(검색일: 2022년 4월 22일)

Chapter 4

1 http://www.irobotnews.com/news/articleView.html?idxno=27321
2 (International Federation of Robotics, IFR)
3 2020 World Robotics (2021)
4 10 Industrial Robot Companies That Lead the Industry (2021) https://www.automate.org/news/10-industrial-robot-companies-that-lead-the-industry
5 http://www.aitimes.com/news/articleView.html?idxno=136931 마켓앤마켓 보고서 2020 보고서
6 http://www.aitimes.com/news/articleView.html?idxno=138153
7 KIAT 서비스 로봇 시자 및 기술 동향, GT insight 2021: file:///C:/Users/user/Downloads/(2021-GT-DE-007)GT%EC%9D%B8%EC%82%AC%EC%9D%B4%ED%8A%B8_%EC%84%9C%EB%B9%84%EC%8A%A4+%EB%A1%9C%EB%B4%87+%EC%8B%9C%EC%9E%A5+%EB%B0%8F+%EA%B8%B0%EC%88%A0+%EB%8F%99%ED%96%A5%20(1).pdf
8 http://www.econovill.com/news/articleView.html?idxno=405906
9 https://www.mhns.co.kr/news/articleView.html?idxno=418299
10 https://www.elec4.co.kr/article/articleView.asp?idx=17780
11 https://www.mhns.co.kr/news/articleView.html?idxno=418299
12 https://story.baemin.com/1686/
13 Myungsuk Kim, Kwangmyung Oh, Jihoon Kim, Sonya S. Kwak (2006). Robot design and major research issues, the 1st Bi-annual Robot Conference of Korea Robotics Society, Jeju, Korea, June 14-16.
14 김정은 (2019). 가정용 소셜 로봇의 연이은 실패가 로봇산업에 남긴 교훈, The daily post, 인터넷신문위원회
15 김민규 (2020). 로봇을 통해서 인간을 탐구하다: HRI의 필요성과 역할, 융합연구리뷰 6(8), 융합연구정책센터
16 장지민 (2019). 인간의 동반자가 되고 싶은 '소셜 로봇', 한경비즈니스, 제1245호
17 Robinson, N. L., Connolly, J., Johnson, G. M., Kim, Y., Hides, L., & Kavanagh, D. J. (2018). Measures of incentives and confidence in using a social robot. Science Robotics, 3(21),

eaat6963.

18 Masahiro, M. (1970). “The Uncanny Valley”. Energy Vol. 7, No. 4, 33–35.

19 Masahiro, M. (1970). “The Uncanny Valley”. Energy Vol. 7, No. 4, 33–35.

20 Masahiro, M. (1970). “The Uncanny Valley”. Energy Vol. 7, No. 4, 33–35.

20 Jihoon Kim, Myungsuk Kim (2005). A Fundamental Study on Design–Centered HRI Research Framework, Proceeding of the 2nd Bi–annual Design Conference of Korea Society of Design Science, 68–69.

21 Yamaji, Y., Miyake, T., Yoshiike, Y., De Silva, P. R. S., & Okada, M. (2011). Stb: Child–dependent sociable trash box. International Journal of Social Robotics, 3(4), 359–370.

PART
04

디자인교육 시작하기

Chapter 1 지속가능한 디자인을 위한 교육
Chapter 2 인공지능 활용 디자인교육
Chapter 3 가상현실 활용 디자인교육
Chapter 4 NFT 기반 디자인 창업교육

Chapter 1

지속가능한 디자인을 위한 교육

우리 학생들은 과거와 다르게 급격하게 악화되어가는 기후변화를 겪으며, COVID-19로 인해 서로의 호흡을 마스크로 차단해야 안전을 담보할 수 있는 세상에서 살고 있다. 이런 지속가능하지 못한 세상의 변화로 인해 디자인의 지속가능성은 더 중요해지고 있다. 지속가능한 디자인을 위한 교육은 어떻게 시작해야 할까?

지속가능한 디자인을 위한 교육은 어떻게 생겨났나?

지속가능발전교육은 리우 UN환경발전회의(1992)에서 지속가능성을 실현하기 위한 아젠다21을 통해서 지속가능발전을 실현할 수 있는 교육개념으로 지속가능발전교육이 제기되었다. 지속가능발전교육의 정의는 "모든 사람들이 질 높은 교육의 혜택을 받을 수 있으며, 이를 통해 지속가능한 미래와 사회변혁을 위해 필요한 가치, 행동, 삶의 방식을 배울 수 있는 사회를 지향하는 교육"이다.[1] 지속가능발전교육은 지속가능한 미래를 위하여 우리의 가치, 신념부터 생활의 실천까지 장기적인 관점에서 진행되어야 하는 필수적인 교육이라고 볼 수 있다. 지금까지의 인류가 추구해온 물질문명 중심의 발전이 아닌 환경과의 조화로운 공존 추구를 위해 필요한 교육이다. 가치와 태도의 전환을 위한 교육이므로 학교뿐만이 아니라 가정, 지역사회가 함께 동참해야 효과적이다. 1부 2장에서 언급한 OECD의 미래학습의 틀에서도 학생들의 지속가능성 추구에 대한 교육이 중요하다고 강조했다. 미래학습의 틀의 가치 창출하기 범주는 지속가능발전을 이루기 위한 새로운 성장을 지원할 수 있는 능력과 관련이 있다. 학생들이 지속가능한 미래를 추구할 수 있도록 역량을 배양시키는 교육이 중요하다.

우리나라 교육과정을 살펴보면, 2015 개정 교육과정의 10개의 범교과 학습주제에 환경·지속가능발전교육이 속해 있다. 2022 개정 교육과정 총론의 주요 방향에서도 기후·생태환경 변화로 인한 지속가능발전 과제에 대한 대응능력 및 공동체적 가치를 함양하는 교육강화를 위해 '생태전환교육'을 강조하고 있다.[2] 학습자의 인간과 환경의 공존을 추구하는 지속가능한 사회를 위한 생태전환교육을 거론한 것이다. '시민성, 개인과 사회의 지속가능성 및 생태 감수성' 등 미래사회에 필요한 역량이 핵심역량과 교육목표로 제시되고 있다.[3] 고등학교 윤리교과목 중 '기후변화와 지속가능한 세계' 교과가 신설되었다. 2022 개정 교육과정 총론의 주요 사항에서 제시하고 있는 생태전환교육은 기후변화와 환경재난 등에 대응하고 환경과 인간의 공존을 추구하며, 지속가능한 삶을 위한 모든 분야와 수준에서의 생태적 전환을 위한 교육'으로 정의 내리고 있다.[4] 이렇듯 국내외 교육기관에서 지속가능발전교육 실천에 힘쓰고 있다.

지속가능발전교육 실천에 있어서 보넷(Bonnett, M.)은 지속가능성을 추구하기 위한 교육에 있어서 사랑을 기반으로 한 가치체계의 틀을 강조했다. 그는 인간, 환경, 자연과의 사랑을 기반으로 한 관계성 정립을 통해 인간을 자연 생태계의 일부로 여기며, 인간과 삶을 유지시켜 주는 생태공동체들을 사랑으로 연결해야 한다고 주장했다.[5] 바람직한 인간의 역할에 대한 가치체계에 대한 교육을 강조한 것이다.

지속가능한 디자인을 위한 교육은 무엇일까?

지속가능한 디자인을 위한 교육은 앞서 언급한 지속가능발전교육의 비전을 공유한다. 지속가능한 디자인을 위한 교육은 학생들의 건강하고 행복한 미래를 위하여 그들의 삶의 터전을 지속가능하게 지킬 수 있는 디자인 역량을 키워주는 교육이라고 할 수 있다. 지속가능한 디자인을 위한 교육의 목적은 디자인 결과물이 자연 생태계에 미치는 영향을 알고 책임의식을 느끼며, 사회, 환경, 경제, 문화의 통합적으로 사고하며 지속가능성을 실천할 수 있는 디자인에 대해 교육하는 것이다. 이를 위해 생태계의 터전인 지구를 사랑하는 마음이 있어야 하며, 환경문제와 복잡하게 얽혀 있는 사회적 이슈를 파악할 수 있어야 하고, 문제를 창의적으로 해결할 수 있는 능력이 필요하다. 시대 문제에 공감할 줄 아는 마음과 지속가능성 이슈를 분석할 수 있는 눈 그리고 옳은 일을 행동으로 옮길 수 있는 추진력을 학습시켜야 한다.

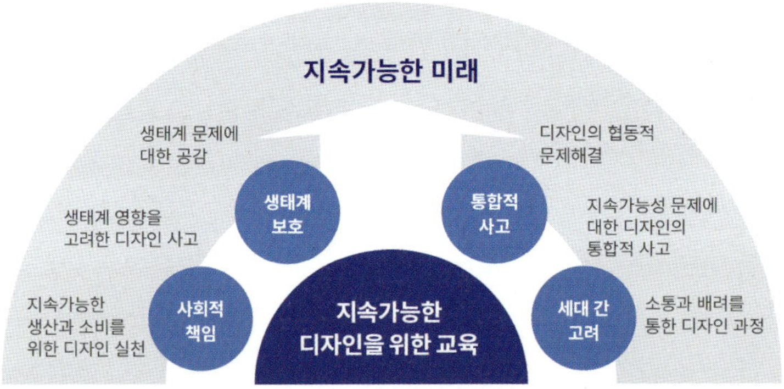

↑ **지속가능한 디자인을 위한 교육의 4가지 역량과 6가지 실천과제**

지속가능한 디자인을 위한 교육의 지향점은 지속가능한 미래의 실현이라고 할 수 있다. 이를 위해 4가지의 역량과 6가지의 실천과제를 제시하고자 한다. 생태계 보호, 통합적 사고, 사회적 책임, 세대 간 고려의 4가지 역량이다. 생태계 보호는 인류가 생태계의 일원으로서의 생태계를 보호할 수 있는 역량을 말한다. 사회적 책임은 지속가능성에 역행하는 문제에 대해서 사회적 책임을 다할 수 있는 역량을 말한다. 통합적 사고는 시대가 직면한 지속가능성 이슈에 대해서 사회, 문화, 경제, 환경의 통합적으로 사고할 수 있는 역량을 뜻한다. 세대 간 고려역량은 지속가능한 사회를 이끌기 위한 현세대와 미래세대 간의 배려를 말한다.

지속가능한 디자인을 위한 교육의 6가지 실천과제로 '생태계 문제에 대한 공감'은 생태계의 환경문제에 대해서 나의 일처럼 공감할 수 있는 능력을 키워 주는 것이다. '생태계 영향을 고려한 디자인 사고'는 생태계를 지속가능하게 지킬 수 있는 디자인을 하는 것이다. '지속가능한 생산과 소비를 위한 디자인 실천'은 디자인을 할 때 디자인 상품의 생산, 소비, 폐기와 업사이클링의 전 과정을 지속가능하게 진행하는 것이다. '지속가능성 문제에 대한 디자인의 통합적 사고'는 지속가능성 문제에 대해서 사회, 문화, 경제, 환경의 통합적인 사고를 하는 것이다. '디자인의 협동적 문제해결'은 디자인 활동에 있어서 문제해결을 함께 해나가는 것이다. '소통과 배려를 통한 디자인 과정'은 미래세대와 현세대 간 소통과 배려에 기초한 디자인을 실천하는 것이다.

창의적인 미래를 위한 지속가능한 디자인을 위한 교육

이상적인 미래를 위한 지속가능한 디자인은 무엇이며, 어떠한 교육을 실천해야 할까? 아래 이미지는 2050년 파리의 미래지향적인 스마트 시티 디자인이다. 식물과 공생하는 녹색 건축의 도시로 커뮤니티 정원 가꾸기와 녹지 공간을 보여주고 있다. 주거 및 상업 지구가 함께하는 복합공간으로 건물 외부에서 햇빛을 수확하고 바이오 연료를 생산하는 태양에너지 발전기를 가동한다. 각 나라에서 제시하고 있는 미래 도시는 공통적으로 지속가능성을 추구하고 있다. 지속가능한 디자인을 위한 교육에 있어서 학생들에게 창의적인 미래를 꿈꿀 수 있도록 해야 한다.

↑ **2050년 파리의 미래지향적인 스마트 시티** [사진 ©Vincent Callebaut]

사례 1: Fanshawe College 디자인 재단 인증 프로그램

↑ **팬쇼(Fanshawe)대학의 디자인 재단 인증 프로그램** [사진 ©Fanshawe College]

팬쇼(Fanshawe)대학의 디자인 재단 인증 프로그램으로 초등, 중등학교 학생을 대상으로 한 지속가능한 패션디자인 수업사례이다. 캐나다의 현충일에는 양귀비꽃을 달아 전쟁 중 희생된 참전용사의 희생을 기려왔다. 이러한 현충일의 의미를 되새기며 학생들과 양귀비 브로치를 디자인하는 수업을 진행했다. 환경문제를 고려해 종이로 만든 양귀비 브로치를 디자인해 전시를 했다. 수업은 팬쇼대학의 교수가 진행하고 프로그램에 필요한 자금과 양귀비 씨앗 등의 재료는 각종 기관에서 기증을 받아 진행했다. 초등, 중등학교 학생을 대상으로 한 지속가능한 디자인을 위한 교육에 대학과 기관이 협력한 유의미한 사례이다.

사례 2: Raumlabor의 Officina Roma

↑ **라움라보어(Raumlabor)의 오피치나 로마(Officina Roma)** [사진 ©Raum labor]

건축가 라움라보어(Raumlabor)가 고등학교 학생들과 함께 재활용 쓰레기를 활용해 지속가능한 건축디자인을 진행했다. 오피치나 로마(Officina Roma)라는 빌라로 침실, 주방, 작업실로 구성해 실험적인 건축을 실행했다. 이탈리아 전역의 24명의 고등학생들과 일주일간의 다양한 워크숍과 토론을 거쳐 디자인을 진행하였다. 건축 자재로 오일 배럴, 병, 목재, 창문 및 자동차 부품 등의 재활용품을 활용하여 콜라주로 디자인했다. 재활용 유리병으로 지어진 주방, 중고차 문을 활용한 침실, 나무 창문과 오래된 가구를 사용한 작업장, 재활용 오일 배럴을 비롯한 재활용 재료로 만든 지붕의 빌라다. 오피치나 로마는 이탈리아에서 진행되는 건축디자인 관련 워크숍과 토론 개최장소로도 활용되었다. 본 사례는 지역의 자원에 근거하여 전문가와 학생들이 함께 진행한 지속가능한 디자인을 위한 교육 사례라는 점에서 의미가 있다고 볼 수 있다.

↑ **라움라보어(Raumlabor)의 오피치나 로마(Officina Roma)** [사진 ⓒRaumlabor]

지속가능한 디자인 수업 가이드 S-MAP Approach

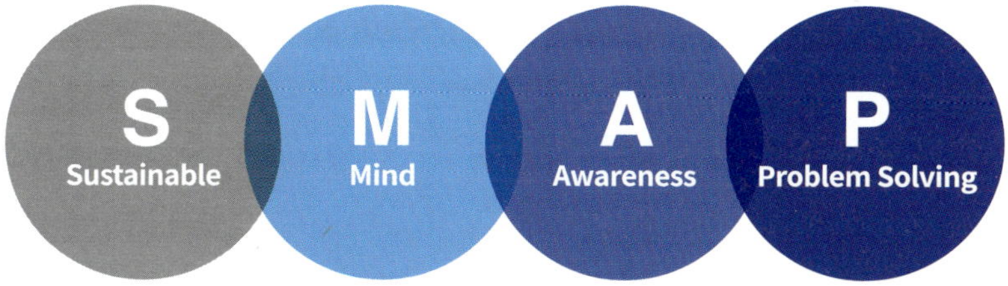

• 과학, 기술 및 합리성과 디자인의 결합

• 인류공동체의 삶의 터전인 자연환경과 생태계를 아끼고 배려하는 마음 가지기

• 지속가능한 디자인의 개념과 필요성, 그리고 관련 문제에 대해서 인지하고 문제의식 갖기

• 지속가능성 문제에 대해서 디자인을 통해서 통합적 관점에서 창의적으로 문제해결하기

↑ S(Sustainable)–MAP Approach

S(Sustainable)–MAP Approach는 지속가능한 디자인 수업 가이드이다. 총 3단계로 첫 번째 마인드(Mind) 단계는 학생들에게 자신의 삶을 사랑하고 더 나아가 인류공동체의 삶의 터전인 자연환경과 생태계를 아끼고 배려하는 마음을 심어주는 단계다. 자연환경과 생태계 관련 문제는 지식적 접근보다 자연에 대한 사랑을 일깨우는 감성적 접근이 교육적 효과가 크기 때문이다.[6]

두 번째 단계는 지속가능성 이슈에 대한 문제의식을 토대로 지속가능한 디자인의 개념과 필요성에 대해서 깨닫고 인식(Awareness)하는 단계이다. 최근 환경문제에 대해 지속가능성에 대한 문제의식으로 분석할 수 있는 안목이 필요하다.

세 번째 문제해결(Problem Solving) 단계는 학생들에게 지속가능한 디자인을 위한 교육을 통해 지속가능성 관련 문제를 창의적으로 해결하는 실천능력을 키워주는 단계이다. 지속가능한 디자인을 위한 교육을 통해 지속가능성을 저해하는 문제에 대해서 통합적 관점에서 창의적으로 문제를 해결할 수 있어야 한다.

지속가능한 디자인 수업을 하기 위한 마음가짐, 인식, 실천을 위한 가이드로 S–MAP Approach를 제시하였다.

지속가능한 디자인 수업 설계하기

단계	지속가능한 디자인 수업설계 시 주요 내용
STEP 1 지속가능한 디자인 수업 교육목표 및 주제선정	• 지속가능한 디자인 수업의 수업주제를 선정하는 단계 • 학교급과 미술교과 특성을 고려하며 주제를 선정할 때 학생들의 실생활과 연관성이 높고 공감과 흥미를 끌 수 있는 주제로 선정 • 지속가능성 이슈와 연관된 디자인 분야(시각, 제품, 환경 디자인 등)를 고려하여 수업주제 선정 • 지속가능한 디자인 수업을 융합수업으로 진행하고자 할 때 사회, 과학 등의 적합한 타교과를 선정하여 동일한 수업주제로 정리
STEP 2 지속가능한 디자인 수업을 위한 교육과정 분석	• 1단계에서 선정한 지속가능한 디자인 수업주제와 관련된 미술과 교육과정과 단원 분석 • 타교과와의 융합수업을 설계한다면 주제에 맞게 선정한 교과별 교육과정과 단원에 대해서 함께 분석 진행
STEP 3 지속가능한 디자인 수업내용 구성	• 2단계의 교육과정과 단원 분석 내용을 기초로 미술교과 수업으로 구성할지 융합수업을 구성할지에 따라서 교과구성과 교육목표 및 총 차시 구성 • 교육목표, 교과구성, 차시 구성에 따라 차시별 수업내용을 고려하여 차시별 계획도 구성 • 차시별 계획도의 수업내용 흐름에 맞게 학생들이 주제에 공감하며 접근할 수 있도록 구성하며, 수업주제에 대한 논리적 접근을 통해 문제해결을 할 수 있는 과정으로 구성
STEP 4 세부 수업활동 및 평가계획	• 3단계에서 구성한 총 차시별 계획 내용에 맞게 세부 디자인 활동을 구성하여 교수학습과정안 구성(온·오프라인 수업에 대해 고려하여 작성) • 매 차시별 세부 수업활동 내용을 구성하며 학습목표와 평가를 함께 계획하기 • 학습목표와 수업내용 그리고 평가내용이 일치할 수 있도록 구성
STEP 5 수업내용 검증 및 감상계획	• 4단계에서 구성한 세부 수업활동 내용과 평가계획에 맞게 교사는 지속가능한 디자인 예시작을 제작한 뒤 학생 표현활동과 평가체계 구체화 • 수업 예시작을 기초로 온·오프라인 수업에서 학생들의 작품을 어떻게 함께 감상하고 전시하여 공유할지 계획하기

↑ 지속가능한 디자인 수업 설계 가이드

앞서 살펴본 S-MAP Approach에 기초해서 지속가능한 디자인 수업을 설계할 수 있는 가이드[7]를 소개하고자 한다. 수업 설계 가이드 STEP 1은 지속가능한 디자인 수업의 주제를 선정하는 단계다. 학교급을 고려하고 학생들의 실생활과 연관성이 높고 흥미를 끌 수 있는 주제를 선정한다. 수업주제에서 지구 온난화, 이상기후, 물 부족 등 함께 풀어가야 할 글로벌 이슈를 다룰 때 학생들의 일상생활의 경험과 연관시켜 공감대를 형성할 수 있도록 한다. 예를 들어, 기후변화에 따른 계절별 소재를 고려한 패션디자인 주제처럼 학생들의 이해와 몰입이 쉽도록 학생 생활과 연관된 주제를 선정한다. 학생들이 실생활에서 지속가능성을 저해하는 문제점을 알고 해결하기 위한 아이디어를 제시하고 실천할 수 있는 방향까지 경험할 수 있는 주제를 잡는 것이 좋다. 지속가능한 디자인 수업내용에서 사회적 혹은 기술적 문제도 함께 다루고자 한다면 융합수업을 고려해볼 수 있다. 융합수업 구성 시 교과별로 동일한 수업주제와 지향점을 같이 가져가는 게 좋다.

STEP 2는 지속가능한 디자인 수업을 위한 교육과정 분석 단계로, 1단계에서 선정한 지속가능한 디자인 수업주제와 관련된 미술과 교육과정을 분석한다. 타교과와의 융합수업을 구성 시 교과별 교육과정과 단원에 대해서 함께 분석을 진행한다.

STEP 3은 지속가능한 디자인 수업내용을 구성하는 단계로 전 단계의 교육과정 분석 내용을 기초로 미술수업으로 구성할지 융합수업을 구성할지에 따라서 교육목표와 교과구성 및 차시구성을 한다. 교육목표, 교과구성, 차시구성을 고려하여 차시별 계획도를 구성한다. 학생들이 지속가능성 이슈에 대해서 논리적으로 탐색하고 통합적 관점에서 창의적으로 문제를 해결할 수 있도록 수업내용을 구성한다.

STEP 4는 세부 수업활동 및 평가계획 단계로 전 단계에서 구성한 차시별 내용에 맞게 수업활동과 교수학습과정안을 구성한다. 차시별 학습목표와 수업활동 그리고 평가를 함께 계획하여 일치화시키는 것이 좋다. 대면^비대면 수업과 브렌디드 수업을 고려하여 진행한다. 수업활동에 있어서 문제해결의 과정에서 지속가능성 실천을 위해서 6Rs을 적용해볼 수 있다. 6Rs의 재화의 소비에 있어서 필요한 물건인지 '다시 생각하기(Rethink)', 불필요한 자원을 '거절하기(Refuse)', 소비를 줄이기 위한 '줄이기(Reduce)', 자원 절약을 위한 '재사용하기(Reuse)', 물건에 대해 '고쳐쓰기(Repair)'와 '재활용(Recycle)'이다. 이러한 6Rs을 지속가능한 디자인 수업활동에 활용할 수 있다.

STEP 5는 수업내용 검증 및 감상계획을 진행하는 단계로 전 단계에서 구성한 수업활동 내용과 평가계획에 맞게 평가체계를 구체화한다. 교사의 수업 예시작을 기초로 학생들의 작품을 어떻게 함께 감상하고 전시 및 공유할지 계획한다. 위와 같이 지속가능한 디자인 수업 설계 가이드에 따라 단계별로 수업을 설계하고 적용할 수 있다.

지속가능한 디자인 포트폴리오 만들기

단계	내용
STEP 1 공감하기	• **주어진 문제에 대한 조사** 지속가능성 관련 문제 상황을 이해하는 단계로 조사를 통해 정보를 모으며 문제에 대해서 공감하기
STEP 2 정의하기	• **사용자의 요구사항과 문제를 구체화** 지속가능성 관련 사용자의 문제를 구체화하기 위하여 전 단계에서 수집한 자료를 종합 정리하기
STEP 3 아이디어 개발하기	• **가정을 만들고 아이디어를 창출** 지속가능성 문제에 대해서 다양한 가능성을 탐색하며 아이디어를 정리하여 제시함
STEP 4 모형 만들기	• **해결안의 도출** 지속가능성 문제를 해결하기 위한 아이디어 중 적합한 해결안을 실제로 만들어보는 단계임
STEP 5 시험하기	• **해결안의 평가** 지속가능한 디자인 시안이 잘 작동하는지 확인하는 과정으로 개발한 모형을 평가하고 실행하는 단계

↑ 디자인 사고에 기초한 지속가능한 디자인하기

지금까지 선생님 입장에서 지속가능한 디자인 수업을 어떻게 진행할지 살펴보았다. 학생 입장에서 어떻게 지속가능한 디자인 포트폴리오를 만들 수 있을지 제시하고자 한다. 디자인 관점에서 지속가능성 문제를 해결하기 위하여 디자인 사고를 적용하면 논리적으로 진행할 수 있다. 디자인 사고의 5단계에 따라 공감하기, 문제 정의하기, 아이디어 만들기, 모형 만들기, 시험하기 단계에 따라 체계적으로 디자인을 할 수 있다.

[단계 1: 공감하기] 대상에 대한 깊은 이해를 바탕으로 한 공감은 디자인의 주체와 객체의 경계를 허무는 작업의 시작점이다.
공감하기 단계는 지속가능성 문제를 이해하는 단계로 문제상황에 관련된 조사를 진행한다. 지속가능한 디자인의 문제상황을 파악하기 위한 탐색을 진행한다. 예를 들면 멸종위기 식물을 보호하기 위한 지속가능한 디자인을 공공디자인 분야에서 접근할 수 있다. 멸종위기 식물 증가에 대한 경각심을 주기 위

한 공공디자인을 어떻게 진행할 수 있을지 조사한다. 예시처럼 멸종위기 식물에 대한 인터넷 조사와 생태식물원 관계자와의 인터뷰나 설문조사 등 다양한 조사를 진행할 수 있다.

[단계 2: 문제 정의하기] 문제를 구체화화는 단계로 주어진 문제 상황에 대한 이해가 전제될 때 가능하며, 핵심이 무엇인지 파악해내는 것을 의미한다.
문제 정의하기 단계에서 조사한 멸종위기 식물 문제에 대한 정보를 종합하고 분석해서 문제해결의 방법을 파악하는 단계이다. 마인드 맵, 통계분석, 퍼소나를 활용할 수 있다. 예시로 멸종위기 식물을 보호하기 위한 지속가능한 디자인을 공공디자인으로 진행하기 위한 문제를 구체화했다. 앞 단계의 인터넷 조사, 인터뷰, 설문조사 등의 결과를 종합하여 멸종위기 식물 보호를 위한 지속가능한 디자인 컨셉을 마인드 맵으로 정리했다.

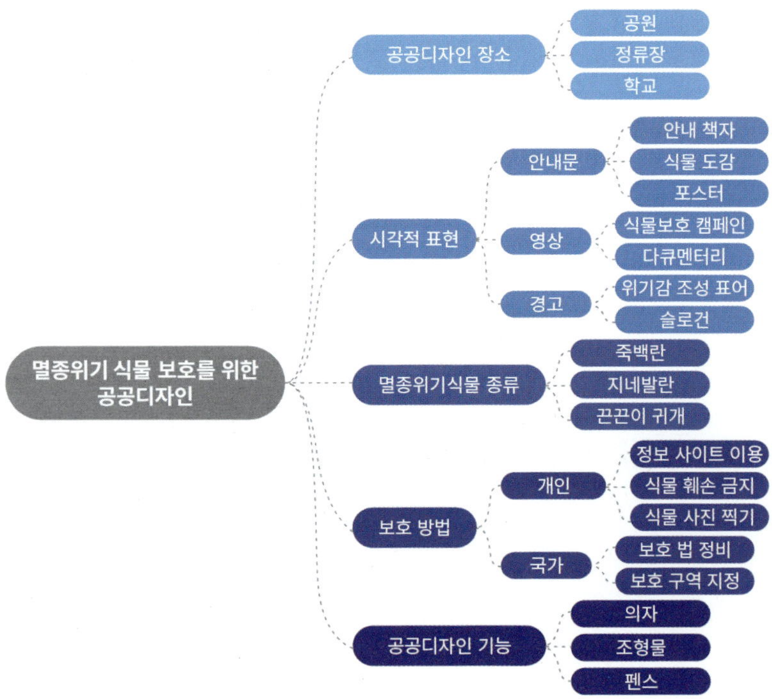

[단계 3: 아이디어 만들기] 파악한 상황과 핵심 문제의 해결을 위해 다양한 해결 아이디어를 만들어내는 단계이다.

아이디어 만들기 단계에서는 디자인 주제에 대해서 다양한 아이디어를 제시한다. 멸종위기 식물 보호의 메시지를 알리기 위한 공공디자인을 위해서 확산적 사고를 진행한다. 멸종위기 식물을 모티브로 공원 울타리나 벤치 디자인에 대한 브레인스토밍과 스케치를 진행하며 아이디어를 우선순위대로 정리하는 것도 도움이 된다. 아래 예시는 멸종위기 식물인 지네발란을 모티브로 한 공원 울타리 디자인에 대한 아이디어 스케치다.

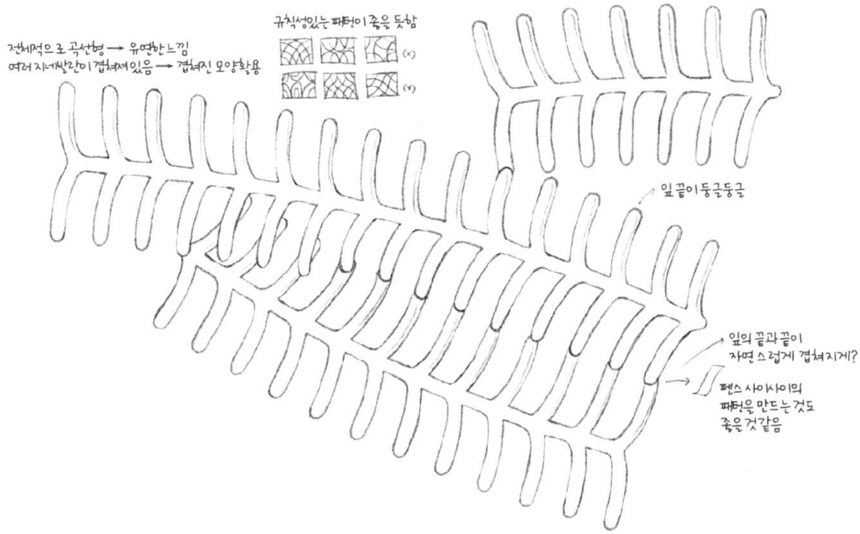

[단계 4: 모형 만들기] 수많은 아이디어 중에서 가장 좋은 해결안을 실제로 만들어 봄으로써 실제화하는 단계이다.

전 단계에서 제시된 아이디어를 바탕으로 지속가능한 디자인의 해결안을 도출하는 단계이다. 멸종위기 식물을 모티브로 한 디자인 중에서 선정하여 시안을 만든다. 완벽하게 만들 필요는 없으나 함께 보고 아이디어에 대해서 논의할 수 있는 종이모형, 스토리보드 등을 제작한다. 디자인 모형의 완성도는 중요하지 않으며 서로 커뮤니케이션할 수 있을 정도로 제작한다. 아래 사진은 멸종위기 식물인 지네발란을 모티브로 한 공원 울타리 디자인을 3D 프로그램으로 디자인을 진행한 것이다.

[단계 5: 시험하기] 해결안으로 만든 모형의 효과를 알아보기 위한 평가단계이다. 전 단계에서 만든 지속가능한 디자인 모형이 잘 만들어졌는지 평가하는 단계이다. 성공적이지 않다면 전 단계로 돌아가거나 개선이 가능한 단계이다. 지금까지 디자인 사고를 기초로 지속가능한 디자인 포트폴리오 제작에 대해서 살펴보았다. 이제 지속가능한 디자인을 위한 교육을 위한 향후 과제에 대해서 살펴보고자 한다.

지속가능한 디자인을 위한 교육과 향후 과제

지속가능성에 대한 관심이 증대됨에 따라 지속가능한 디자인을 위한 교육 연구와 프로그램 개발이 더 중요해질 것으로 예상된다. 하지만 앞서 언급한 것처럼 지속가능한 디자인은 학생들의 가치나 태도의 변화를 지향하는 교육이므로 절대 시간이 필요하다. 수업을 통해 지속가능한 미래를 위해 함께 풀어야 할 숙제들에 대해서 학생들이 진심으로 고민할 수 있어야 한다. 교사는 유의미한 교육적 목표에 맞는 지속가능한 디자인 수업의 주제 선정과 체계적인 수업 설계를 할 수 있어야 한다. 지속가능한 디자인 수업이 일회적인 접근에 그치지 않도록 지속가능성의 기본개념 학습과 함께 학생들이 함께 고민할 수 있도록 토론을 구성해야 한다.

지속가능한 디자인 수업의 주제 선택에 있어서 학교마다 지역 특성과 연관된 주제를 선택하면 학생들의 공감과 참여를 높일 수 있을 것이다. 학교에서 협업할 수 있는 지역사회 기관과 단체와 협력도 좋은 방법이다. 지속가능한 세상은 선택이 아닌 인류가 나아가야 할 필수적인 길이다. 이에 지속가능한 디자인을 위한 교육의 적극적인 실천과 확산이 이루어지길 바란다.

함께 생각해볼까요

1. 지속가능한 디자인 수업을 운영하기 위해서 학교에서 필요한 지원과 학생이 준비해야 하는 것은 무엇일까요? 그 이유는 무엇일까요?
2. 본장에서 소개한 지속가능한 디자인 포트폴리오 활동을 나의 아이디어로 재구성해봅시다. 그리고 나의 아이디어 안에 어떠한 문제해결의 관점이 있었는지 생각해봅시다.

Chapter 2

인공지능 활용 디자인교육

세계가 인공지능 교육에 주목하는 이 시점에 디자인교육은 어떻게 나아가야 할까? 디자이너는 클릭 한번으로 무제한의 디자인 시안을 만들어주는 인공지능 기술에 의존해야 하는 것일까? 아니면 인공지능 알고리즘까지 설계하며 적극적으로 인공지능을 활용한 디자인을 해야 할까? 인공지능이 가져오는 디자인의 새로운 변화를 주도적으로 맞이할 수 있도록 교육의 방향을 탐색해보자.

세계는 지금 인공지능 교육 시대

현재 인공지능 교육의 시대라고 할 수 있을 정도로 전 세계적으로 인공지능 교육정책을 시행하고 있다. 미국은 인공지능 관련 인재양성을 위해서 정부 주도로 브레인 이니셔티브(Brain Initiative)를 추진하여 인공지능 연구에 투자하는 한편, 인공지능 교육과정 가이드 라인인 AI4K를 개발하여 초·중·고 인공지능 교육에 대해 지원하고 협업할 수 있는 커뮤니티를 활성화시키고 있다.[1] 인공지능 교육 지침인 알고리즘과 프로그래밍 관련 인공지능 주제의 'K12 학생을 위한 인공지능(AI4K12)'이라는 교육의 5가지 빅아이디어를 제시하였다.[2] 다이어그램을 살펴보면 컴퓨터는 센서를 이용해 세상을 인식한다는 '인식', 기계는 세상에 대한 표현을 만들고 이를 추론해 사용한다는 '표현과 추출', 컴퓨터는 데이터를 통해 학습한다는 학습, 지능형 기계는 인간과 자연스러운 상호

↑ **인공지능에 대한 5가지 빅아이디어**(AI4K12, 2019)

작용을 하기 위해서 많은 종류의 지식이 필요하다는 '자연스러운 상호작용', 그리고 마지막으로 인공지능이 사회에 긍정 혹은 부정적인 방식으로 영향을 미칠 수 있다는 '사회적 영향'이다. 이렇게 인공지능에 대한 교육을 위해서는 위의 다이어그램에서 제시하고 있는 모든 영역에 대한 지식을 학령별 수준에 따라 다룰 수 있어야 한다는 것이다.

중국 국무원의 '차세대 인공지능 개발 계획(2017)'을 통해 초·중등학교의 인공지능 교육 내용을 제안하였으며 이후 2018년 초·중학교용 인공지능 교재를 출간하였다.[3] 영국은 2019년 'AI in the UK' 보고서를 통해 인공지능 교육에 필요한 기본 지식과 학습 내용을 초등학생 대상부터 교육과정에 포함할 것을 제안하였다.[4] 일본 정부는 'AI 전략 2019'를 발표하여 인공지능 정책 추진 계획을 제시하였다. 초등학교부터 상위 인재까지 인공지능 역량 단계별로 키울 수 있도록 맞춤형 교육을 적용했다. 이러한 교육개혁을 통해 인공지능 인재를 육성하며 공교육을 통해 인공지능 소양과 기초정보 지식교육에 힘쓰고 있다.

우리나라의 인공지능 교육은 2019년 관계부처 합동으로 '인공지능 국가전략'을 제시하며 인공지능 인재를 양성하고 전 국민 대상의 인공지능 교육을 목표로 추진과제를 마련했다. 이후 교육부에서는 2020년 '인공지능 시대 교육' 방향을 발표하면서 미래의 인공지능의 교육방향을 제시하였고, 2022 개정 교육과정을 통해 초·중·고등학교 대상 인공지능 교육을 시작한다. 교육과정 개편을 통해 미래교육의 방향과 인재상을 제시하며, 기초소양과 미래역량을 함양하는 교육과정을 개선하며 인공지능과 디지털 소양 교육을 강화하고자 한다. 이를 위해 프로그래밍, 인공지능의 기본개념과 활용, 인공지능 윤리를 초·중등학교 국가 교육과정에 포함되었다. 다양한 교과에서 어떻게 효과적으로 인공지능 교육을 수행할 수 있을지가 중요한 문제가 되었다. 인공지능 기술을 교육의 전반적인 시스템부터 디자인교육까지 적극적으로 반영해야 할 것이다.

인공지능 시대 디자인교육의 방향은?

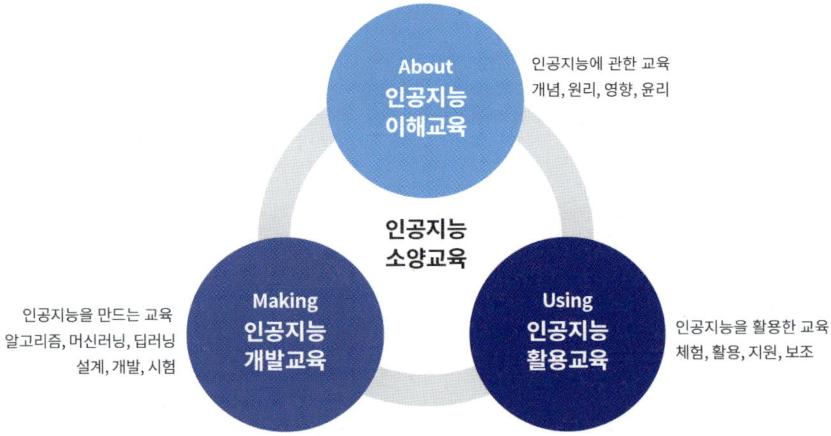

※ 리터러시(소양): 읽고 쓰기 이해하고, 활용하고, 개발하는

↑ 인공지능 교육의 요소

위의 다이어그램은 서울시 교육청에서 제시한 인공지능 교육의 유형이다. 세 가지 유형으로 인공지능에 대해서 배우는 인공지능 이해교육, 인공지능을 활

용하도록 배우는 인공지능 활용교육 그리고 인공지능으로 만들어보는 인공지능 개발교육을 제시하였다. 인공지능 이해교육은 인공지능이 무엇인지에 배우는 교육으로 인공지능 개념과 원리 그리고 인공지능 기술이 끼치는 영향과 윤리문제에 대해서 학습하는 것이다. 인공지능 활용교육은 학생들의 실생활에서 인공지능 기술을 활용할 수 있도록 교육하는 것으로 인공지능 프로그램을 활용한 교육 체험과 활용 그리고 지원과 보조를 하는 것을 말한다. 인공지능 개발교육은 학생들이 인공지능을 만들어 볼 수 있는 교육으로 인공지능의 알고리즘과 머신러닝, 딥러닝과 알고리즘의 설계와 개발 그리고 시험들을 실제 할 수 있도록 교육하는 것이다.

구분	내용
인공지능 이해에 기초한 디자인교육	인공지능을 활용한 실생활의 디자인 사례를 중심으로 관련 인공지능의 알고리즘과 기초개념에 대해서 학습하는 디자인교육
인공지능 활용 중심 디자인교육	디자인 주제와 맥락적으로 연결되는 인공지능 프로그램을 활용한 디자인교육
인공지능 개발로 연결되는 디자인교육	디자인 기능을 수행할 수 있는 인공지능을 만드는 디자인교육
인공지능 가치와 함께하는 미래지향적인 디자인교육	인공지능의 가치와 디자인 분야의 혁신적인 미래, 인공지능 기술에 대한 아이디어를 제시할 수 있는 디자인교육
인공지능 윤리교육과 함께하는 디자인교육	디자인 주제와 연관되는 인공지능 윤리교육과 함께하는 디자인교육

↑ 인공지능 활용 디자인교육의 방향

그렇다면 디자인교육은 이러한 인공지능의 교육을 어떻게 해야 효과적일까? 미술 교과의 디자인 수업의 방향을 정해야 각 교과에 맞는 인공지능 활용 수업을 할 수 있을 것이다. '인공지능 이해에 기초한 디자인교육'은 인공지능의 기초개념과 인공지능을 활용한 실생활의 디자인 사례를 중심으로 관련된 인공지능의 알고리즘에 대해서 학습하는 디자인교육 방향이다. 디자인 수업을

디자인 활동	프로그램 이름	인공지능 기술기반 프로그램 특징	디자인 수업 활용 가이드
아이디어	Autodraw	드로잉을 하면 그린 사람 의도에 맞게 완성시켜줌	디자인 컨셉에 맞는 아이디어 스케치 진행을 위해 인공지능 프로그램을 활용하여 매체를 활용한 표현활동 가능
	Pix pix	드로잉을 하면 실사처럼 완성시켜줌	
		간단한 점, 선, 면을 그려서 자연 등의 그림을 완성시켜줌	
	Sketch-RNN	일부 그림을 그리면 그림을 완성시켜줌	
	Drawing bot	이미지를 설명하는 문장대로 그림을 그리고 완성시켜줌	아이디어 스케치에 대한 다양한 탐색을 하면서 인공지능 프로그램을 활용할 수 있음
	Quick Draw	그림을 그리면 인공지능이 무엇을 그렸는지 정답을 맞추는 게임같은 그리기 프로그램	
렌더링	Petalica paint	드로잉 이미지에 자동으로 채색을 완성시켜줌	디자인 컨셉에 맞는 렌더링 활동 가능
	Paints Chiner	컬러를 적용해서 완성시켜줌	
이미지 생성 및 변형	Deep Dream	필터 세팅을 달리해 이미지 스타일을 바꿀 수 있음	시각디자인 활동 중 이미지 변형에 대한 구상 및 적합한 표현을 위해 인공지능 프로그램 활용
	Ostagram	이미지 합성의 기능이 강하며 사진 이미지에서 사용된 채색법이나 특징을 다른 사진에 적용시킴	
	Adobe Spark	원하는 사이즈 이미지 템플릿을 선정하여 시각디자인 가능	
	SC-FEGAN	인물사진 위에 스케치한 대로 사진 이미지가 수정됨	
로고 디자인	logomaster	원하는 로고를 디자인해주는 기능	디자인 표현활동 중 로고디자인에 대한 지원이 가능함
	hatchful	로고를 디자인해주는 프로그램	
	Alex Graves	컴퓨터 자판에 쓴 텍스트를 손글씨 디자인으로 완성시켜줌	
영상 이미지 편집	Deep Art	사진 이미지를 유명 화가의 작품으로 변환시켜줌	디자인 표현활동 중 영상 디자인에 대한 지원이 가능함
	vid vid	비디오를 생성하는 프로그램으로 자연스러운 포즈로 영상을 완성시킴	
	Tooning	캐릭터 배경을 선택해서 웹툰의 내용을 구성하면 그림으로 완성해서 웹툰을 완성해줌	디자인 컨셉을 웹툰의 형태로 표현할 수 있음
	Zepeto	사람의 사진을 토대로 헤어, 의상, 표정 등을 정리하여 캐릭터디자인을 해줌	캐릭터디자인에 대한 지원이 가능함
영상제작 부가기능	Magenta	미술과 음악을 고려한 프로그램으로 영상 제작 시 기호에 맞는 악기를 만들어 음악을 만들어줌	디자인 표현활동 중 영상 디자인 편집, 사운드, 나레이션, 자막에 대한 지원이 가능함(자유학기제 혹은 창의적 체험활동의 UCC 표현활동도 지원가능)
	Chrome Music Lab Kandinsky	그림을 그리면 이미지에 맞는 음악을 만들어서 들려줌	
	Clovadubbing	텍스트를 음성으로 전환해 주는 프로그램으로 영상 편집 시 아나운서, 어린아이 등 다양한 음성 중 선택해서 영상편집 가능	
	Vrew	영상의 자막을 편집해서 영상제작을 해주는 프로그램	

↑ **디자인 활동에 맞는 인공지능 프로그램**

진행하는 미술교사도 인공지능에 대한 기본지식을 가지고 본시 수업에 연관있는 인공지능 기초개념에 대하여 학생들이 디자인 교육주제와 연관지어 사고할 수 있도록 교육시킬 수 있도록 해야 한다.

'인공지능 활용 중심 디자인교육'은 디자인 수업주제와 관련있는 인공지능 프로그램을 활용하는 디자인교육 방향이다. 디자인교육에서 활용할 수 있는 인공지능 프로그램을 표[5]로 분류하였다. 시각디자인, 제품디자인, 영상디자인 등의 다양한 디자인 분야에 맞는 세부 디자인 활동으로 아이디어 스케치, 렌더링, 이미지 변형과 영상편집 등을 지원하는 인공지능 프로그램을 선택할 수 있다. 인공지능 활용을 재미로 가볍게 끝나지 않도록 활용한 인공지능 알고리즘 학습까지 연결해서 수업을 진행하는 것이 좋다.

'인공지능 개발로 연결되는 디자인교육'은 실제 디자인 활동을 수행할 수 있는 인공지능을 개발하는 것이다. 이를 진행하려면 미술교사에게 과도한 인공지능 역량이 부과될 수 있으므로 기술 혹은 정보교과와 융합교육을 실시하는 것도 좋은 방향이다.

'인공지능 가치와 함께하는 미래지향적인 디자인교육'은 인공지능의 가치와 디자인 분야의 혁신적인 미래 인공지능 기술에 대한 아이디어를 제시할 수 있는 디자인교육의 방향이다. 현재 기술로는 적용할 수 없다고 하더라고 미래교육의 관점에서 학생들이 학습한 인공지능 지식을 토대로 인공지능 활용 미래 디자인에 대한 상상력을 키워주는 수업이라고 할 수 있다.

'인공지능 윤리교육과 함께하는 디자인교육'은 디자인 주제와 연관되는 인공지능 윤리교육과 함께 디자인교육을 진행하는 것이다. 최근 문제가 되고 있는 인공지능 관련 윤리문제 중 창작물의 저작권 등 인공지능을 활용한 디자인에 대한 문제를 중심으로 교육을 진행하는 것이다.

사례 1: 스웨덴 에릭슨사의 소외지역 청소년을 위한 Digital Lab 프로그램

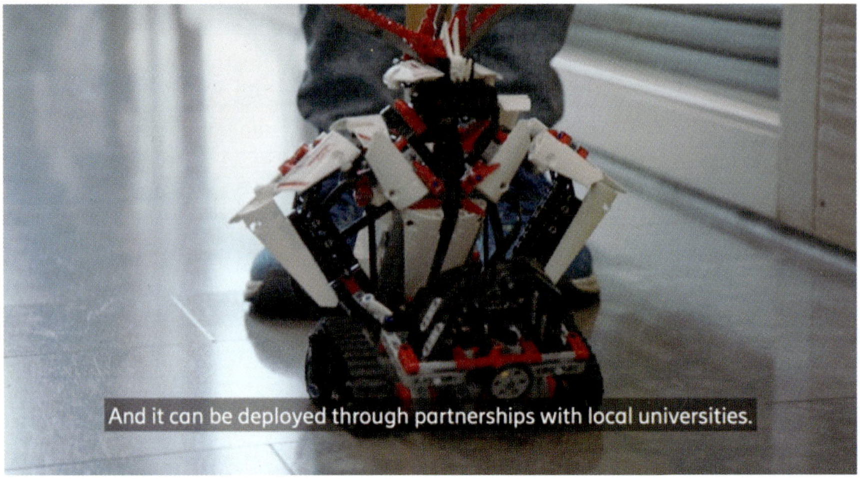

↑ [출처: https://www.ericsson.com/en/about-us/sustainability-and-corporate-responsibility/digital-inclusion/access-to-education/improving-digital-learning-in-schools]

에릭슨(Ericsson)의 디지털 랩(Digital Lab)에서 남아프리카 요하네스버그의 흑인 밀집지역인 딥슬루트(Diepsloot)에서 온 지역 청소년(11~14세) 그룹에게 프로그래밍 및 신기술에 대해서 교육을 진행했다. 어린이들은 게임 개발 및 로봇 공학에 대한 교육 프로그램이다. 디지털 랩 프로그램은 경제가 취약한 소외지역의 어려운 청소년 대상의 인공지능을 비롯한 혁신적인 기술에 대한 교육내용으로 구성되었다. 프로그래밍 및 신기술 교육으로 소그룹별로 강사의 실습 위주의 수업으로 기본 프로그래밍, 로봇 및 게임개발 교육을 진행했다. 본 프로그램은 어린 청소년들에게 첨단기술에 대한 미래의 가능성을 제시했다는 평을 받는다. 이 지역 학생들은 학교에서 디지털 기기를 경험하기 어려우며, ICT 환경뿐 아니라 수업을 운영할 교사와 교육 프로그램도 부족하기 때문에 필요한 프로그램이라고 할 수 있다. 본 교육사례는 글로벌 기업 주관의 디지털 랩 프로그램은 첨담기술 교육의 인적·물적자원이 부족한 지역에서 진행된 유의미한 교육사례라고 할 수 있다.

사례 2: 타미힐피거, IBM, 뉴욕 패션기술대학교(FIT)의 'Reimagine Retail'

↑ [사진 ⓒ한국 IBM]

타미힐피거(Tommy Hilfiger)는 뉴욕 패션기술대학교(FIT)와 IBM과 함께 '리이메진 리테일(Reimagine Retail)'이라는 프로젝트를 진행했다. 타미힐피거는 차세대 패션계에서 인공지능을 활용한 창의적인 도전을 통해 새로운 디자인의 시도를 한 것이다. FIT 학생들은 인공지능 프로그램 '왓슨'의 기술을 활용해 수만 장의 이미지를 분석하여 새롭고 창의적인 '타미힐피거 스타일'의 디자인을 만들어낼 수 있었다. 인공지능을 활용하여 패션의 패턴과 프린트, 디자인 스타일과 실루엣을 적용한 미래지향적인 디자인을 창출할 수 있었다. FIT 학생들은 사진에서의 옷 말고도 사용자의 SNS 피드백을 분석해서 감정에 따라 색상이 바뀌는 섬유를 사용한 체크무늬 재킷과 햇빛에 노출되면 색이 변하는 실로 만든 솔라 액티브(Solar Actve) 드레스 그리고 소셜미디어의 피드백과 업로드된 이미지를 활용하여 디자인하고 3D 뜨개질 기계로 만든 붐버 캐킷, 고객의 성향을 반영하는 아바타 재킷을 디자인하였다. 디자인뿐 아니라 인공지능을 활용하여 패션 제품의 고객 맞춤화를 위한 커스터마이징을 진행할 수 있었다. 본 디자인교육 사례는 인공지능을 활용한 패션디자인 전공 학생들과 진행하여 산학협동을 통한 프로젝트 진행뿐 아니라 실제 제품화와 패션쇼 진행도 진행하여 실무와의 연관성을 높였다는데 의미가 있다.

> **이번 프로젝트의 목표는 4차 사업혁명 시대를 맞아**
> **차세대 패션업계 리더들이 인공지능을 디자인 창작과정에 도입해보고**
> **새로운 디자인적 영감을 얻게 하기 위한 것이다**
>
> **- 타미힐피거 CBO 에이버리 베이커(Tommy Hilfiger CBO Avery Baker) -**

인공지능 활용 디자인 A-MAP Approach

↑ A(Artificial Intelligence)–MAP Approach

인공지능을 활용한 디자인 수업 설계를 위한 방향으로 A(Artificial Intelligence)–MAP Approach를 제안한다. 다이어그램에서의 마인드(Mind) 단계는 4차 산업혁명을 견인할 첨단기술 중 하나인 인공지능에 대해서 관심을 가지도록 해주는 단계이다. 최근 인공지능, 빅데이터, 가상현실, 메타버스 등 많은 미래 첨단기술에 대한 정보가 쏟아져 나오고 있다. 그러나 우리 학생들이 매스컴이나 수업의 이론에서만 배우게 되면 본인들이 활용할 수 있는 매체로 여기지 못할 수도 있다. 그래서 이론학습과 활용수업으로 학생들이 인공지능 기술에 대해서 친근하게 생각하고 흥미를 가질 수 있도록 견인하는 단계이다.

두 번째, 인식하기(Awareness) 단계는 인공지능 개념과 함께 알고리즘에 대해서 이해하고 디자인에 어떻게 활용할지 탐색하는 단계이다. 디자인 수업에 필요한 인공지능의 기본개념과 함께 시각화와 관련된 인공지능 알고리즘에 대해서도 함께 학습할 수 있도록 해주는 것이 좋다.

문제해결(Problem Solving)의 단계는 학습한 인공지능을 활용하여 문제를 창의적으로 해결해보는 단계이다. 이 단계가 효과적으로 작동이 되게 하려면 인공지능을 활용한 디자인 수업주제와 맥락에 맞는 디자인 활동과 인공지능 프로그램을 선정해야 한다.

인공지능 활용 디자인 수업 설계하기

인공지능을 활용한 디자인 수업 설계[6]는 5단계로, STEP 1 단계는 인공지능 활용 디자인 수업의 주제를 선정하는 단계이다. 수업주제 선정에 있어서 학습대상의 학교급의 눈높이에 맞는 주제를 선정한다. 수업주제는 학생의 현재나 미래의 생활과 연관된 주제로 학생들의 흥미를 끌 수 있는 주제를 선정하도록 한다. 인공지능을 활용한 디자인 수업에 적합하도록 선정할 수 있도록 한다. 미술교과의 디자인 수업으로만 구성할 수 있으나 인공지능 기술 학습내용을 깊이 있게 가져가고자 할 때 정보, 기술교과 혹은 다른 교과와의 융합수업을 구성해볼 수 있다.

단계	인공지능 활용 디자인 수업설계 시 주요내용
STEP 1 인공지능 활용 디자인 수업 주제선정	• 인공지능 기반 프로그램을 활용한 다양한 디자인 사례 제시로 학생들이 흥미와 관심을 갖게 하기 • 인공지능 활용 디자인 수업주제를 선정하는 단계 • 학교급과 미술교과의 디자인 수업 특성을 고려하여 학생들의 인공지능과 관련된 현재 혹은 미래의 생활과 연관성이 높고 흥미를 끌 수 있는 주제를 선정 • 주제 선정 시 인공지능 활용 수업과의 취지를 고려하여 인공지능 기술과 디자인 수업을 맥락적으로 연결할 수 있는 수업주제를 선정 • 인공지능 활용 수업의 내용 구성을 깊이 있게 가져가고자 할 때 정보, 기술교과 및 타교과와의 융합수업을 고려해볼 수 있음
STEP 2 디자인 수업 및 융합수업을 위한 교육과정 분석	• 1단계에서 선정한 인공지능 활용 디자인 수업주제와 관련된 교육과정 분석 • 인공지능 활용 디자인 수업주제에 맞는 인공지능 프로그램을 선정 • 미술교과와 정보교과 혹은 타교과와의 융합수업을 구성한다면 그에 맞는 교과별 교육과정에 대해서 함께 분석 진행
STEP 3 인공지능 활용 디자인 수업 내용 구성	• 2단계의 교육과정 분석 내용을 기초로 미술교과 수업으로 구성할지 융합수업을 구성할지에 따라서 교육목표와 교과구성 및 총 차시를 구성 • 교육목표, 교과구성, 차시 구성에 따라 차시별 수업내용을 어떻게 진행할지에 대한 총 차시별 계획도를 구성 • 차시별 계획도에 수업내용 흐름에 맞게 인공지능 기본개념과 알고리즘 그리고 시각화의 원리에 대한 내용을 구성
STEP 4 세부 수업활동 및 평가계획	• 3단계에서 구성한 총 차시별 계획 내용에 맞게 세부 디자인 수업활동을 구성하여 세부 교수학습과정안을 구성 (온·오프라인 수업에 대해 고려하여 작성) • 매 차시별 세부 수업활동 내용을 구성하며 학습목표와 평가를 함께 계획하기 • 학습목표와 수업내용 그리고 평가의 내용이 일치화할 수 있도록 구성
STEP 5 수업내용 검증 및 감상계획	• 4단계에서 구성한 세부 수업활동 내용과 평가계획에 맞게 교사는 인공지능을 활용한 디자인 예시작을 제작한 뒤 평가체계 구체화 • 인공지능을 활용한 디자인 수업 예시작을 기초로 온·오프라인 수업에서 학생들의 작품을 어떻게 함께 감상하고 전시하여 공유할지 계획하기

↑ **인공지능 활용 디자인 수업 설계 가이드**

STEP 2는 교육과정 분석 단계로, 앞 단계에서 선정한 인공지능 활용 디자인 수업주제와 관련된 교육과정을 분석하는 단계이다. 미술교과의 디자인 수업을 계획한다면 미술교과 교육과정을 분석한다. 융합수업을 구성한다면 융합할 교과별 교육과정에 대해서 함께 분석을 진행한다.

STEP 3은 인공지능 활용 디자인 수업내용을 구성하는 단계로 앞서 진행한 교육과정 분석 내용을 기초로 미술교과 수업으로 구성할지 융합수업을 구성할지에 따라서 교육목표와 교과구성 및 총 수업 차시를 구성한다. 차시별 수업내용을 어떻게 진행할지에 대한 총 차시별 계획도도 함께 구성한다. 차시별 계획도에 수업내용 흐름에 맞게 인공지능 기본개념과 인공지능 기술 기반 프로그램의 알고리즘의 원리 학습 내용을 구성한다. 시각적 표현이 중요한 디자인 수업임을 고려하여 시각화 알고리즘에 대해서 학습하는 것이 좋다. 그래서 3부 1장에서 소개한 인공지능의 개념과 머신러닝, 딥러닝 그리고 시각화와 관련된 GAN 알고리즘에 대해서 학습하는 것을 추천한다.

STEP 4는 세부 수업활동 및 평가를 계획하는 단계로, 3단계에서 구성한 총 차시별 계획 내용에 맞게 세부 디자인 수업활동을 구성하여 세부 교수학습과정안을 구성한다. 이때 온라인, 오프라인 혹은 블렌디드 러닝을 수업상황에 맞게 고려하여 작성한다. 교수학습과정안에 차시별 세부 수업활동 내용을 구성하며 학습목표와 평가를 함께 계획한다. 수업주제에 기초하여 인공지능을 활용한 디자인 결과물을 잘 낼 수 있는 인공지능 프로그램을 선정한다. 앞의 인공지능 프로그램 표를 참고하여 아이디어 단계, 렌더링 활동, 이미지 작업, 로고디자인, 영상 이미지 편집 등 다양한 디자인 활동에 사용할 수 있는 방법을 제시하였다.

STEP 5 는 수업내용 검증 및 감상에 대해 계획하는 단계다. 전 단계에서 작성한 세부 수업활동 내용과 평가계획에 맞게 교사는 인공지능을 활용한 디자인 예시작을 제작하여 평가 기준과 체계를 구체화한다. 온·오프라인 혹은 블렌디드 수업에서 학생들의 인공지능을 활용한 디자인 결과물을 어떻게 함께 감상하고 전시하여 공유할지 계획을 세운다.

인공지능 활용 디자인 수업 설계를 학교현장에 적용할 때 주의사항은 인공지능 활용이 재미있는 경험으로 가볍게 끝나지 않고 유의미한 학습으로 이어질 수 있도록 인공지능 기본개념과 디자인과 연관된 시각화하는 인공지능의 알고리즘에 대해서는 학습하는 것이 좋다. 그리고 인공지능 기술 기반 프로그램을 활용하여 이미지 변형 작업을 많이 하게 되므로 작품 저작권 관련에 대해서 기본적으로 인지할 수 있게 도와야 하며, 학생들이 컴퓨터 활용에 노출되기 쉬우므로 부적절한 콘텐츠 노출에 주의하도록 지도한다. 지금까지 인공지능 활용 디자인 수업을 어떻게 계획하고 설계할지에 대해서 살펴보았으며, 학생입장에서 디자인 포트폴리오 준비 과정을 살펴보고자 한다.

인공지능 활용 디자인 포트폴리오 만들기

단계	내용
STEP 1 공감하기	· **주어진 문제에 대한 조사** 주어진 문제 상황을 이해하는 단계로 조사를 통해 정보를 모으며 문제에 대해서 공감하기. 인공지능이나 빅데이터 기반 프로그램 활용하기
STEP 2 정의하기	· **사용자의 요구사항과 문제를 구체화** 사용자의 문제를 구체화하기 위하여 전 단계에서 수집한 자료를 종합 정리하기. 인공지능이나 빅데이터 기반 프로그램 활용하기
STEP 3 아이디어 만들기	· **가정을 만들고 아이디어를 창출** 주어진 문제에 대해서 다양한 가능성을 탐색하며 아이디어를 정리하여 제시함
STEP 4 모형 만들기	· **해결안의 도출** 문제를 해결하기 위한 아이디어 중 적합한 해결안을 인공지능 기반 프로그램을 활용하여 실제로 만들어보는 단계임
STEP 5 시험하기	· **해결안의 평가** 디자인 시안이 잘 작동하는지 확인하는 과정으로 개발한 모형을 평가하고 실행하는 단계

↑ 디자인 사고에 기초한 인공지능 활용 디자인하기

인공지능을 활용한 디자인 포트폴리오를 만들 때 앞서 설명한 디자인 사고를 적용하면 체계적인 과정으로 디자인 활동을 할 수 있다. 디자인 포트폴리오에 참고가 될 수 있도록 디자인 사고 단계별로 인공지능을 활용한 디자인에 대한 가이드를 제시하였다.

[단계 1: 공감하기] 대상에 대한 깊은 이해를 바탕으로 한 공감은 디자인의 주체와 객체의 경계를 허무는 작업의 시작점이다.

공감하기 단계에서는 학생들이 만들고자 하는 인공지능을 활용한 디자인 주제의 문제 상황을 해결하기 위한 조사를 진행한다. 인터넷 조사, 대면·비대면 인터뷰, 현장관찰과 함께 인공지능을 활용한 조사를 함께 진행할 수 있다. 인공지능을 활용한 조사로는 해외자료에 대해서 구글 번역기 등을 활용하거나 혹은 챗봇을 사용하고, 구글트렌드, 썸트렌드, 소셜메트릭스 등의 무료 빅데이터 분석 서비스를 활용할 수 있다. 빅데이터 분석을 통해 보고자 하는 시장의 단어 언급량 추이, 연관어 분석, 긍정과 부정 분석, 평판 요인분석까지 가능하다. 예를 들어, 학생 카페창업을 계획할 때 그림처럼 먼저 카페에 대해서 시기별로 얼마나 언급되며 회자되는지 빅데이터로 분석해볼 수 있다. 카페 로고를 디자인하기 위한 조사를 진행할 시 아래 이미지처럼 최근의 관련 시장의 트렌드를 다각도로 분석해볼 수 있다. 처음 이미지는 카페로고에 대한 연관어를 빅데이터를 활용해 분석한 것이며, 두 번째 이미지는 카페 로고에 대한 긍정어, 부정어, 중립어에 대해서 워드 클라우드 분석을 진행한 것이다.

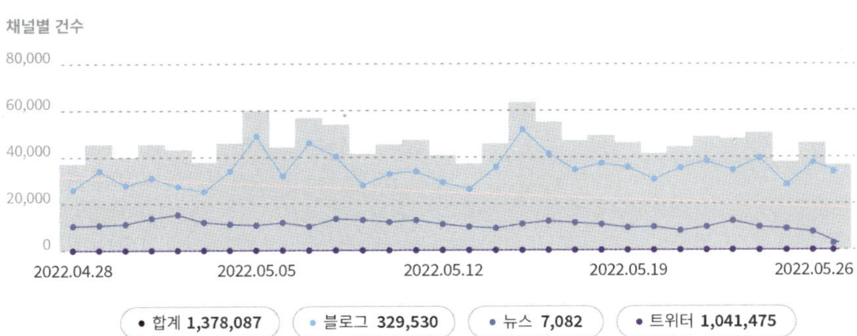

↑ 카페 언급에 대한 빅데이터 분석

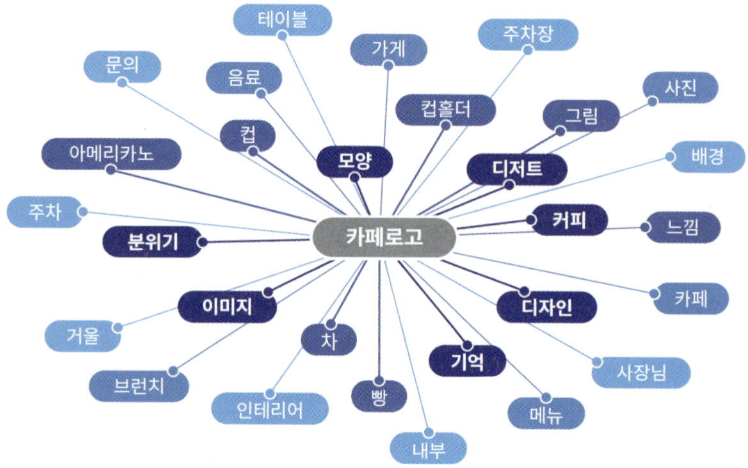

↑ 카페 로고에 대한 워드 클라우드 분석

[단계 2: 문제 정의하기] 문제를 구체화화는 단계로 주어진 문제 상황에 대한 이해가 전제될 때 가능하며, 핵심이 무엇인지 파악해내는 것을 의미한다.

문제 정의하기 단계에서는 앞 단계에서 조사한 사용자의 문제를 구체화하기

↑ 카페 로고 디자인 포지셔닝 맵

위하여 공감하기 단계에서 수집한 자료를 바탕으로 인공지능 프로그램을 활용하여 종합정리해볼 수 있다. 아래 예시작처럼 만들고자 하는 카페 브랜드에 대한 자료를 분석해서 이미지처럼 카페 브랜드 로고에 대한 포지셔닝 맵(Positioning Map)으로 시각화하며 정리할 수 있다. 내가 디자인하고자 하는 카페 브랜드 로고디자인의 방향에 대해서 고급화로 할 것인지 중저가로 갈 것인지 등에 대한 큰 방향에 대해서 정리해보는 것이다.

[단계 3: 아이디어 만들기] 파악한 상황과 핵심 문제의 해결을 위해 다양한 해결 아이디어를 만들어내는 단계이다.

아이디어 만들기 단계에서는 앞 단계에서 발견한 문제에 대해서 다양한 아이디어를 제시하는 단계이다. 확산적 사고를 통해 아이디어를 제시할 때 패들렛을 활용하거나 예시작처럼 이미지처럼 마인드 맵을 만들어 카페 로고디자인의 아이디어를 제시할 수 있다. 마인드 맵의 주요 키워드는 앞 단계의 빅데이터 분석의 키워드를 추출하여 구성하였다.

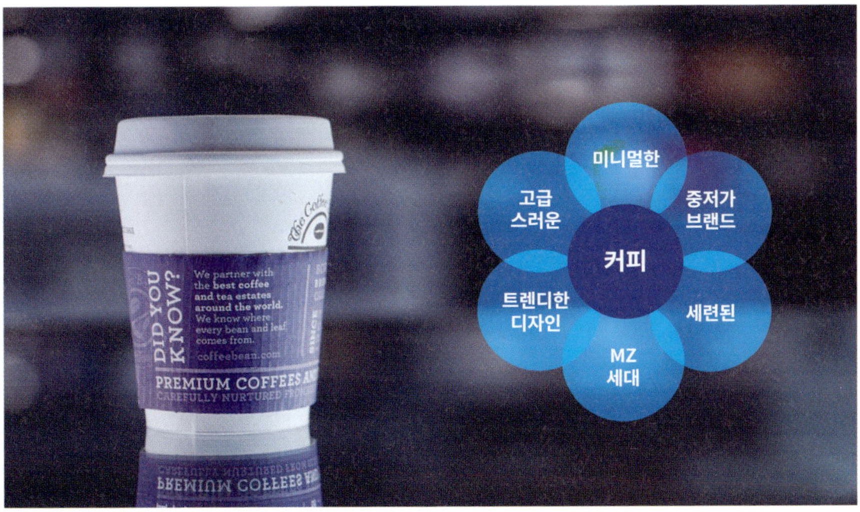

↑ **카페 브랜드 마인드 맵**

[단계 4: 모형 만들기] 수많은 아이디어 중에서 가장 좋은 해결안을 실제로 만들어 봄으로써 실제화하는 단계이다.

모형 만들기 단계에서는 전 단계에서 제시된 아이디어를 바탕으로 해결안을 도출하는 단계로 구체적으로 시안을 만들어보는 작업을 한다. 예시작처럼 무료 인공지능 프로그램을 활용하여 카페 로고디자인을 하면 빠르고 경제적으로 진행할 수 있다. 아래의 카페 로고는 인공지능 프로그램을 활용한 로고디자인이다. 이를 기초로 디자인 시안을 다듬어서 디자인을 완성한다.

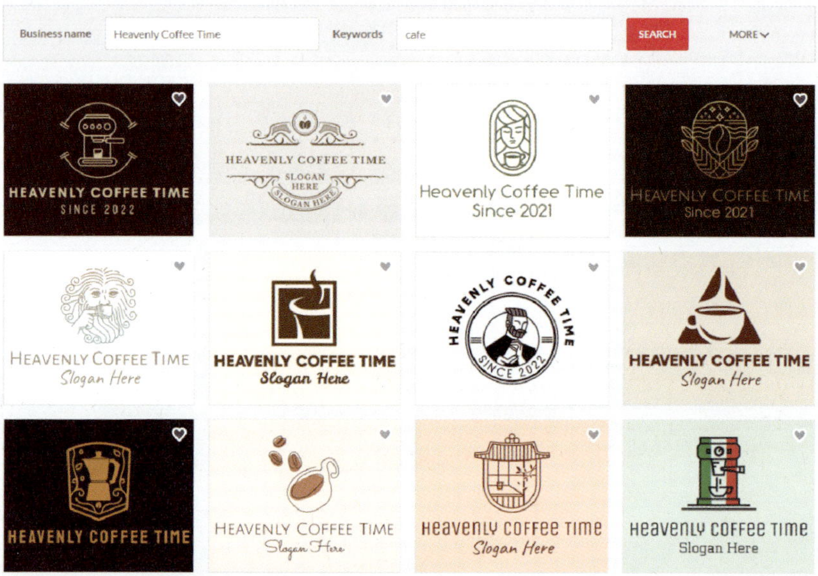

↑ **인공지능 프로그램을 활용한 로고디자인**

[단계 5: 시험하기] 해결안으로 만든 모형의 효과를 알아보기 위한 평가단계이다.

시험하기에서는 전 단계에서 인공지능을 활용한 디자인 시안이 잘 만들어졌는지 평가하는 단계로 성공적이지 않다면 전 단계로 돌아갈 수 있는 개선이 가능한 단계라고 볼 수 있다.

지금까지 인공지능 활용 디자인 포트폴리오 사례에 대해서 살펴보았다. 인공지능 활용 디자인교육에 필요한 향후 과제에 대해서 살펴보자.

인공지능 활용 디자인교육과 향후 과제

본장은 인공지능 활용 디자인교육을 중심으로 살펴보았다. 인공지능 기술이 발전되고 기능이 확장되면서 인공지능을 디자인교육에 활용하고자 하는 연구와 교육 프로그램의 개발이 활성화될 것으로 예상된다. 하지만 앞서 언급한 것처럼 인공지능을 활용한 디자인 수업을 진행할 때 인공지능을 단순한 표현의 도구만으로 활용에 그치지 않도록 인공지능의 기본개념과 이미지 변형 관련 알고리즘에 대한 학습이 함께 진행되는 것이 좋다. 단순한 디자인적 활용으로 그치기보다 기술학습의 깊이 있는 접근은 학생들의 융합적 역량을 증진시킬 수 있다. 그리고 우리 학생들의 디자인 역량을 키우면서 동시에 미래첨단기술의 예비 개발자로서의 비전을 꿈꾸게 할 수 있다.

인공지능 활용 디자인교육은 온·오프라인 수업에서 활용하기 좋은 매체라는 장점이 있다. 이를 위해 지역 간 학생의 ICT 수업환경에 따른 격차가 발생되지 않도록 학교에서 할 수 있는 지원이 마련되어야 할 것이다. 또한 인공지능을 활용한 디자인교육에 필요한 디자인 저작권에 대한 기준 등의 사회적으로도 필요한 제도적 기준이 마련되어야 한다. 인공지능을 활용한 교육 변화에 발맞추어 디자인교육에서도 인공지능 관련 연구와 수업적용이 활발하게 진행되길 바란다.

함께 생각해볼까요

1. 현재 인공지능 기술을 활용한 디자인교육을 진행하기 위해서 학교에서 필요한 지원과 학생에게 필요한 사항은 무엇일까요? 그 이유는 무엇일까요?
2. 본장에서 소개된 인공지능 기술을 활용한 디자인 프로그램을 활용해보고 어떤 수업에서 활용할 수 있을지 생각해봅시다. 그리고 생각한 수업에서 인공지능 프로그램이 유의미학습을 적절하게 지원하고 있는지 고민해봅시다.

Chapter 3

가상현실 활용 디자인교육

미래학자 레이 커즈와일(Ray Kurzweil)은 그의 저서 『특이점이 온다』에서 가상현실이 현실과 구분이 힘들 정도로 정교해져서 2030년대가 되면 가상과 실재의 경계가 없어질 것이라고 했다. 가상현실 기술은 게임, 영화, 엔터테인먼트 등 다양한 산업 현장에서 활용되고 있으며, 교육 분야에서도 학습자에게 생생한 교육적 체험을 제공하고 있다. 가상현실 기반 활동이 시공간의 한계를 넘어 사회, 경제, 문화생활에 적용되면서 미래교육의 활용에도 주목하고 있다.

가상현실 활용 교육은 어떤 특징이 있을까?

가상현실의 특징으로 몰입성과 실시간 상호작용 그리고 실제성을 들 수 있다.[1] 첫째, 몰입성은 가상현실 사용자가 가상의 공간을 경험하며 느낄 수 있다. 사용자들은 가상현실 공간을 설정할 수 있으며 시각, 촉각, 청각 등의 다양한 유형의 기능을 활용하며 정보도 제공받을 수 있기 때문에 몰입도가 높아질 수 있다. 가상현실 기술은 사용자들이 적극적으로 활동에 참여할 수 있게 유도한다.[2]

둘째, 실시간 상호작용은 가상현실 시스템에서 사용자가 자신의 아바타 디자인과 동작을 설정하며 참여자와 소통을 통해 활발해진다. 가상공간에서의 기능 선택이 실시간 구현되므로 사용자 간 상호교류와 피드백이 가능하며 실시간 상호작용이 촉진된다.

셋째, 실제성은 현실을 모방하거나 경험해보지 못한 새로운 가상현실 공간을 제공하여 사용자가 실제 경험하고 있는 것처럼 느끼게 한다. 가상현실 공간에서 현실의 문제나 교육의 주제에 맞는 문제해결을 위한 활동이 가능하기 때문에 실제성이 있다. 몰입, 실시간 상호작용과 실제성의 가상현실의 특징은 사용자로 하여금 다양한 경험을 가능하게 한다.

가상현실 활용 교육에 있어서 학습자의 행동에 어떠한 영향을 끼치는지에 대해서 학자마다 다양한 의견을 제시하고 있다. 달가르노와 리(Dalgarno, B., & Lee, M. J.)는 가상현실 활용 교육적 특징으로 공간이해 표현, 경험학습, 몰입, 맥락학습, 협력학습의 다섯 가지를 제시했다.[3] 공간이해 표현은 수업주제를 가상현실 공간에 표현해서 학습자의 이해를 촉진시키는 것이다. 3차원으로 표현되는 가상의 공간은 학습자의 공간인지능력을 향상시킬 수 있다. 경험학습은 현실세계와 유사하거나 색다른 경험을 가능하게 하는 가상세계는 학습자에게 다양한 경험의 기회를 제공한다. 가상환경의 탐색은 학습자의 몰입을 촉진시킨다. 가상현실 공간에서 학습한 내용을 실생활에서도 적용하는 학습의 연계를 통해 맥락학습이 가능하다. 가상세계에서의 학습을 실재 환경에서 활용할 수 있는 것이다. 마지막으로 가상현실은 협동학습을 촉진시킬 수 있다. 아바타로 가상공간에 참여한 학습자들은 실시간 상호작용이 가능하여 효과적인 협동학습이 가능한 것이다.

가상현실 활용 디자인교육 시작하기

가상현실 활용 디자인교육에 있어서 학생들이 활용하기 쉬운 가상현실 프로그램을 사용하면 학생들의 흥미를 끌며 적극적인 수업활동을 이끌 수 있다. 학교 수업에서 무료로 쓸 수 있는 프로그램에 대해서 살펴보자.

코스페이시스(Cospaces Edu) 유니티(Unity) 마인크래프트(Minecraft)

디자인교육에서 활용할 수 있는 가상현실 프로그램
[출처: 1 https://cospaces.io/edu/, 2 ©Unity, 3 https://www.minecraft.net/ko-kr]

코스페이시스 교육용(Cospaces Edu) 무료버전은 유료버전에 비해 기능이 제한되지만 디자인 수업 진행이 가능하다. 코스페이시스는 독일의 스타트업 기반에서 만든 웹 기반 프로그램으로 PC와 핸드폰에서 사용할 수 있다. 코스페이시스의 다양한 오브젝트와 캐릭터, 환경을 사용하여 학생들이 쉽게 디자인에 적용할 수 있다. 씽커캐드(Tinkercad) 3D 프로그램으로 제작한 오브젝트를 가져와 가상공간을 꾸미는 것이 가능하다. 유니티(Unity)와 마인크래프트(Minecraft)도 무료버전으로 디자인 수업에 활용할 수 있다. 유니티는 다양한 가상현실 표현이 가능하나 사용방법이 어려워 디자인 고등학교 학생이나 대학교 학생 대상 수업이 적합하다. 마인크래프트는 가상현실뿐 아니라 메타버스 기반 디자인교육으로도 활용할 수 있다. 가상현실 프로그램을 활용하여 학생들이 창작한 가상현실 디자인 결과물을 스마트폰에서 작동시켜 카드보드나 HMD로 체험할 수 있다.

메타버스 활용 디자인교육 시작하기

메타버스 활용 디자인교육에서 활용할 수 있는 프로그램은 게더타운(Gather town), 제페토(ZEPETO), 젭(ZEP), 로블록스(ROBLOX), 이프렌드(ifland), 아이코그램(Icograms), 스페이셜(Spatial), 룸키(Roomkey) 등이 있다. 게더타운은 화상회의 플랫폼 기능 위주라 오브제의 스타일과 배치를 통한 단순한 디자인 활동이 가능하다. 제페토는 그래픽 프로그램인 블랜더(Blender), 유니티와 호환 사용이 가능하여 다양한 캐릭터, 아이템 등의 디자인이 가능하다. 젭은 공간구성에 있

게더타운(Gather town)

제페토(ZEPETO)

젭(ZEP)

로블록스(ROBLOX)

이프랜드(ifland)

아이코그램(Icograms)

스페이셜(Spatial)

룸키(Roomkey)

↑ **메타버스** [출처: 1 ⓒGather, 2 ⓒZEPETO, 3 https://zep.us, 4 https://www.roblox.com, 5 ⓒSKT, 6 https://icograms.com, 7 https://spatial.io, 8 https://roomkey.co]

어서 교실, 해변, 회사 등의 구축이 가능하며 영상디자인과 시각디자인의 이미지를 공유하는 디자인 활동이 가능하다. 로블록스 스튜디오를 활용해 게임 디자인 수업을 진행할 수 있다. 아이코그램은 기존의 2D 기반의 메타버스 공간표현이 보강되었다. 스페이셜과 룸키는 수업과 학교행사 진행이 가능하며 아바타 스타일링의 디자인 활동이 가능하다.

증강현실 활용 디자인교육 사례 1: 코카사리 동물원의 증강현실 게임 '열대우림의 정신'

↑ [사진 ⓒKorkeasaari Zoo]

코카사리(Korkeasaari) 동물원은 '열대우림의 정신(Spirit of the Rainforest)'이라는 증강현실 기반 상호작용 학습게임을 디자인했다.[4] 동물원 방문자는 QR코드를 스캔하면 누구나 무료로 게임을 즐길 수 있다. 이 게임을 사용하는 학생들은 게임을 즐기면서 열대우림과 자연보호에 대해서 배우게 된다. 이 게임제작 과정의 독특한 점은 초등학교 학생들이 줄거리와 캐릭터 그리고 게임 스토리 구축을 위한 워크숍과 게임 테스트와 피드백에 함께 참여했다는 점이다. 이후 교사와 각계 전문가, 헬싱키시 사업부와 가상현실 전문가와의 협업으로 게임이 완성되었다. 본 사례는 동물원의 주요 고객인 초등학생들과 함께 게임 아이디어를 제시하고 개발과 테스트에도 참여했다는 데 의의가 있다.

가상현실 활용 디자인교육 사례 1: 코넬대학교의 가상현실을 활용한 도시디자인교육

↑ [사진 ⓒCornell University]

코넬대학교의 '도시디자인 전략 및 사례 연구' 수업에서 과속하는 자동차들과 기차의 소음이 문제인 맨해튼 중심부의 퀸즈브로 플라자(Queensboro Plaza) 지하철역을 매력적이고 안전한 장소로 디자인하기 위한 연구를 진행했다.[5] 지하철역 주변 구역의 경계를 나누어 협동작업을 진행했으며 사진에서 보이는 것처럼 보행자 친화적인 산책로와 조명 그리고 휴식을 위한 예술공간에 대한 도시디자인을 제시하였다. 교육과정은 기술과 예술이 융합한 내용으로 설계되었으며, 가상현실과 증강현실 기술을 활용하여 학생들의 아이디어를 구체

화하였다. 아이디어를 정교화하여 게임화된 모바일 앱을 제작하였으며, 클라우딩 펀딩을 통해 팝업 프로젝트를 진행하여 도시디자인에 대한 방문자 후기로 소통하는 채널도 진행하였다. 본 사례는 학생들의 생활권 개선을 주제로 융합디자인 교육을 진행했다는 점이 장점이다. 또한 수업결과를 모바일 앱, 클라우드 펀딩, 팝업 프로젝트 등을 통하여 구체화하고 대중과 소통을 시도했다는 점에서 유의미하다.

가상현실 활용 디자인교육 사례 2: 서울예술교육센터의 스페이스 오딧세이

↑ **스페이스 오딧세이** [출처: http://magazine.sfac.or.kr/html/view.asp?PubDate=202105&CateMasterCd=200&CateSubCd=2672]

서울예술교육센터의 '스페이스 오딧세이'는 예술가들과 청소년들이 함께하는 가상현실을 활용한 예술교육 워크숍이다.[6] 수업 내용은 예술가들이 청소년들이 좋아하는 것에 대해서 발문한 뒤 5가지를 적도록 하고 이를 토대로 나에 대해서 가상공간에서 표현하도록 했다. 청소년들의 아이디어 스케치가 끝나면 가상현실 기기의 사용법에 대해서 학습한 뒤 가상공간을 창작한다. 가상현실 프로그램으로는 오픈브러시(OpenBrush)와 스컬트르VR(SculptrVR)를 사용하여 자신만의 가상세계를 자신들이 좋아하는 것들로 채우며 공간을 완성한다. 나와 친구들의 아바타가 함께 가상공간에 들어가 체험하는 워크숍을 진행했다. 본 사례는 학생들이 좋아하는 것들로 채운 나만의 가상공간을 디자인하는 수업을 통해 상상력과 창의력을 키울 수 있다. 또한 서로의 아바타가 자신들이 창작한 가상의 공간에서 소통할 수 있는 것 또한 교육적인 장점이라고 할 수 있다.

가상현실 활용 디자인교육 사례 3: 일리노이대학교의 VR 패션디자인 수업

↑ **가상현실을 활용한 패션디자인 수업** [사진 ©Illinois University]

↑ **가상현실 프로그램인 Tilt Brush를 사용한 학생의 드레스 디자인** [사진 ©Illinois University]

일리노이대학교의 가상현실을 활용한 패션 일러스트레이션 수업사례이다.[7] 본 수업은 패션디자인 교육에 있어서 새로운 접근을 시도하기 위하여 기존의 연필로 스케치 단계를 3차원의 가상현실을 활용으로 대체하였다. 처음 사진에서 보이는 것처럼 학생들은 가상현실 도구인 HMD를 착용하고 레드카펫 드레스를 3D 페인팅 애플리케이션인 구글의 틸트 브러시(Tilt Brush)를 사용하여 가상현실 공간에서 디자인을 진행했다. 수업을 두 세션으로 첫 번째 단계에서는 틸트 브러시 사용법 학습과, 다음 단계에서는 드레스 디자인 활동을 진행하였다. 교수는 수업에 필요한 가상현실 프로그램에 대한 활용법 자습서를 제작해 학생들이 숙지하도록 하였다. 학생들은 가상현실 공간 안에 들어가 마네킹이 입은 자신이 디자인한 드레스의 실루엣, 색상, 질감을 탐색해보고 쉽게 디자인을 수정할 수 있었다. 본 사례는 학생들이 디자인 활동을 할 때도 서로의 레드카펫 드레스 감상과 비평 시간도 가상공간에서 이루어지므로 혁신적인 수업이라고 할 수 있다. COVID-19 시기에 적합한 가상 패션쇼까지 진행해서 유의미한 교육사례라고 할 수 있다.

메타버스 활용 디자인교육 사례 1: 서울금융고등학교 메타버스 활용 디자인 창업 수업

↑ [출처: http://www.theyoungtimes.com/news/articleView.html?idxno=456]

서울금융고등학교 브랜딩 디자인과의 메타버스를 활용한 디자인 창업 수업사례이다.[8] 학생들은 수업을 통해 메타버스에서 크리에이터로서 아이템을 개발하여 판매할 수 있도록 개발부터 등록까지 기획, 디자인 판매까지 학습했다. 메타버스 활용 디자인 창업 수업은 학년별로 학교급에 맞는 교육과정으로 진행됐다. 1학년은 시각디자인 수업을 통해 메타버스 플랫폼 중 하나인 제페토

의 아이템을 디자인하고 상품판매 절차를 통해 승인을 받았다. 2학년의 메타버스 기반 디자인 수업에서 제페토의 3D 아이템 디자인을 진행한 뒤 디지털 디자인 저작물을 등록하고 판매까지 진행했다. 본 사례는 특성화 고등학교 교육과정에서 미래 첨단기술 중 하나인 메타버스 기술을 활용하여 학생창업역량을 키우기 위한 디자인 수업을 진행한 좋은 예라고 할 수 있다.

가상현실 활용 디자인 수업 가이드 V-MAP Approach

↑ V(Virtual Reality)-MAP Approach

지금까지 살펴본 가상현실 활용 디자인 수업을 진행하기 위한 수업 가이드인 V(Virtual Reality)-MAP Approach를 제안하고자 한다. 가상현실 활용 디자인 수업 설계를 위한 3단계의 흐름을 제시했다. 첫 번째, 마인드(Mind) 단계는 학생들에게 첨단기술 매체에 대해서 관심을 가지도록 해주는 단계이다. 디자인 수업을 통해서 미래 첨단기술 중 하나인 가상현실 기술을 쉽고 재미있게 학습하는 경험을 제공하는 것이다. 가상현실 기술과 함께 관련 프로그램을 사용하다 보면 전문가들의 영역으로만 느껴지던 미래기술을 친근하게 느낄 수 있다. 이러한 과정을 통해 학생들에게 자연스럽게 미래 첨단기술 창작자로서의 꿈과 비전을 심어줄 수 있다.

두 번째 단계는 가상현실 기술에 대해서 이해하며 인식(Awareness)하는 단계이다. 가상현실 기술에 대한 개념학습과 활용에 대해서 탐색하는 단계이다. 학생들은 학교급에 맞는 가상현실 기반 프로그램을 사용할 수 있도록 하며 디자인과 기술학습이 수업주제 안에서 맥락적으로 잘 연계할 수 있어야 한다.

세 번째, 문제해결(Problem Solving) 단계는 가상현실을 활용하여 디자인에서 문제를 창의적으로 해결하는 단계이다. 학생들이 가상현실 기술로 디자인 해결안을 제시할 수 있도록 주제를 선정하여 수업을 진행한다. 예를 들어, 미래학교나 미래도시디자인 주제 같은 경우 학생들이 가상공간 안에서 자유로운 디자인과 글로 자신의 의도를 표현할 수 있다. 가령 가상현실 기반 작품을 통해 환경문제를 해결할 수 있는 친환경 미래학교나 탄소제로 미래도시디자인을 진행하며 현재 문제 상황을 함께 분석하며 디자인으로 창의적인 문제해결의 아이디어를 제시할 수 있다.

V-MAP Approach를 통해 가상현실과 미래 첨단기술에 대한 인식을 높이며, 가상현실 개념과 기술활용을 이해하며 더 나아가 문제해결의 과정을 표현할 수 있도록 수업 가이드를 제시하였다.

가상현실 활용 디자인 수업 설계하기

가상현실 활용 디자인 수업 설계 가이드[9]의 STEP 1단계는 수업주제를 선정하는 단계로 학습대상의 학교급과 미술교과 특성을 고려하여 주제를 선정한다. 가상현실 매체의 특성을 고려하여 학생들의 상상력과 몰입을 증진시킬 수 있는 주제를 선정하도록 한다. 가상현실 매체는 현실에 적용 및 표현이 힘든 요소들을 가상공간에서 구현이 가능하므로 이러한 장점을 고려하여 주제를 선정한다. 교과 선정에 있어서 미술교과의 디자인 수업으로 구성할 수 있고 가상현실 기술을 깊이 있게 가져가고자 할 때 정보나 기술교과와의 융합수업을 설계할 수 있다.

단계	가상현실 활용 디자인 수업설계 시 주요 내용
STEP 1 가상현실 활용 디자인 수업주제 선정	• 가상현실 활용 디자인 수업주제를 선정하는 단계 • 학교급과 가상현실 매체의 특성을 고려하여 학생들의 상상력을 증진시키고 몰입할 수 있는 주제를 선정 • 수업주제를 가상현실 활용과 연관성이 있도록 고려하여 선정 • 가상현실 기술 관련 학습 내용을 강조하고자 할 때 정보, 기술교과 및 타교과와의 융합수업을 고려해볼 수 있음
STEP 2 미술교과 및 융합수업을 위한 교육과정 분석	• 1단계에서 선정한 가상현실 활용 디자인 수업주제와 관련된 교과의 교육과정 분석 • 미술교과와 정보, 기술교과 혹은 타교과와의 융합수업을 구성한다면 그에 맞는 교과별 교육과정에 대해서 함께 분석 진행
STEP 3 가상현실 활용 디자인 수업내용 구성	• 2단계의 교육과정 분석 내용을 기초로 미술교과 수업으로 구성할지 융합수업을 구성할지에 따라서 교과구성과 교육목표 및 총 차시 구성 • 교육목표, 교과구성, 차시 구성에 따라 차시별 수업내용을 고려하여 차시별 계획도 구성 • 차시별 계획도에 수업내용 흐름에 맞게 가상현실 기본개념과 원리 학습 내용 구성
STEP 4 세부 수업활동 및 평가계획	• 3단계에서 구성한 총 차시별 계획 내용에 맞게 세부 디자인 활동을 구성하여 교수학습과정안 구성 (온 · 오프라인 수업에 대해 고려하여 작성) • 매 차시별 세부 수업활동 내용을 구성하며 학습목표와 평가를 함께 계획하기 • 학습목표와 수업내용 그리고 평가내용이 일치할 수 있도록 구성
STEP 5 수업내용 검증 및 감상계획	• 4단계에서 구성한 세부 수업활동 내용과 평가계획에 맞게 교사는 가상현실을 활용한 디자인 예시작을 제작한 뒤 표현활동과 평가체계 구체화 • 수업 예시작을 기초로 온 · 오프라인 수업에서 학생들의 작품을 어떻게 함께 감상하고 전시하여 공유할지 계획하기

↑ **가상현실 활용 디자인 수업 설계 가이드**

STEP 2는 교육과정 분석 단계로, 앞 단계에서 진행한 수업주제와 관련된 교육과정을 분석하는 단계이다. 미술수업 혹은 융합수업에 따른 교과별 교육과정에 대해서 분석을 진행한다.

STEP 3은 수업 내용을 구성하는 단계로 앞서 진행한 교육과정 분석 내용을 기초로 교육목표와 교과구성 및 총 수업 차시를 구성하여 차시별 수업내용을 어떻게 진행할지에 대한 차시별 계획도를 구성한다. 차시별 계획도의 학습 흐름에 맞게 가상현실 기본개념과 원리 학습 내용도 함께 구성한다.

STEP 4는 세부 수업활동 및 평가에 대해서 계획하는 단계로 3단계에서 구성한 차시별 계획 내용에 맞게 세부 디자인 활동을 구성하여 교수학습과정안을 구성한다. 이때 온라인·오프라인 혹은 블랜디드 러닝의 수업상황에 맞게 작성한다. 교수학습과정안에 차시별 세부 수업활동과 학습목표, 평가가 일치화할 수 있도록 계획한다. 학교급과 학교 상황에 맞는 가상현실 프로그램을 선정한다. 프로그램의 난이도와 무료·유료 버전을 고려하여 수업대상과 학교 상황에 맞게 선택한다. 수업주제에 맞게 가상현실 작품이 잘 구현될 수 있도록 모둠활동 계획과 가상공간에 대한 표현활동을 기획하도록 한다.

STEP 5는 전 단계에서 작성한 수업활동 내용과 평가계획에 맞게 수업내용을 검증하고 감상에 대해 계획하는 단계이다. 평가 기준은 학생의 디자인작품을 어떤 기준으로 평가할지 평가체계를 구체화한다. 교사는 수업 예시작을 미리 제작하여 학생들이 가상현실 작품을 어떻게 제작하여 감상하고 평가할지 계획을 세운다.

가상현실 활용 디자인 수업이 학교현장에서 실효성 있게 이루어지려면 가장 중요한 것은 수업의 설계이다. 학생들이 흥미를 가지고 주도적으로 활동을 이끌어 갈 수 있도록 수업이 구성되어야 한다. 학생들이 가상현실을 활용한 디자인 활동으로 창의적으로 문제를 탐구하고 해결할 수 있도록 수업을 계획해야 한다.

가상현실 활용 디자인 포트폴리오 만들기

학생들이 효과적으로 가상현실 활용 디자인 포트폴리오를 만들 수 있도록 디자인 사고 단계별로 가이드를 제시하였다.

단계	내용
STEP 1 공감하기	• **주어진 문제에 대한 조사** 문제 상황을 이해하는 단계로 조사를 통해 정보를 모으며 문제에 대해서 공감하기
STEP 2 정의하기	• **사용자의 요구사항과 문제를 구체화** 문제를 구체화하기 위하여 전 단계에서 수집한 자료를 종합 정리하기
STEP 3 아이디어 만들기	• **가정을 만들고 아이디어를 창출** 문제에 대해서 다양한 가능성을 탐색하며 아이디어를 정리하여 제시함
STEP 4 모형 만들기	• **해결안의 도출** 문제를 해결하기 위한 아이디어 중 적합한 해결안을 실제로 만들어보는 단계임
STEP 5 시험하기	• **해결안의 평가** 가상현실을 활용한 디자인 시안이 잘 작동하는지 확인하는 과정으로 개발한 모형을 평가하고 실행하는 단계

↑ 디자인 사고에 기초한 가상현실 활용 디자인하기

[단계 1: 공감하기] 대상에 대한 깊은 이해를 바탕으로 한 공감은 디자인의 주체와 객체의 경계를 허무는 작업의 시작점이다.

공감하기 단계에서는 학생들이 만들고자 하는 가상현실 활용 디자인 포트폴리오 주제의 문제 상황이 무엇인지 이해하는 단계이다. 문제 상황을 해결하기 위해 관련 대상에 대한 조사를 진행한다. 인터넷 조사와 대면·비대면 인터뷰, 현장관찰을 활용한 조사방법으로 진행할 수 있다. 예시로 환경문제해결을 위한 지속가능한 미래도시디자인을 하기 위해서 어떻게 공감하기 단계를 진행할지 생각해보자. 먼저 도시환경 문제에 대해 인터넷에서 찾아볼 수 있다. 그리고 도시디자인 전문가와 인터뷰나 설문 조사를 진행할 수 있다. 우리의 주변 환경을 현장관찰을 진행해볼 수도 있다.

공공 편의시설 부족 | 교통혼잡 & 매연 | 미세먼지 | 녹지 부족 | 쓰레기

↑ **도시환경 문제에 대해 조사하기**

[단계 2: 문제 정의하기] 문제를 구체화화는 단계로 주어진 문제 상황에 대한 이해가 전제될 때 가능하며, 핵심이 무엇인지 파악한다.

문제 정의하기 단계에서는 앞 단계에서 조사한 사용자의 문제를 구체화하기 위하여 수집한 자료를 바탕으로 종합정리해본다. 다양한 방향에서 정보를 종합하고 분석해서 어떻게 하면 문제를 해결할 수 있을지 구체적으로 파악하는 단계이다. 지속가능한 미래도시디자인을 디자인하기 위한 요구사항과 문제를 구체화한다. 공감하기 단계의 인터넷 조사, 인터뷰, 설문조사 등의 결과를 종합하여 지속가능한 미래도시디자인을 위해서 어떤 디자인 컨셉을 잡을 수 있을지 마인드 맵, 통계분석 등을 진행할 수 있다. 예시로 환경문제해결을 위한 지속가능한 미래도시디자인을 가상현실을 활용해서 제작하기 위한 온라인 설문지와 설문 분석을 진행한 것을 볼 수 있다.

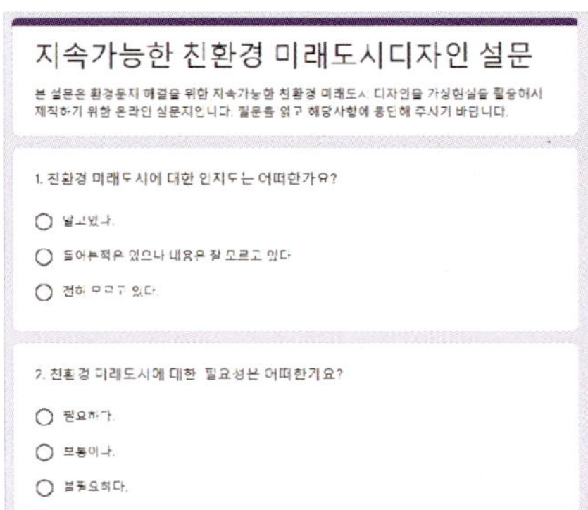

↑ **지속가능한 미래도시디자인 설문**

↑ **지속가능한 미래도시디자인 설문 분석**

[단계 3: 아이디어 만들기] 파악한 상황과 핵심 문제의 해결을 위해 다양한 해결 아이디어를 만들어내는 단계이다.

앞 단계에서 발견한 문제에 대해서 다양한 아이디어를 제시하는 단계이다. 확산적 사고를 통해 브레인스토밍을 활용할 수 있다. 아이디어를 우선순위로 정리하는 것도 좋다. 예시처럼 현재 도시의 환경문제를 해결할 수 있는 지속가능한 미래도시디자인을 가상현실 프로그램을 활용해 어떻게 표현할지 아이디어 스케치를 진행해볼 수 있다.

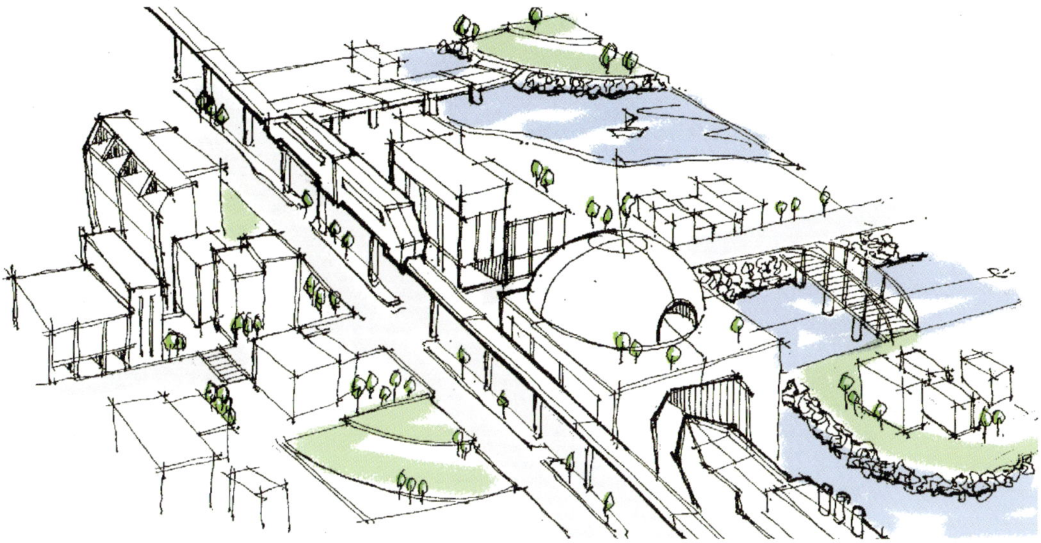

[단계 4: 모형 만들기] 수많은 아이디어 중에서 가장 좋은 해결안을 실제로 만들어봄으로써 실제화하는 단계이다.

모형 만들기 단계에서는 전 단계에서 제시된 가상현실 활용 디자인 아이디어를 바탕으로 해결안을 도출하는 단계이다. 가상현실 프로그램을 활용하여 구체적으로 시안을 만들어보는 작업을 한다. 앞서 설명한 코스페이시스나 유니티 등의 무료 버전을 사용할 수 있다. 예시작은 프로그램은 코스페이시스 에듀를 사용하였다. 예시작은 지속가능한 미래도시디자인으로 현재의 환경문제를 해결하기 위한 문제해결의 대안을 제시하고자 했다. 탄소배출을 줄이

↑ (상) 가상현실 기반 디자인 동영상
(하) 가상현실 기반 디자인 동영상 QR

기 위한 교통 시스템을 가상공간에 디자인했으며 안전한 교통 시스템과 미세 먼지를 줄일 수 있는 녹지공간을 디자인하였다. 물위에 떠있는 플로팅 공원을 디자인하고 공원 다리를 통해 도심과 공원의 이동의 편의성을 제공하고자 했다. 지역경제 활성화를 위한 미술관도 디자인했다. 이러한 과정을 통해 현대의 환경문제를 해결한 지속가능한 미래도시디자인을 가상공간에 구현하였다. 동영상 QR코드도 함께 제시하였으니 함께 감상해보자.

[단계 5: 시험하기] 해결안으로 만든 모형의 효과를 알아보기 위한 평가단계이다. 전 단계에서 만든 가상현실 기반 디자인 모형이 잘 만들어졌는지 평가하는 단계로 성공적이지 않다면 전 단계로 돌아가거나 개선이 가능한 단계라고 볼 수

있다. 지금까지 디자인 사고를 기초로 가상현실 활용 디자인 포트폴리오 제작에 대해서 살펴보았으며, 가상현실 활용 디자인교육을 위한 향후 과제에 대해서 살펴보자.

가상현실 활용 디자인 수업과 향후 과제

본장은 가상현실 활용 디자인 수업을 중심으로 살펴보았다. 가상현실 기술이 점차 확장되고 발전되면서 가상현실을 교육에 활용하고자 하는 연구와 교육 프로그램의 개발이 활성화되고 있다. 그러나 가상현실을 활용한 디자인 수업에 있어서 가상현실을 단순한 표현의 도구로만 활용되지 않도록 해야 한다. 그러기 위해선 가상현실의 기본개념과 디자인 활용 과정의 원리에 대한 학습이 함께 진행되어야 한다. 그리고 교사는 가상현실 기술활용에 적합한 수업 주제 선정과 체계적인 수업 설계를 할 수 있어야 한다. 가상의 이미지를 생산하게 되므로 이미지와 작품 저작권의 개념과 중요성에 대해서 학습시켜야 하며, 학생들이 컴퓨터 활용에 노출되기 쉬우므로 부적절한 콘텐츠 노출에 주의하도록 지도한다. 가상현실을 활용한 온·오프라인 디자인 수업에 있어서 가상현실 플랫폼 활용을 위한 ICT 관련 기기에 대한 지역 간 수업 환경에 따른 격차가 발생되지 않도록 학교 지원이 마련되어야 할 것이며 사회적으로도 필요한 제도적 마련도 되어야 할 것이다. 가령 앞서 소개한 로블록스 같은 메타버스 플랫폼은 게임 형식을 취하기 때문에 학교 공교육에서의 사용이 어려울 수 있다. 이에 지역마다 다른 교육환경을 고려하여 수업을 운영해 나가야 한다. 가상현실을 활용한 디자인의 변화에 대한 디자인교육의 적극적인 반영이 이루어져 학계와 학교가 활발하게 연계해 나갈 때 유의미한 학습이 일어날 수 있을 것으로 생각된다.

함께 생각해볼까요

1. 증강현실, 가상현실, NFT, 메타버스를 활용한 디자인교육을 운영하기 위해서 선생님은 어떤 준비를 해야 할까요?
2. 가상현실 활용 디자인 수업을 학교 수업에 진행한다면 어떻게 설계할 수 있을지 생각해봅시다.

Chapter 4

NFT 기반 디자인 창업교육

최근 가상자산 시장에서 글로벌 기업부터 개인까지 NFT 열풍이 불고 있다. 대체불가 토큰 NFT 시장에서 디지털 인증서를 통해 누구나 자신의 창작물 판매를 위한 창업을 할 수 있다. 그렇다면 NFT라는 최신 기술에 기반한 디자인을 해보고 판매까지 하는 경험은 학생들에게 어떤 교육적 효과가 있을까? 학계에서는 학생 대상 창업교육은 학생들의 진로의식을 길러주며 자기효능감과 진로성숙도 향상에 긍정적인 효과가 있다고 밝히고 있다. NFT 기반 디자인 창업교육은 첨단기술에 대한 학습이 더해져 교육적 효과가 확장될 것이다.

NFT 기반 디자인 창업은 어떻게 진행해야 하나요?

NFT 시장의 창작물은 인증하는 원작자, 자산 소유권, 판매 이력 등의 정보를 블록체인 기술*로 기록한다. NFT 기반 디자인 수업 시 창작자인 학생의 아이디어 보호에 대한 내용을 다루는 것이 좋다. 디지털 시장에서 학생들의 디자인 저작권과 소유형태를 규명하며 디자인 결과물로 디지털 자산거래를 하는 것을 학습할 수 있다.

블록체인 기술이란 온라인 거래 정보를 수정할 수 없도록 데이터를 블록으로 만들고 암호 기술을 사용한 고리 모양의 체인으로 연결하여 분산 컴퓨팅 기술로 저장·관리하는 방식이다.

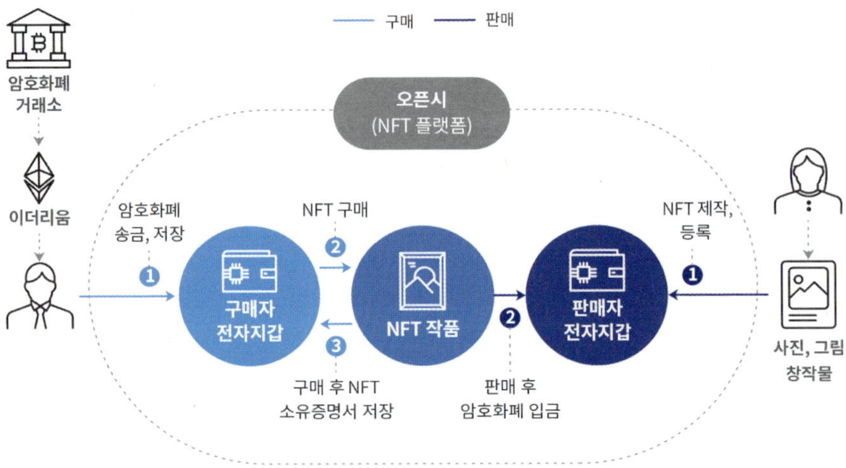

↑ **NFT 매매 흐름도**

그렇다면 디자인 창업을 진행할 때 NFT 플랫폼에서의 판매와 구매는 어떻게 이루어질까? NFT 매매 흐름도 다이어그램[1]을 보면 구매자와 판매자가 어떻게 NFT 시장에서 거래를 할 수 있는지 알 수 있다. 사진, 그림 등의 창작물의 저작자는 자신의 아이템을 NFT로 제작(민팅: Minting)하고 등록하여 판매가 되면 암호화폐로 구매자가 판매자의 전자지갑에 입금한다. 구매자는 암호화폐 거래소에서 코인을 구매한 뒤 전자지갑에 보관한다. NFT 작품을 구매한 뒤 NFT 소유 증명서를 자신의 전자지갑에 저장하면 구매가 이루어진다.

위에서 언급한 암호화폐는 암호 기술을 이용하여 만든 디지털 화폐이다. 실물의 돈 개념으로 존재하는 것이 아니고 디지털 데이터로 만들어져 가상화폐라고도 하며 코인이나 토큰으로도 불린다. 코인거래소의 종류는 업비트, 빗썸, 코인원 거래소가 있다. 코인 종류별 플랫폼도 나뉘는데 콘텐츠 관련 플랫폼에 대한 코인은 세타토큰(THETA), 보라(BORA), 클레이튼(KLAY)이 있다. 게임 관련 코인의 종류는 엔신코인(ENJ), 왁스(WAXP), 샌드박스(SAND)가 있다. 그 외 부동산 관련, 스포츠 관련 등 다양한 코인이 있다.

구분	이더리움 기반	폴리곤 기반	클레이튼 기반	
마켓	오픈씨			
민팅	오픈씨		크래프터 스페이스	크래프트 맨십
리스팅	오픈씨			
지갑	메타마스크		카이카스	
수수료	10~20만원	무료	1~10원	

↑ NFT 민팅에 필요한 블록체인

앞서 살펴본 NFT 기반 디자인 창업을 하기 위해서 제일 먼저 해야 하는 창작한 디자인 아이템을 NFT로 민팅하는 방법을 알아보자. 위의 NFT 민팅에 필요한 블록체인 다이어그램[2]에서 NFT 기반 디자인 창업을 위한 마켓, 민팅, 리스팅, 지갑에 필요한 플랫폼들을 차례로 볼 수 있다. 오픈씨(OpenSea)는 디지털 아이템 등의 다양한 자산을 거래할 수 있는 NFT 마켓으로는 가장 큰 플랫폼이다. 이더리움은 거래가 활발하나 학교에서 디자인 창업 수업 진행에 등록 가스비가 문제가 될 수 있다. 클레이튼은 국내시장 중심으로 거래가 활발하고 등록 가스비가 저렴하지만 직접 등록하지 못하고 국내 대행 플랫폼을 통해서

용어	내용
오픈씨(OpenSea)	• NFT를 만들고 팔고 살 수 있는 플랫폼 중의 하나로 가장 규모가 큰 사이트라고 할 수 있다.
드롭(Drop)	• NFT 플랫폼에서 판매하기 위해서 업로드하는 것이다.
코인(Coin)	• NFT를 만들고 거래하기 위한 가상화폐로 암호화폐, 토큰이라고도 한다.
디지털 지갑(전자지갑)	• 오픈씨를 사용(로그인)하고 코인을 보관할 수 있는 곳으로 메타마스크라는 곳을 가장 많이 사용한다.
민팅(Minting)	• 창작한 아이템을 NFT로 제작하고 등록하는 작업을 의미한다.
리스팅(Listing)	• NFT 아이템을 판매를 위해 NFT 작품을 등록하는 과정이다.
가스비	• NFT에 등록하기 위해 발생하는 수수료이다.

↑ NFT 디자인 창업을 위해 알아야 할 용어

등록이 가능하다. 폴리곤이 등록 가스비가 무료이나 절차가 복잡하다. 민팅의 플랫폼 선택은 디자인 창업 수업을 진행하는 학교의 상황에 따라 선정해서 진행해야 한다.

사례 1: NFT로 9개월만에 11억 원 번 디자이너

↑ [출처: https://amritpaldesign.com/toy-faces-nfts]

암리트팔싱(Amrit Pal Singh)은 디자이너이자 3D 디지털 아티스트로 NFT 판매를 통해 9개월 동안 100만 달러 수익을 올렸다. 대표적인 상품은 위의 NFT 작품 토이페이스(Toy Faces)이다. NFT 상품성을 고려한 캐릭터를 디자인한 것이다.

↑ [출처: https://amritpaldesign.com/toy-rooms]

이외에도 위의 그림처럼 알라딘의 비밀 동굴, 반지의 제왕의 호빗 서재, 심슨 가족의 거실 같은 방 개념의 NFT 상품도 있다. 암리트팔싱은 영화학교에서 공부한 뒤 뉴욕에서 모션디자이너로 일하며 애니메이션 디자이너로 일했다. 디자인 분야에서 배운 다양한 기술들을 더 발전시키게 되었다. 그러던 중 3D 아바타 라이브러리인 토이페이스 디자인을 시작하게 되었다. 자신만의 초상화 같은 캐릭터를 원하는 대중들의 심리를 잘 읽은 것이다. 특히 팬데믹 시대에 비대면 활동이 많아지면서 자신의 캐릭터를 찾는 소비자들이 많아졌다. 이러한 시장의 호응으로 NFT 방까지 상품을 확장하였다. 본 사례는 디자이너가 다양한 분야의 공부와 실무를 토대로 개성있는 캐릭터를 디자인하여 NFT 기반 디자인 창업으로 성공할 수 있었다.

사례 2: 아티스트와 캐릭터 디자인의 협업 CloneX NFT 컬렉션

↑ [출처: https://nftevening.com/a-rare-clonex-nft-just-sold-for-an-incredible-450eth/]

↑ [출처: https://wealthcatalog.com/rtfkt-clonex/]

세계적인 아티스트인 무라카미 다카시(Murakami Takashi)와 아티팩트 스튜디오(RTFKT Studio)와 협업하여 NFT 시장의 캐릭터 디자인을 진행한 '클론 엑스(CLONE X)'[3] 프로젝트이다. 클론 엑스 NFT는 3D로 무라카미는 캐릭터의 눈, 입, 헬멧, 옷 등 아바타 특성을 디자인했다. 클론의 시나리오는 은하계를 탐험하고 새로운 서식지를 찾는 인간의 특성과 행동을 복제하는 외계인이다. 클론은 8개의 DNA 유형이 있으며 각각의 캐릭터가 생성되는 과정에서 무작위로 조합되어 디자인된다. 경우의 수에 따라 희귀한 아이템이 조합된 캐릭터가 디자인이 탄생될 수 있다. 클론 디자인은 이러한 다양성과 우연성의 특성이 있다. 클론 캐릭터를 구매한 소비자는 3D 파일에 액세스해서 자신의 속성을 더 잘 표현할 수 있도록 변경하여 사용할 수 있다. 본 디자인 사례는 세계적인 아티스트와 협업하여 예술적 모티브를 NFT 의 캐릭터 디자인에 적용한 융합디자인 사례라고 할 수 있다

> **우리는 Metaverse가 사물의 가치를 디지털 소유로 옮겨 현실세계에서 보다 건강하고 단순한 삶을 즐기는 새로운 시대의 시작이라고 믿습니다. 우리는 모두 비디오 게임을 하고, 우정을 쌓고, 기억에 남는 이야기를 만들고, 아이템을 수집하며 수년간 자랐습니다. Metaverse는 NFT 덕분에 소유권의 새로운 계층과 함께 이러한 경험의 자연스러운 진화입니다.**
>
> **- RTFKT Studio 공동설립자 Benoit Pagoto -**

사례 3: 블록체인 게임 'CrytoKitties'

NFT 서비스의 블록체인 게임 '크립토키티(CrytoKitties)'는 고양이 캐릭터를 모으고, 소비자들은 고양이들끼리 교배를 해서 새끼 고양이를 키워서 판매할 수 있다. 고양이 캐릭터 디자인이 눈과 털 색깔, 입모양 등 다양한 유전코드가 섞여서 새끼 고양이가 탄생되며 각 고양이 캐릭터는 토큰화해서 고유한 가치를 가지게 만들었다. 이더리움 기반의 크립토키티는 2017년 당시 거래량이 많아서 이더리움 수수료가 치솟았다. 당시 이더리움 시세로 희귀 고양이가 1억 원

↑ [출처: https://medium.com/dapperlabs/coincheck-helps-cryptokitties-and-other-nfts-go-mainstream-in-japan-8b31b6ce6113]

↑ [출처: http://www.coindeskkorea.com/news/articleView.html?idxno=73065]

이 넘어 NFT의 성공한 초기 모델이라고 할 수 있다. 캐릭터는 얼마나 디자인이 매력적인가에 따라 가격이 매겨지게 된다. 게임에서 확장되어 디지털 소장품의 역할을 하게 된 것이다. 크립토키티는 암호화폐가 디지털 자산이 될 수 있다는 가능성을 보여준다. 본 디자인 사례는 게임의 인터페이스가 단순함에도 고양이 캐릭터 디자인의 가치에 따라 소비자에게 사랑받는 상품이 될 수 있다는 것을 보여준다.

사례 4: 나이키의 디지털 스니커즈 CrytoKicks의 Sole Selector 프로젝트

↑ [사진 ⓒCryptoKickers]

나이키에서 디지털 스니커즈 패션 브랜드 크립토키커스(CryptoKickers)로 NFT 시장과 대면 시장을 결합한 특허를 출시하였다. 소비자는 스니커즈 끈, 밑창과 액세서리, 색상과 패턴을 선택하여 자신만의 디지털 스니커즈를 디자인할 수 있다. 소비자는 디자인창작자로서 자신이 디자인한 디지털 스니커즈에 대

한 디자인 권리를 가지며 상업적 권리도 가지게 된다. 소비자는 자신이 디자인한 스니커즈를 판매하고 수익금을 내어 다른 디지털 스니커즈를 구매할 수 있다. 스니커즈 시장은 매니아층이 두터워 수집가가 많으나 진품은 한정되어 있으므로 복제품이 많이 있다. 그러나 이러한 NFT 플랫폼은 이러한 문제를 해결한다. 디지털 웨어러블 시장이 상승세에 있는 가운데 디지털 스니커즈는 가상세계에 새로운 패션 상품에 혁신적인 소비자 참여 디자인과 판매방식을 제공한 것이다. 본 디자인 사례는 글로벌기업의 상품이나 소비자가 일부이나 디자이너로서의 역할과 권리를 행사할 수 있게 시스템을 갖추어 놓은 것이 의미있다고 볼 수 있다.

사례 5: NFT 기반 모바일 게임 'Louis The Game'

↑ [출처: https://www.robbreport.com.sg/burberry-unveils-a-nft-game-character-known-as-sharky-b-while-louis-vuittons-game-is-offering-30-nfts-including-10-by-beeple/]

'루이 더 게임(Louis The Game)'은 루이비통 탄생 200주년을 맞아 창립자의 루이의 스토리로 만든 비디오 게임이다. 창업자 루이가 실제 14세기에 쥬라 지역에서 2년을 걸려 파리에 도착했다는 사실에 근거해서 게임 시나리오를 만든 것이다. 모바일 게임으로 운영되며 대표 캐릭터 '비비엔'이 200개의 모노그램 캔들을 찾아 7개국을 모험한다는 스토리로 게임을 디자인했다. 게임 속에서 모험을 즐기면서 미션을 완료하면 200개의 초와 함께 30개의 NFT 기반 패션 아이템을 수집할 수 있다. 실화에 근거한 게임 스토리와 매력적인 캐릭터와 게임 인터페이스도 쉽고 재미있게 디자인되었다. 사용자를 끌어들일 수 있는 가장 강력한 무기는 NFT 기반 패션 아이템 수집욕을 불러일으킨다는 것이다. 본 디자인 사례는 최근 소비자들의 기호를 욕구를 잘 파악하고 브랜드의 스토리를 잘 녹여내 디자인했다고 할 수 있다.

NFT 기반 디자인 창업 수업 설계하기

NFT 활용 디자인 수업 가이드는 앞서 기술한 V-MAP Approach와 결을 같이 하므로 바로 수업 설계 가이드로 넘어가고자 한다. NFT 기반 디자인 창업 수업에 대한 5단계의 수업 설계 가이드[4]를 제시하였다. STEP 1단계는 'NFT 기반 디자인 창업 수업주제 선정' 단계로 수업주제를 정한다. NFT 관련 첨단 기술과 학생창업에 대해 학습할 수 있는 주제를 선정한다. 주제 선정 시 NFT 기술의 활용과 디자인 창업의 기술과 경제 관점이 연관되도록 수업주제를 택한다. 창업 관련 경제학습을 강조하려면 사회교과와 융합수업을 고려하고, NFT 관련 기술학습을 깊이 있게 하기 위해서는 기술교과 융합수업을 계획할 수 있다.

STEP 2는 '미술교과 및 융합수업을 위한 교육과정 분석' 단계로, 디자인 창업 주제로 자유학년제 수업이나 동아리 수업을 계획한다면 이 단계는 건너뛰도록 한다. 차시 대체형 수업을 진행한다면 1단계에서 선정한 NFT 기반 디자인 창업 주제와 관련된 교육과정 분석을 진행한다. 미술교과와 사회, 정보, 기술교과 혹은 타교과와의 융합수업을 구성한다면 그에 맞는 교과별 교육과정에 대해서 함께 분석한다.

STEP 3은 'NFT 기반 디자인 창업 수업내용 구성' 단계로 2단계의 교육과정 분석 내용을 기초로 미술교과 수업으로 구성할지 융합수업을 구성할지에 따

단계	NFT 기반 디자인 창업 수업설계 시 주요내용
STEP 1 NFT 기반 디자인 창업 수업주제 선정	• NFT 기반 디자인 창업 수업주제를 선정하는 단계 • NFT 관련 첨단기술과 학생창업에 대해 학습할 수 있는 주제 선정 • 주제 선정 시 NFT 기술의 활용과 디자인 창업의 기술과 경제 관점이 연관되도록 수업주제 선정 • 창업관련 경제학습을 강조하려면 사회교과와 융합수업을 고려하고, NFT 관련 기술 학습 강조를 위해서는 기술교과와의 융합수업 계획
STEP 2 (선택사항) 미술교과 및 융합수업을 위한 교육과정 분석	* 자유학년제나 동아리 수업을 계획한다면 이 단계의 교육과정 분석은 진행하지 않음 • 1단계에서 선정한 NFT 기반 디자인 창업 주제와 관련된 교육과정 분석 • 미술교과와 사회, 정보, 기술교과 혹은 타교과와의 융합수업을 구성한다면 그에 맞는 교과별 교육과정에 대해서 함께 분석 진행
STEP 3 NFT 기반 디자인 창업 수업내용 구성	• 2단계의 교육과정 분석 내용을 기초로 미술교과 수업을 구성할지 융합수업을 구성할지에 따라서 교육목표와 교과구성 및 총 차시구성 (선택사항) • 차시별 수업내용을 어떻게 진행할지에 대한 총 차시별 계획도 설계 • 수업내용 흐름에 맞게 NFT 시장에 대한 이해, 디자인 창업 기획, 민팅, 판매와 평가로 학습내용 구성 • NFT 기반 디자인 창업 수업주제에 맞는 NFT 관련 플랫폼 선정 (민팅 관련 비용 고려)
STEP 4 NFT 기반 디자인 창업 수업활동 및 평가계획	• 3단계에서 구성한 총 차시별 계획 내용에 맞게 세부 NFT 기반 디자인 창업 수업활동을 구성하여 세부 교수학습과정안 구성(온·오프라인 수업 고려) • 차시별 세부 수업활동 내용을 구성하며 학습목표와 평가를 함께 계획하기 • NFT 기술학습, 디자인 창업 기획, 민팅, 판매에 대한 수업활동 구성
STEP 5 메타버스에서 감상 및 평가	• 4단계에서 구성한 세부 수업활동 내용과 평가계획에 맞게 교사는 NFT 기반 디자인 창업 예시작을 제작한 뒤 제작과 민팅 판매까지 시연해본 뒤 평가체계 구체화 • 교사 예시작을 기초로 온·오프라인 수업에서 학생들의 디자인 창업 결과물을 메타버스에서 함께 감상하고 평가하게 계획하기

↑ **NTF 기반 디자인 창업 수업 설계 가이드**

라서 교육목표와 교과구성 및 총 차시를 구성한다. 앞 단계와 같은 동일한 관점에서 선택사항으로 진행한다. 차시별 수업내용을 어떻게 진행할지에 대한 총 차시별 계획도를 설계한다. 수업내용 흐름에 맞게 NFT 시장에 대한 이해, 디자인 창업 기획, 민팅, 판매와 평가로 학습내용을 구성한다. NFT 기반 디자인 창업 수업주제에 맞는 플랫폼 선정 시 민팅과 가스비와 진행 과정의 복잡성을 고려하여 학교 상황에 맞게 선정한다.

STEP 4는 'NFT 기반 디자인 창업 수업활동 및 평가계획' 단계로 3단계에서 구성한 총 차시별 계획 내용에 맞게 세부 NFT 기반 디자인 창업 수업활동을 구성하여 세부 교수학습과정안을 온, 오프라인 수업을 고려해서 구성한다. 차시별 세부 수업활동 내용을 구성하며 학습목표와 평가를 함께 계획한다. NFT 기술학습, 디자인 창업 기획, 민팅, 판매에 대한 수업활동을 설계한다.

STEP 5는 '메타버스에서 감상 및 평가' 단계로 4단계에서 구성한 세부 수업활동 내용과 평가계획에 맞게 교사는 NFT 기반 디자인 창업 예시작을 제작한 뒤 제작과 민팅 판매까지 시연해본 뒤 평가체계 구체화한다. 교사 예시작을 기초로 온·오프라인 수업에서 학생들의 디자인 창업 결과물을 메타버스에서 함께 감상하고 평가하게 계획한다.

이렇게 교사 입장에서 수업을 설계할 때 NFT 기반 디자인 창업 수업주제를 선정하는 단계, 미술교과 및 융합수업을 위한 교육과정을 분석하는 단계, NFT 기반 디자인 창업 수업의 내용 구성 단계, NFT 기반 디자인 창업 수업활동 및 평가계획 단계, 메타버스에서 감상 및 평가단계를 살펴보았다.

NFT 기반 디자인 창업 수업 설계를 학교현장에 적용할 때 주의사항은 실질적으로 가상시장의 경제에 대해서 학생들이 주도적으로 경험할 수 있도록 계획을 철저하게 세워야 한다. 가상현실 관련 메타버스와 NFT 기술에 대해서도 학습하고 창업에 대한 경제개념도 학습하는 것이 좋다. 디지털 저작권의 소유개념과 함께 디자인 창작물을 등록하는 민팅에 대해서 선생님이 잘 설명할 수 있도록 미리 경험하는 것이 좋다. 지금까지 NFT 기반 디자인 창업 수업을 어떻게 계획하고 설계할지에 대해서 살펴보았으며, 학생 입장에서 디자인 포트폴리오 준비 과정을 살펴보고자 한다.

NFT 기반 디자인 창업 포트폴리오 만들기

학생 입장에서 NFT 기반 디자인 창업 포트폴리오를 만들고자 할 때 디자인 사고를 적용하여 체계적으로 진행할 수 있다. 디자인 포트폴리오에 참고가 될 수 있도록 디자인 사고 단계별로 가이드를 제시하였다.

단계	내용
STEP 1 공감하기	· **주어진 문제에 대한 조사** NFT 기반 디자인 창업을 하기 위해서 문제 상황을 이해하는 단계로 조사를 통해 정보를 모으며 문제에 대해서 공감하기
STEP 2 정의하기	· **사용자의 요구사항과 문제를 구체화** 문제를 구체화하기 위하여 전 단계에서 수집한 자료를 종합 정리하기
STEP 3 아이디어 개발하기	· **가정을 만들고 아이디어를 창출** 문제에 대해서 다양한 가능성을 탐색하며 아이디어를 정리하여 제시함
STEP 4 모형 만들기	· **해결안의 도출** 문제를 해결하기 위한 아이디어 중 적합한 해결안을 실제로 만들어보는 단계임
STEP 5 시험하기	· **해결안의 평가** NFT 기반 디자인 아이템이 잘 작동하는지 확인하는 과정으로 개발한 모형을 평가하고 실행하는 단계

↑ 디자인 사고에 기초한 NTF 기반 디자인 창업하기

[단계 1: 공감하기] 대상에 대한 깊은 이해를 바탕으로 한 공감은 디자인의 주체와 객체의 경계를 허무는 작업의 시작점이다.

공감하기 단계에서는 학생들이 NFT 기반 디자인 창업을 하기 위해 문제 상황이 무엇인지 이해하는 단계이다. 문제 상황을 해결하기 위해 관련 대상에게 조사를 진행해야 한다. 인터넷 조사와 대면·비대면 인터뷰, 현장관찰을 활용한 조사방법으로 진행할 수 있다. NFT 기반 디자인 창업의 성공사례에 대해서 인터넷에서 찾아볼 수 있다. 그리고 NFT 관련 디자인 전문가와 인터뷰나 설문 조사를 진행할 수 있다. 아래 분석처럼 NFT 디자인 분야에서는 캐릭터 상품매매가 활발하므로 캐릭터 디자인 아이템을 조사할 수 있다. 아래와 같이

NFT 창업을 위한 조사에 대한 예시를 볼 수 있다.

[단계 2: 문제 정의하기] 문제를 구체화는 단계로 주어진 문제 상황에 대한 이해가 전제될 때 가능하며, 핵심이 무엇인지 파악한다.

문제 정의하기 단계에서는 앞 단계에서 조사한 사용자의 문제를 구체화하기 위하여 수집한 자료를 바탕으로 종합정리해본다. 다양한 방향에서 정보를 종합하고 분석해서 어떻게 하면 문제를 해결할 수 있을지 구체적으로 파악하는 단계이다. NFT 캐릭터 디자인 아이템을 디자인하기 위한 요구사항과 문제를 구체화한다. 공감하기 단계의 인터넷 조사, 인터뷰, 설문 등의 결과를 종합하여 NFT 캐릭터 디자인 아이템 창작을 위해서 어떤 디자인 컨셉을 잡을 수 있을지 마인드 맵, 통계분석, 퍼소나 등을 진행한다. 예시 그림은 캐릭터에 대한 퍼소나를 진행한 것이다.

[단계 3: 아이디어 만들기] 파악한 상황과 핵심 문제의 해결을 위해 다양한 해결 아이디어를 만들어내는 단계이다.

아이디어 만들기 단계에서는 앞 단계에서 발견한 문제에 대해서 다양한 아이디어를 제시하는 단계이다. NFT 캐릭터 디자인 아이템을 디자인하기 위해서 확산적 사고를 통해 브레인스토밍이나 다양한 아이디어를 제시한다. 아이디어를 우선순위로 정리하는 것도 좋다. 예시처럼 학생들과 비슷한 대상을 소비자로 생각하여 자신을 표현할 수 있는 다양한 캐릭터 디자인에 대한 아이디어 스케치를 진행해볼 수 있다.

[단계 4: 모형 만들기] 수많은 아이디어 중에서 가장 좋은 해결안을 실제로 만들어봄으로써 실제화하는 단계이다.

모형 만들기 단계에서는 전 단계에서 제시된 가상현실 기반 디자인 아이디어를 바탕으로 해결안을 도출하는 단계이다. NFT 캐릭터를 디자인 프로그램을 활용하여 구체적으로 시안을 만들어보는 작업을 한다. 포토샵이나 일러스트레이터 혹은 파워포인트 등을 활용하여 디자인을 진행할 수 있다. 캐릭터를 디자인 한 예시작을 볼 수 있다.

[단계 5: 시험하기] 해결안으로 만든 모형의 효과를 알아보기 위한 평가단계이다. 전 단계에서 만든 NFT 캐릭터 디자인 아이템 모형이 잘 만들어졌는지 민팅까지 해보고 평가하는 단계로 성공적이지 않다면 전 단계로 돌아가거나 개선이 가능한 단계라고 볼 수 있다. NFT 캐릭터 디자인 아이템에 문제가 있다면 모형 만들기 단계나 아이디어 단계 등의 이전 단계로 되돌아갈 수 있다. 아래 표를 통해 캐릭터를 디자인한 뒤 디지털 지갑을 만들어서 민팅하는 과정을 볼 수 있다.

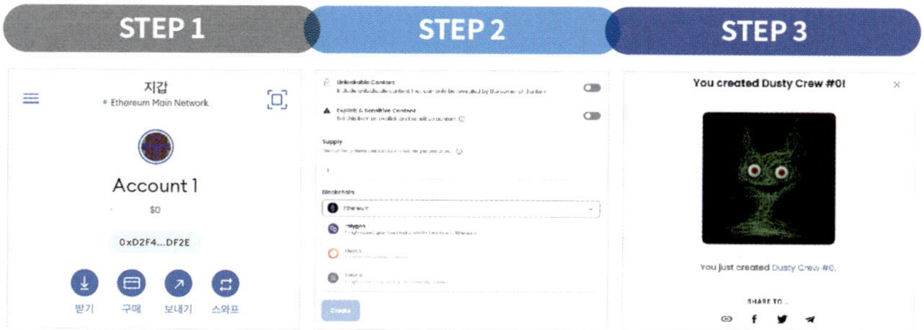

- Metamask(https://metamask.io/)에 접속하여 디지털 지갑을 만든다.
- 민팅에 필요한 플랫폼(이더리움, 폴리곤, 클레이튼) 중 선정하여 네트워크를 추가한다
- 오픈씨(https://opensea.io/)에서 NFT를 발행한다

지금까지 디자인 사고에 기초한 NFT 캐릭터 디자인 포트폴리오 제작에 대해서 살펴보았다. NFT 기반 디자인 창업교육을 위한 향후 과제에 대해서 살펴보자.

NFT 기반 디자인 창업 수업과 향후 과제

본장은 NFT 기반 디자인 창업교육을 중심으로 기술하였다. 최근 NFT 시장경제가 활성화되면서 다양한 교과의 창업교육을 시도해볼 수 있다. NFT라는 것이 실물 기반이 아닌 가상자산을 기반으로 하고 있으므로 이러한 디지털 자산의 가치가 공유되는 시장에서만 인정받을 수 있다는 점을 유념해야 한다. 가상자산이 잘 정립되는지 시장 상황을 잘 지켜볼 필요가 있다. 그리고 소유권과 저작권 문제로 NFT로 변환할 실물이 진품이 아닌 경우 이를 명확하게 규명하기 쉽지 않다는 점도 교육에서 다루어야 한다. 그리고 디자인 아이템의 창작자가 아니더라도 NFT를 제작하여 등록하고 또한 판매도 할 수 있으므로 그 소유권 문제가 불분명해질 수 있다는 점도 짚어야 한다. NFT 판매에 있어서 구매자와 저작권 문제에 이러한 애로사항이 존재한다. 이러한 점은 NFT 기반 디자인 창업교육을 할 때 주의해야 하는 사항이다.

이외에 NFT 매매가 불법적인 자금세탁 등에도 활용될 수 있다. NFT 시장은

무궁무진한 가능성이 있는 시장이지만 이러한 우려사항을 고려하여 우리 학생들이 더 발전적이고 건전한 NFT 시장의 문화를 이끌어갈 수 있도록 교육적으로 힘써야 할 것이다.

함께 생각해볼까요

1. NFT 기반 디자인 창업을 하기 위한 시장조사를 해보고 NFT 시장에서 인기 있는 상품을 찾아볼까요? 그 상품이 주목받는 이유는 무엇일지 분석해봅시다.
2. 본장에서 소개된 NFT 기반 디자인 창업 수업을 진행하기 위해서 1번 문제와 연관해서 어떤 아이템으로 디자인 창업 수업을 할 수 있을지 생각해봅시다. 어떻게 진행해야 NFT 기반 디자인 창업교육이 효과적일지 고민해봅시다.

Reference

Chapter 1

1 UNESCO. United Nations Decade of Education for Sustainable Development (January 2005 -December 2014) Framework for a Draft International Implementation Scheme. Draft Only, 2003. (Paris: UNESCO).

2 교육부. 「2022 개정 교육과정 총론 주요사항(시안)」. 2021.11. 발표

3 교육부. 「2022 개정 교육과정 총론 주요사항(시안)」. (교육부, 2021), p.12.

4 교육부. 「2022 개정 교육과정 총론 주요사항의 신·구 대비표」. (교육부, 2021), p.1.

5 Bonnett, M. (2002). Education for sustainability as a frame of mind. Environmental education research, 8(1), 9–20.

6 Ali Kahn, S. (2003). Greening FE curricula: a position paper. Hereford: Bulmer Foundation.

● 본장은 하기의 저자의 논문을 활용 기술하였음.
김효정 (2012). 감성교감(EE: Emotional Engagement)에 근거한 지속가능한 디자인 (Sustainable Design) 교육 개발 방법에 대한 연구
Hyojung Kim. An exploration of sustainable design education in Korea primary school curriculum, Goldsmiths University, 2011.

Chapter 2

1 Touretzky, D., Gardner–McCune, C., Martin, F., & Seehorn, D. (2019). Envisioning AI for K–12: What Should Every Child Know about AI? Proceedings of the AAAI Conference on Artificial Intelligence, 33, 9795–9799. DOI: 10.1609/aaai.v33i01.33019795.

2 Touretzky, D., Martin, F., Seehorn, D., Breazeal, C., & Posner, T. (2019, February). Special session: AI for K–12 guidelines initiative. In Proceedings of the 50th ACM technical symposium on computer science education (pp. 492–493).

3 China State Council (2017). Notice of the State Council Issuing the New Generation of Artificial Intelligence Development Plan. retrieved from https://fli–a.org/wp–content/uploads/2017/07/A–New–Generation–of–Artificial–Intellig ence–Development–Plan–1.pdf.

4 House of Lords (HL) (2018). AI in the UK: ready, willing and able?, HL Select Committee on AI Report of Session 2017–19.

5 저자의 하기의 논문 내용을 활용 기술하였음.
Kim, H. (2021). The Influence of Convergence Design Lessons Using Artificial Intelligence (AI) on Middle School Students' Self–Directed Learning: Focusing on Game Design Class that Removes Space Debris. Archives of Design Research, 34(2), 89–103.

6 권점례 외 (2017). 2015 개정 교육과정에 따른 초·중학교 교과간 연계·융합교육 적용 방안연구, 한국교육과정 평가원 연구보고. RRC 2017–8–1(토대로 재구성)

Chapter 3

1 Rosemblum, L. J., Cross, R. A. (1997). The challenge of virtual reality. In W. R. Earnshaw, J. Vince, H. Jones (Eds.), Visualization & Modeling, 325–399. San Diego, CA: Academic Press.

2 Hanson, K., & Shelton, B. E. (2008). Design and development of virtual reality: analysis of

challenges faced by educators. Journal of Educational Technology & Society, 11(1), 118-131.
Sherman, W. R., & Craig, A. B. (2018). Understanding virtual reality: Interface, application, and design. Morgan Kaufmann.

3 Dalgarno, B., & Lee, M. J. (2010). What are the learning affordances of 3d virtual environments? British Journal of Educational Technology, 41(1), 10-32.

4 https://www.themayor.eu/en/a/view/augmented-reality-game-teaches-helsinki-s-pupils-about-rainforests-10146(검색일: 2022년 5월 11일)

5 https://news.cornell.edu/stories/2021/05/nyc-urban-design-course-technology-recaptures-humanity(검색일: 2022년 5월 10일)

6 http://magazine.sfac.or.kr/html/view.asp?PubDate=202105&CateMasterCd=200&CateSubCd=2672(검색일: 2022년 5월10일)

7 https://news.illinois.edu/view/6367/1329212207#image-1(검색일: 2022년 5월 10일)

8 http://www.theyoungtimes.com/news/articleView.html?idxno=456((검색일: 2022년 5월 15일)

9 권점례 외 (2017). 2015 개정 교육과정에 따른 초·중학교 교과간 연계·융합교육 적용 방안연구. 한국교육과정 평가원 연구보고. RRC 2017-8-1(토대로 재구성)

Chapter 4

1 https://cbiz.chosun.com/svc/bulletin/bulletin_art.html?contid=2021101900383(이코노미 조선 검색일: 2022년 6월7일)

2 https://metapippin.blogspot.com/2021/11/gas-free-polygon.html(검색일: 2022년 6월 6일)

3 https://www.forbes.com/sites/cathyhackl/2021/11/29/the-evolution-of-a-metaverse-brand-rtkfts-clonex-drops-today/?sh=578c98396d62(검색일: 2022년 6월 3일)

4 권점례 외 (2017). 2015 개정 교육과정에 따른 초·중학교 교과간 연계·융합교육 적용 방안연구. 한국교육과정 평가원 연구보고. RRC 2017-8-1(토대로 재구성)

찾아보기

가상현실 ▪ 10, 151, 153, 155
가상현실 활용 디자인교육 ▪ 228
감각변환기술 ▪ 55
강화학습 ▪ 117
고약한 문제 ▪ 24
고요한 모빌리티(고요한 택시) ▪ 55, 56
공감하기 ▪ 26, 28, 205, 222
공적개발원조 ▪ 94
그린디자인 ▪ 61
깨진 유리창 이론 ▪ 74

나이젤 크로스 ▪ 23
니콜라스 네그로폰테 ▪ 98

다니트 펠레그 ▪ 143
다이버전트 ▪ 137
도넛 (경제)모델 ▪ 3, 4, 5
디자인교육 ▪ 12, 14
디자인 사고 ▪ 8, 9, 10, 15, 20, 21, 22, 23, 24, 25, 26, 28, 31, 223
디자인 사고 프로세스 ▪ 24
디자인 포트폴리오 ▪ 222
디지털 리터러시 ▪ 7
디지털 원주민 ▪ 47
디지털 이주민 ▪ 47
디지털 전환 ▪ 6, 131
디지털 패브리케이션 ▪ 131, 148
딥러닝 ▪ 117

레이 제퍼리 ▪ 73
로널드 메이스 ▪ 41, 42
로컬 모터스 ▪ 136
록시땅 ▪ 50, 51
룸바 ▪ 174
리처드 뷰캐넌 ▪ 24

머신러닝 ▪ 10, 86, 117, 213, 221
메타버스 ▪ 151, 156
모리 마사히로 ▪ 182, 183
모형 만들기 ▪ 26, 27, 28, 30, 205, 207, 222, 226, 243, 263
문제 정의하기 ▪ 26, 29, 205, 206
미래교육을 지향하는 디자인교육 ▪ 16
미래 첨단기술을 활용한 디자인교육 ▪ 17

바이오프린팅 ▪ 140, 141, 142
방어공간 ▪ 73, 74
배리어프리디자인 ▪ 39, 40
버크민스터 풀러 ▪ 23
범죄예방디자인 ▪ 72, 76, 81
보조과학기술 ▪ 40
불쾌한 골짜기 ▪ 182
브라유 노이에 ▪ 48, 49, 50

브래들리 타임피스 ▪ 52
블록체인 기술 ▪ 247
비지도학습 ▪ 117

사용자 경험 ▪ 10
4차 산업혁명 ▪ 6, 16, 17, 116
산업·제조용 로봇 ▪ 170
생성적 디자인 ▪ 116, 118
생성적 디자인의 프로세스 ▪ 120
생성적 적대 신경망 ▪ 117
서비스 로봇 ▪ 170, 172, 173, 174
셉테드 ▪ 72, 73, 74, 75, 76, 77, 79, 80, 81, 83, 84, 85, 89, 90
소셜 로봇 ▪ 178, 179, 180, 181
소외와 배제 ▪ 57
스타십 테크놀로지 ▪ 175
스티브 잡스 ▪ 9
시험하기 ▪ 28, 30, 205, 208, 222, 226, 244, 264
3D 프린팅 ▪ 10, 17, 66, 69, 131, 133, 134, 136, 137, 139, 140, 141, 142, 143, 145, 146, 148, 150

아돌프 케틀레 ▪ 37
아이디어 만들기 ▪ 26, 27, 28, 30, 205, 207, 222, 225, 243, 262
아이디오 ▪ 21, 22, 32
아이리스 반 헤르펜 ▪ 142
안드로이드 ▪ 168
알고리즘 ▪ 55, 86, 117, 118, 119, 120, 121, 124, 125, 166, 180, 210, 213, 219, 221, 227
에른스트 프리드리히 슈마허 ▪ 91, 92
에코디자인 ▪ 61
오스카 뉴맨 ▪ 73
온디맨드 ▪ 136
와비파커 ▪ 104, 106, 107, 108, 109, 110, 112
원랩탑퍼차일드 ▪ 95, 98
유니버설디자인 ▪ 19, 36, 39, 40, 41, 42, 46, 47, 48
융합 디자인교육 ▪ 18
인간-로봇 상호작용 ▪ 184, 185, 186
인간에 공감하는 디자인교육 ▪ 19
인공지능 ▪ 10, 116
인공지능 활용 디자인교육 ▪ 210
인클루시브디자인 ▪ 39, 40, 41
인터랙션 디자인 ▪ 180
인터레그넘 ▪ 2, 3

적정디자인 ▪ 91, 93, 95, 106
전통적인 디자인 ▪ 8, 10, 119, 121
제인 제이콥스 ▪ 73
존 마에다 ▪ 8
중간기술 ▪ 91
증강현실 ▪ 10, 151, 155
지그문트 바우만 ▪ 2
지도학습 ▪ 117
지속가능발전 ▪ 58
지속가능발전교육 ▪ 194
지속가능발전목표 ▪ 4
지속가능성 ▪ 47, 58, 195
지속가능성을 추구하는 디자인교육 ▪ 17
지속가능한 디자인 ▪ 58, 60, 61
지속가능한 디자인 수업 ▪ 209

지속가능한 디자인을 위한 교육 ▪ 194, 196
지속가능한 사회 ▪ 3

컴퓨테이셔널 디자인 ▪ 8, 10
케이트 레이워스 ▪ 3, 4, 9
코스케 다카하시 ▪ 48

탐스 ▪ 104
톰 데어 ▪ 57
트릴로바이트 ▪ 174
팀 브라운 ▪ 21

패러다임 ▪ 2, 3, 7, 11, 63, 73, 76
퍼마넷 ▪ 95, 102, 103
평균 인간 ▪ 36, 37
폴 폴락 ▪ 93
프레드릭 윈슬로 테일러 ▪ 37
플레이펌프 ▪ 95, 96, 97, 98
피터 드러커 ▪ 16
피터 로에 ▪ 23

하버트 사이먼 ▪ 10
혼합현실 ▪ 151, 155
확장현실 ▪ 155
환경친화적 디자인 ▪ 61

A-MAP Approach ▪ 218

ESG ▪ 47

GAN ▪ 118
GAN 알고리즘 ▪ 119

NFT ▪ 151
NFT 기반 디자인 창업 ▪ 247

PCA 사이클 ▪ 184

S-MAP Approach ▪ 201

V-MAP Approach ▪ 237

| 저자소개 |

김효정 hyojungk@ewha.ac.kr

이화여자대학교 산업디자인전공 석사학위와 영국 Goldsmith, University of London에서 디자인교육(Design Education)으로 석사학위를 받았고, 서울대학교 미술교육전공 박사수료를 했으며, 이화여자대학교 산업디자인 전공 박사학위를 받았다. 현재 이화여자대학교 교육대학원 미술교육전공 교수로 재직 중이며, 창의융합미술교육연구소 대표를 맡고 있다. 지속가능한 디자인(Sustainable Design)을 위한 교육, 융합인재교육(STEAM), 창의성 향상을 위한 미술교육 연구를 진행하고 있으며, 예비중등미술교사의 전문성 향상과 함께 문화예술교육 전문가 양성에 힘쓰고 있다. 학술연구 외 한국과학창의재단, 한국연구재단, 한국문화예술교육진흥원의 교육사업에 참여하고 있다.

김태선 taesunk@hanyang.ac.kr

이화여자대학교 정보디자인과(산업디자인 전공) 졸업 후, 동대학원에서 산업디자인 전공으로 예술학 석사학위(M.F.A)와 미국 Carnegie Mellon University에서 예술행정(Arts Management_Visual Art)으로 문학 석사학위(M.A)를 받았다. 이후, 이화여자대학교 대학원에서 디자인 박사학위를 받았다. 현재 한양대학교(ERICA캠퍼스) 디자인대학 산업디자인학과 교수로 재직 중이다. 한국연구재단, 중소벤처기업부, 한국산업기술평가관리원 등에서 지원하는 디자인 연구 개발사업을 통해 제품 및 서비스의 사용자 경험, 고령자 등 사회적 약자를 위한 포용적 디자인(Inclusive Design)과 디자인을 통한 사회문제해결(Social Design)에 관심을 두고 학술연구와 개발을 하고 있다. 디자인을 통해 생태적 한계와 사회적 한계의 균형을 이루고, 역동적 번영의 사회를 만들고자 한다.

그림·도표 디자인
고윤서 koy068@hanyang.ac.kr, **최유나** dbsk0129@naver.com

디자인교육이 꿈꾸는 미래: 디지털 신기술 X 디자인

2022년 10월 25일 1판 1쇄 인쇄
2022년 10월 30일 1판 1쇄 발행

저　자 | 김효정·김태선
발행인 | 이수영
발행처 | 도서출판 청람
서울시 마포구 독막로 288(대흥동, 세양상가 109호)
전　화 | 02)3272-2601(대)~2
팩　스 | 02)3272-2603
이메일 | crbooks@daum.net
홈페이지 | http://www.crbooks.co.kr
등　록 | 2000.8.26 제6-0509호

ISBN 978-89-5972-905-0 93370 [정가 20,000원]